Buurtpatrouille

Buurtpatrouille

Hoe Vlaanderen
aan een nieuwe eeuw begint

Filip Rogiers

Meulenhoff | Manteau

Voor Haroun, deze zee van verhalen.

© 2004 Meulenhoff | Manteau en Filip Rogiers
Foto omslag © 2004 Filip Claus
Boekverzorging Dooreman & Houbrechts
ISBN 90 5990 023 5
NUR 740

Meulenhoff | Manteau
Belgiëlei 147a, B-2018 Antwerpen
Herengracht 505, Nl-1017 BV Amsterdam
www.manteau.be – www.meulenhoff.nl

Piringen (Tongeren)
Lanaken
Dilsen-Stokkem
Mol
Heist-op-den-Berg
Mechelen
Nijlen
Lier
Turnhout
Rijkevorsel
Kalmthout
Antwerpen
Brussel

WOORD VOORAF

'Ik heb geen bezwaar tegen het heden zo gauw het onderwerp dat eist of zich ertoe leent. Het is alleen (...) geweldig moeilijk om je de blik eigen te maken die nodig is voor het zeven van de gebeurtenissen van het moment, op het ogenblik dat ze plaatshebben: je vervalt gauw in journalistiek.'
Marguerite Yourcenar

Een jaar lang voelde ik mij een infiltrant in de krant. Een jaar lang ontfutselde ik mijn collega's om de twee dagen een hoekje, een halve pagina waarin 'niets' gebeurde. In een honderdtal stukjes probeerde ik Vlaanderen te vatten in zijn meest onbewaakte momenten. Media-economisch gesproken was ik voor *De Morgen* een dood gewicht. De kolommen die ik vulde, konden niet worden ingenomen door advertenties of door 'nieuws'. En toch heb ik het gevoel dat ik nooit méér journalist ben geweest, nooit dichter bij de werkelijkheid ben geraakt, dan in dat jaar dat ik níét het nieuws, de feiten, de headlines achterna holde.

Van de geschiedenis – verleden of heden – houden we feiten, data en statistieken bij. Van wat er rommelt in een samenleving capteren media nu en dan de erupties. Maar zowel een mensenleven als een samenleving veranderen eerder in golven dan momenten. Een land verandert niet op de dag van de verkiezingen. Ook een wijk niet. Een relatie loopt niet op de klippen op de dag dat de rechter de scheiding uitspreekt. Alles heeft zijn eigen ritme, cadans, tijd.

Met *Buurtpatrouille* wilde ik net dat in beeld brengen. Golven registreren nog voor er schuim op de koppen staat. Een samenleving in kaart brengen in al zijn nuances die in enkele headlines niet te vatten zijn. Het leven vastleggen op plaatsen waar er 'niets' gebeurd is, waar de nieuwsjagers vertrokken zijn, waar ze nog moeten komen, of waar ze misschien wel nooit zullen komen.

Buurtpatrouille is een journalistiek project, het is een krantenproduct. En het wil zich in boekvorm niet anders voordoen. Daarom werd de chronologische volgorde van de stukken, zoals ze verschenen van februari tot december 2003, gerespec-

teerd. Tot september trok ik door gemeenten en kleinere steden en schreef daar drie keer per week een stuk over. In een
tweede deel dook ik twee keer per week, tien weken lang, onder
in districten en wijken van Antwerpen en Brussel.

De ironisch bedoelde titel *Buurtpatrouille* werd bedacht door
collega-vriend Walter Pauli aan de vooravond van de eerste aflevering. Het inleidende essay 'Van Zuregem tot Zoetegem'
verscheen, bij wijze van tussentijds 'verslag', in de weekendbij-
lage *Zeno* van *De Morgen* op 13 september 2003.

Mijn bijzondere dank gaat uit naar Rudy Collier, algemeen
hoofdredacteur van *De Morgen*. Hij gaf mij carte blanche en be-
hield op elk moment zijn geloof in dit project. Ook bijzonder
dankbaar ben ik vaste *Patrouille*-fotograaf Filip Claus. Hij was
het paar ogen dat ik, noterend, vaak te kort kwam. Op vele
plaatsen brak hij het ijs voor mij, reikte hij ook onderwerpen
aan. Van zijn tientallen foto's vindt u een selectie op postkaart-
formaat bij dit boek. Zijn volledige *Buurtpatrouille*-verhaal zal te
zien zijn op de tentoonstelling *25 jaar Filip Claus* in Gent in 2005.
Ook dank aan de 'gastfotografen' Jimmy Kets en Yann Ber-
trand. En aan de vaste *Patrouille*-eindredacteuren, Vicky en Kris,
voor de bijzondere zorg en liefde waarmee ze mijn teksten
lazen.

Bovenal dank ik die vele Vlamingen die hun aanvankelijk
wantrouwen ten aanzien van de media lieten varen en mij soms
in hun meest intieme gedachten binnenlieten. Ik respecteerde
wie niet in de krant wou. Daarom dragen sommige personages
in dit boek hun eigen naam, andere alleen een voornaam, nog
andere een schuilnaam. Leidraad was dat de boodschap belangrijker was dan de boodschapper.

Filip Rogiers

Van Zuregem tot Zoetegem

ZEVEN ONAFFE, ONVOLKSE LESSEN
UIT EEN 15.000 KILOMETER LANGE TOCHT
DOOR VLAANDEREN

*'Meneer Palomar probeert nu zijn observatiegebied te beperken;
als hij een vierkant in gedachten houdt van ongeveer tien meter strand bij
tien meter zee, kan hij een inventaris opmaken van alle golfbewegingen
die zich daar met verschillende frequentie herhalen binnen een gegeven
tijdsspanne.'*

WANT HET NIEUWS IS HET NIEUWS NIET

Er is die scène uit *Bowling for Columbine*, van Michael Moore, die
meer zegt over journalistiek dan een boekenplank vol vaklec-
tuur. Op een strook van 10 meter voor een schoolpoort in een
Amerikaans slaapstadje verdringen zich tien cameraploegen.
Ankermannen en vrouwen nemen hun vierkante meter in, zoals
op de stoep voor het Witte Huis. Hier is een drama gebeurd,
onmiskenbaar.

Hier ligt nieuws te rapen. In deze school heeft een kind van
zes jaar een leeftijdgenootje neergeschoten. Een nieuwsflash
duurt gemiddeld 15 seconden. Elk mensenleven een veelvoud
daarvan. Zelfs in je eigen familie, straat, dorp, wijk of stad heb
je een leven nodig om een centimeter dichter bij de ware toedracht van de feiten te komen.

Michael Moore loopt een blokje om. En nadert daar quasi-
achteloos de waarheid over het leven in dit Amerikaanse slaapstadje.

Wat is correcte journalistiek? Evident, als iets zich afspeelt
in Zuregem, moet je het niet over Zoetegem hebben. En als er
drie schoten gelost werden, zijn dat er geen vijf. Maar verder?
Wat is nieuws?

Er zijn feitelijke gebeurtenissen: een bom die ontploft, een
verkiezingsuitslag, een straat die wordt opgebroken in het kader van stads- of dorpsvernieuwing, een politicus die een brief
verstuurt waarin hij zegt dat hij 'iets voor de mensen doet'. En
verder is er vooral geschiedenis. Die komt niet, zoals de feiten,
met schokken. Die golft.

Het is moeilijk om dat van dag tot dag te registreren. Je kunt er niet vooraf een afspraak voor regelen. Zoek, en je vindt niet.

Een gesprek in Vlaanderen:
'U bent van de krant? Is er iets gebeurd in het dorp? Een brand? Dat zal een vergissing zijn, meneer. U moet waarschijnlijk een straat verder zijn. Daar woont die meneer die vorige week in *Jambers* is geweest.'
'Nee meneer, daar moet ik níét zijn.'

Zoek een omweg, blijf praten. Over wat mensen doen of niet doen. Dan blijkt dat ze allemaal in het nieuws hebben gezeten. In de statistieken van de veranderende samenleving. Nergens leerde ik meer over Vlaanderen dan op plaatsen waar 'niets' gebeurde. Honderd krantenstukjes daarover geschreven, zonder nieuws. Golfjes.

DE TOOG IS NIET HET HELE VOLK

Brief van lezer P.V.H., Antwerpen:
'Ik kom ook wel eens onder de mensen.
Op café dus. En dat we altijd moeten luisteren, en niet hooghartig moeten zijn, en met de mensen moeten praten. Ik probeer dat. Maar ik maak toch andere dingen mee dan jij. Scène 1: dat het geen toeval is van Freya Van den Bossche, en van Maya Detiège, en van Hilde Claes, en van Bruno Tobback. En als ik dan voorzichtig iets zeg over Marijke Dillen, willen ze op mijn smoel slaan. Gelukkig had ik mijn hond bij me. Scène 2: en dat ze die 'neger' met zijn horloges in zijn gezicht spuwen, en dat ik probeer tussen te komen, en dat ik ook op mijn muil krijg. Ik had mijn hond toen níét bij me. (...) Ik word daar triestig van. En ik doe mijn best, hoor, ik ga met die mensen in discussie. Maar jouw empathie gaat me te ver. Waar eindigt empathie en waar begint verzet?'

Lezer heeft gelijk, ook als hij ongelijk heeft. Wie golfjes samenleving wil registreren, gaat het best niet (te veel) op café.

Vergeet de mythe van de straatjournalistiek, vergeet vooral de wijsheid van de toog. 'Wat u vertelt in *De zevende dag* moet direct worden begrepen door de man aan de toog', zo leren mediatrainers aan politici die hun smoel niet mee hebben en – 'help! ik moet op televisie!' – door hun partijvoorzitters naar een *Koken met Bracke & Crabbé*-cursus worden gestuurd.

Communicatieconsulenten lullen over de man aan de toog, voor een honorarium waarmee meer dan één vat per avond kan worden gestoken.

Buurtpatrouille heeft de kroeg vermeden. Wie één toog in Vlaanderen heeft gezien, heeft ze allemaal gezien. De tooghanger is een gekloond soort Vlaming. En de kijk op mens en wereld is navenant eng, de waaier van gespreksonderwerpen een spel met eendere kaarten. Kluivers troef.

Vergeet de representativiteit van de meningen die door de bodem van het bierglas komen. De enige interessante kroegen in Vlaanderen zijn de bruine. En die zijn, door de toenemende Vlaamse ziekte die tavernitis heet, met uitsterven bedreigd. Zoals Café Den Egalité in Rijkevorsel. Waar schrijver Leo Pleysier verzuchtte:

'Ik kan ze niet meer zien of lezen, al die programma's die ons willen doen geloven dat de stem van de toog de megafoon is van de samenleving, het leven gelijk het leven is. Het doet mij denken aan die journalisten die in Soedan tijdens de rit van de luchthaven naar hun hotel een praatje slaan met de taxichauffeur, en dan denken dat ze het land hebben gezien.'

De jongste jaren heeft nog een andere, meer georganiseerde variant van tunnelvisie toegeslagen in Vlaanderen. Geen gehucht, geen bedrijf, geen vereniging of school zo klein, of het heeft tegenwoordig allemaal een 'woordvoerder'.

Kom je in Gent, wijk Moscou. Daar is een knooppunt van de spoorwegen. Sla je een praatje met spoorwegarbeider André. Welgeteld een uur later krijg je een telefoontje van de persdienst van de NMBS, Brussel. Dat ik voor alle informatie terechtkan op de website! Dat ik schriftelijke toestemming moet hebben om te vragen aan André hoe het met hem gaat.

Zoek een omweg, begin over het weer desnoods.

Vlaanderen is vergeven van het mediatiek 'professionalisme' dat de waarheid verder zoek maakt dan ooit. Tot in Zoetegem toe (of was het Zuregem?) wil men de pers 'ter wille' zijn. Een echte pest is dat. Al die praatjesmakers die zich op hun vierkante meter spin doctor wanen. Ach, de media – wij dus – hebben ze ook zo gekweekt natuurlijk.

Boer Charel heeft allang een woordvoerder, een agent.

Antwerps burgemeester Patrick Janssens zegt dat er in de administratie van zijn stad een 'eenheid marketing en communicatie' zal worden opgericht. Journalisten én lezers, let op uw zaak. Politici willen in Vlaanderen zozeer gezellig bevonden worden dat er een dictaat van *smileys* dreigt.

Hallo, Steve Stevaert, lees je dit mee? Ik mag u tutoyeren toch? Het staat zo in uw stijlboek. Wel, Steve: er is een verschil tussen optimistisch en constructief realisme enerzijds, en beate blindheid anderzijds. Als je het echt goed voorhebt met 'de mensen', belazer ze dan niet. Zelfde les voor lezer Guy V., Gent, tweede verblijf: Brussel, Wetstraat 16.

De vuist van de censuur dient zich in deze vrije en blije wereld elke dag een beetje meer aan in een fluwelen handschoen. Het heet vandaag onschuldig: pr.

Beste collega's van de Raad voor de Journalistiek, leest ook u mee? Het recht op vrije nieuwsgaring wordt dag na dag een beetje meer beknot in dit land. Niet door grote, zichtbare feiten, wel ter hoogte van elke Dorpsstraat in dit land. Sluipend, zoals dat met golfjes en geschiedenis gaat.

ODE AAN DE NUTTIGEN

Mens: zoogdier, bestaande uit 75 procent water en verder veel bot en kraakbeen, 1,73 vierkante meter huid en een handvol grijze cellen. Neigt soms naar een eigen mening. Ook in Vlaanderen tiens.

Als je niet beter zou weten en je bekijkt het vanuit de Wetstraat maar ook vanuit menig gemeente- of stadhuis, dan lijkt de bevolking beperkt tot enkele statistische categorieën. Zij die iets hebben op de bank, en zij die dat niet hebben. Zij die doorgeleerd hebben, zij die dat niet hebben gedaan. Zij die lid zijn van partij of ziekenfonds, zij die zonder stand zijn. Wist u trouwens dat, toen Steve Stevaert in 1999 en stoemelings de Vlaamse regering inrolde, een van zijn eerste eisen was om bevoegd te mogen zijn voor alles wat in Vlaanderen met statistieken en dus bevolkingsgegevens te maken had? Een feit.

Voor een politicus is de man in de straat een goede burger als hij voor hem of haar stemt. *A la limite.* Doet hij dat niet, dan is het een zure burger, een klager. Of een intellectueel.

Er zijn in Vlaanderen evenwel heel veel Vlamingen die in geen van die categorische fuiken zitten. Er is nogal wat kritische massa in Vlaanderen. Mensen die vanuit hun straat of wijk heel wat werk verzetten om – en cynici slaan nu het best de volgende paragraaf over – de wereld een beetje beter te maken. En ze zijn daar verre van naïef in, zonder dat het iets met scholing te maken heeft. Ze zijn echt wel in staat om daarbij verder te kijken dan de eigen achtertuin.

Ze weten dat het kijk- en luistergeld niet is afgeschaft op het moment dat de afschaffing wordt aangekondigd. Ze voelen het als gemeente of stad hen raadpleegt over een dossier als de beslissing eigenlijk al genomen is. Ze vinden dat de lokale journalistiek te dicht bij de plaatselijke belangen en hun pr-machines staat. En de nationale media te ver van hun straat, hun beleving, de ware toedracht.

Want kan het ook anders? Nooit zal de dagjestoerist de Noordzee kennen zoals de garnaalvisser. Ook zo gemengd staan ze tegenover de politiek. Ze zijn niet a- of antipolitiek, maar ze hebben veel inzicht in en ook wel begrip, zij het meewarig, voor de beperkingen van de politiek, hoe het nu eenmaal noodwendig werkt in gemeente- en stadhuis. Gekleurd, verkaveld.

Soms past de lokale politiek zich daaraan aan. In Leopoldsburg bijvoorbeeld. Niet dat de politici dan meelopers worden, integendeel. Ze staan er mee in de voorhoede van een veranderende democratie.

Klinkt zwaar, maar het is gewoon dag aan dag werken, zich naar best vermogen nuttig maken. Links en rechts wat bijschaven, de besluitvorming iets participatiever maken, en daardoor ook representatiever.

Fijn Vlaanderen is dat om in te wonen, om burger in te zijn. In zo'n Vlaanderen zit je gráág in de statistieken.

DRUMMEN VOOR EEN PLEKJE ONDER DE ZON

En toch, alles welbeschouwd, hoezeer de ettelijke actiecomités en actieve burgers in Vlaanderen ook gelijk mogen hebben, ze

botsen op muren. Ruwweg 70 procent van de actiecomités is in
Vlaanderen bezig met ruimte.
Gesprek in Vlaanderen:
'In Zuregem schakelen ze over op biologische landbouw.
Er wordt daar een groot complex neergezet. Voor de paprika-
teelt.'
'Eindelijk, biologisch.'
'Maar wel zonder bouwvergunning. Dan moet je weten dat
dit het bedrijf is van de burgemeester van Zoetegem, die in zijn
eigen gemeente niet aan een vergunning geraakt. Maar in Zure-
gem steekt het niet zo nauw.'
'Hier gooien ze mooie herenhuizen tegen de vlakte voor ap-
partementen.'
'Dat is spijtig.'
'Dat is goed, zoveel mensen hebben nood aan een woonst.
Waar zoudt gij ze steken?'
'In Zuregem, tiens.'
'Daar zijn de liberalen aan de macht. En die pleiten voor het
behoud van het volkse karakter van het dorp. En dus geven ze
daar geen vergunning om huizen van negentienhonderd-stille-
kes tegen de vlakte te gooien.'
'Daar zijn wij voor.'
'Maar ook tegen eigenlijk.'
Van Aarschot tot in Zarlardinge en van Brugge tot Ever-
beek, aan de taalgrens. Wij willen wonen, en we hebben gelijk.
Wij willen boeren, en we hebben gelijk. Wij willen uitbreiden
en jobs creëren, en wij hebben gelijk. Wij willen een extra dok
voor de haven, en wij hebben gelijk. Wij willen bidden in Opgrimbie, en wij hebben gelijk. Wij willen een boom, kleine leeu-
wenklauw, fluitenkruid, wondklaver, zandraket, bosklit, bevers
in de Dijle en jachtvelden voor de vleermuizen, en wij hebben
gelijk. Wij willen allemaal in de krant, en wij hebben gelijk.
Maar zelfs al maak je de democratie iets participatiever, Vlaanderen blijft 13.522 vierkante kilometer klein.

*'Hoe dan ook, meneer Palomar verliest de moed niet en hij gelooft telkens
dat hij erin geslaagd is alles te zien wat hij kon zien vanuit zijn
observatiepunt, maar dan doet zich steeds weer iets voor waar hij geen
rekening mee had gehouden. Als hij niet zo ongeduldig was geweest om een*

volledig en definitief resultaat met dit kijkwerk te behalen, dan zou het
kijken naar de golven een zeer ontspannende oefening voor hem zijn en zou
het hem kunnen redden van zenuwcrises, hartaanvallen en maagzweren.
En misschien zou het de sleutel kunnen zijn tot de beheersing van de
complexe structuur van de wereld, door haar terug te brengen tot het meest
simpele principe.'

HET DORP IS DE STAD IN HET KLEIN

In 1978, het Jaar van het Dorp, had elk dorp behalve een kerk
en enige cafés een slager en een bakker. Voor méér moest je in
de stad zijn, of langs de provinciale expreswegen. Voor meu-
belspeciaalzaken en auto-*occasies*, voor anoniem wonen ook.
Sindsdien is in Vlaanderen geruisloos elk dorp een beetje stad
geworden. Kapsalon Noëlla en Marion heten nu 'beauty cen-
ter'. Elk dorp heeft zijn Chinees, pizzeria en pita- of shoarma-
bar. De slager, die nog altijd hetzelfde gehakt verkoopt als in
1978 (minder goed zelfs, industriëler), spreekt een gevelschil-
der aan, die zich tegenwoordig 'decorateur' noemt, en laat 'De-
licatessen' of 'Traiteur' op zijn vitrine schilderen. De lokale
drukker noemt zichzelf 'Publiciteitsbureau, Voor Al Uw Pro-
moties En Reclame', al drukt hij nog altijd voor 90 procent dezelfde aankondigingen van geboorte, huwelijk en dood. En appartementen maken vandaag net zozeer deel uit van het dorps-
als het stadslandschap.
    Die evolutie is niet slecht als ze meer comfort brengt voor
mensen die de gezondheid of de middelen missen om mobiel te
zijn. Het is wel kwalijk als het is om de kluit te bedriegen, om
stadsprijzen te vragen. Het is niet slecht als het ook iets meer
stedelijke 'waarden' naar het dorp brengt. Cultuur en politiek.
Vroeger moesten minder gegoeden rond de kerktoren hun
schande in stilte dragen. Nu heeft elk dorp zijn actieplan voor
kansarmen. Elk dorp ook zijn schepen van Ontwikkelingssamenwerking. Elk dorp zijn cultuurcentrum waar de plaatselijke
Toneelmaatschappij Excelsior niet langer uitsluitend *Tien kleine*
negers van Agatha Christie opvoert, maar ook Dario Fo. En waar
behalve de lokale Big Bill ook Raymond van het Groenewoud
en wereldmuziek de revue passeren. Nu begint het in elk gemeentehuis door te dringen dat mondigheid van de burger

geen stedelijk 'probleem' alleen is. En dat het, zoals in de stad, ook in het dorp een 'uitdaging' kan zijn.

ZENUWCRISES, HARTAANVALLEN EN MAAGZWEREN

Ook de onveiligheid is gedemocratiseerd in Vlaanderen. Of dan toch het gevoel. En het wantrouwen, de ongastvrijheid. Waar nieuwe bewoners in de wijk komen of waar een oud gebouw een nieuwe bestemming krijgt, regeert achter vele gordijnen de angst of gewoon de balorigheid. Overal in Vlaanderen zien veel burgers het einde van het avondland opdoemen. *'Het wordt nooit meer zoals vroeger.'* Vlamingen hebben overal en altijd te veel fantasie en te weinig verbeelding. De stad heeft haar legenden, het dorp zijn mythen.

En die zijn, zoals de praat aan de toog, beperkt. Iedereen heeft van horen zeggen dat in het leegstaande huis aan de rand van dorp of steenweg een sekte komt. Of een bordeel. Het grootst is de vrees voor het onbekende, de vrees voor verlies op die plekken waar het goed het schamelst is. De tuintjes met kaboutertjes. En al een geluk dat je geen gepigmenteerde huid hebt of je had zo een politiecombi achter je aan. Vlamingen zijn honden soms, ze grommen hun territorium bij elkaar.

Er is een Vlaanderen, groter dan zijn 13.522 vierkante kilometer en zijn ruim vier miljoen stemgerechtigde kiezers, dat voor het Vlaams Blok gemaakt lijkt. Al is het omgekeerde misschien juister: het Vlaams Blok heeft dit Vlaanderen naar zijn eigen beeltenis gemaakt.

Vanuit de politieke catacomben. Want het is daar dat die Vlamingen in hun dagelijkse beleving ook zitten: náást de politiek, náást de media. Allemaal zitten ze ernaast. Alleman malcontent.

Er is een Vlaanderen dat elke dag gaat werken, immer in de weer is met verplaatsing. En daar zeer ongelukkig van wordt. Er is een Vlaanderen dat van huis naar markt of winkel wandelt of fietst en dan verder de dag doorkomt zoals de vorige en de volgende. En daar zeer ongelukkig van wordt. Er is een Vlaanderen dat geen aandelen heeft. En daar zeer ongelukkig van wordt. Er is een Vlaanderen dat aandelen van Lernout & Hauspie in een kalfsleren portefeuille had. En daar zeer ongelukkig van werd.

Het is geen toeval dat er overal in Vlaanderen verenigingen zonder winstoogmerk het licht zien met namen als 'Centrum voor Levensbeschouwing en Zingeving' of 'Centrum voor Levenskunst, Ontspanning en Therapie'. Maar wie er tijd voor heeft, loopt zo'n vzw voorbij. Wie er geen tijd voor heeft, ook. En wie zo'n vzw begint, wordt op het einde van de volgende maand – als de facturen binnenkomen – ongelukkig van de lege stoelen in de stemmig ingerichte bezinningsruimte. Iedereen rijp voor de zelfhulpgroep uiteindelijk.

DE LIEFDE DAARGELATEN

Achtentwintigduizend scheidingen per jaar in Vlaanderen. Het gros daarvan in steden en aan de kust. Henri-Pierre, gewezen fregatkapitein in Oostende en zelf gescheiden, zei daarover:

'In één generatie is de mentaliteit veranderd. De grote kentering was 1968. Toen zijn de mensen anders gaan leven. (...) Vroeger werd er te snel getrouwd. Nu trouwen velen toch nog, nadat ze jaren hebben samengeleefd. Dat is steviger.'

Henri-Pierre mocht dat wel willen. Ook in Oostende ontmoette ik ervaringsdeskundige Ilona. De zestig voorbij, afkomstig uit Liverpool. Hoe zij neuriede: *'All you need is love. It's eàdsy.'* En hoe ze toen naar haar compagnon keek, en siste: *'No, it is not of course.'*

Notities na een gesprek in Vlaanderen met een meisje van vijftig. Een BOM.

'Het verschil tussen eerste en latere relaties? De relatie met de taal wordt losser. Je leert makkelijker te zeggen: "Ik hou van jou." Wat je ook zegt, je weet: de hemel valt niet naar beneden, de hemel breekt niet paradijselijk open. Er is geen filmmuziek bij. Je kunt dat afscheid van de romantiek noemen. Of erger. Word je oneerlijker op den duur? Niet noodzakelijk. Wel integendeel. Eerlijkheid is hoogmoed. Wie zegt: "En nu ben ik eerlijk", bedoelt eigenlijk: "Ik heb de waarheid in pacht." Zo verdacht is dat als al die politici die hun zinnen beginnen met: "Ik stel vast". Eerlijk duurt nooit lang. Want de golven en het strand, zo ziet meneer Palomar, zijn voortdurend in beweging.

En elke dag kunnen dezelfde woorden iets anders betekenen. Zoals het water altijd hetzelfde is, maar toch altijd anders door het licht dat erin speelt. Je neemt enige letters en je maakt er woorden mee. Je neemt enkele woorden en je maakt er zinnen mee. Je zegt: "Ik loop nog snel even naar de slager, pardon, naar de delicatessenzaak om de hoek." Je kon ook zeggen: "Ik zie je graag." Of: "Misschien zie ik je minder graag dan vroeger." Het zijn dezelfde ademstoten, het is niets. Je moet eerst heel veel het een en het ander gezegd (of gedacht) hebben, om te weten wat woorden waard zijn.'

De Vlamingen, het is een soms wel, soms niet samenwonend collectief. Een naamloze vennootschap met beperkte aansprakelijkheid, want het is altijd de buur die is begonnen. Er is meer officieel institutioneel Vlaanderen dankzij de staatshervorming, 14.568 gestileerde leeuwtjes op de gevel van het Vlaams Huis in Hasselt, maar toch vormen we met z'n allen minder een verzameling.

Zo verandert dit land. Niet op de avond van de verkiezingen, maar in golfjes. Er wordt anders gewerkt, anders samengeleefd. Er wordt meer gedacht. Soms leidt dat tot iets meer gekanker, verzuring.

Soms tot iets mooi, mooiers. De zuilen zijn weg, de Vlaamse samenleving doet aan celdeling. Ieder zijn eigen dromen en demonen, ieder zijn eigen waarheid.

Zet alle statistieken op een rijtje. Verzamel alle 'rauwe' informatie en eigenlijk weet je niets. Ach, de krant. Ze is en blijft, zoals collega Bernard Dewulf schreef, de 'kroniek van onze dagelijkse schade'. De liefde daargelaten. Ik zet mijn tocht voort. Op zoek naar Zoetegem. Ik ben mijn eigen persdienst. Bent u nog mee?

> '*Je zou alleen je geduld niet mogen verliezen, iets wat weldra gebeurt. Meneer Palomar verwijdert zich langs het strand, even gespannen als hij gekomen was en nog minder zeker van alles.*'

> *Citaten uit het boek* Palomar *van Italo Calvino (verschenen bij uitgeverij Atlas, in de reeks 'De twintigste eeuw')*

Eeklo

PIKETTEN

In volle zomer sluipen auto's door het stadje Eeklo naar de kust en terug. De N9 Gent-Eeklo is een uitlaatklep voor de overbevolkte E40 en de expresweg Antwerpen-Knokke. De stad is er op z'n breedst, maar daar hebben de Eeklonaren niet zoveel aan. Lichten, traagstroken en vluchtheuvels ten spijt willen de auto's hier door, en liefst een beetje snel. De inboorlingen wonen veelal in de talrijke smalle straatjes achter de expresweg, in lange rijen werkmanshuisjes. Gedrongen, en met de deur in huis. Dat kleine comfort is wellicht de belangrijkste reden waarom Eeklo in studies over de kwaliteit van wonen in Vlaanderen zo slecht scoort.

Ziet het hier in de zomer zwart van het volk dat zo snel mogelijk naar strand en mosseltenten wil, tot in de jaren zestig kwamen Vlamingen hier vooral om te werken. Ze kwamen van Maldegem, Waterschoot, Lembeke. Anders dan in de grote Vlaamse steden, zijn in Eeklo en andere provinciestadjes de littekens van de uitgedoofde industriële revolutie nog goed zichtbaar in het landschap. In Gent of Antwerpen zijn lege fabrieken gesloopt of omgetoverd in moderne cultuurtempels of loftcomplexen. Niet zo in Eeklo. In provinciestadjes ontbreekt vaak het geld om het stedelijke landschap over de drempel van de nieuwe eeuw te tillen. Geen grote theorieën hier over de ruimtelijke verwevenheid van woon, werk- en groenfuncties. Lastig ook om ideeën over duurzame ontwikkeling voor de toekomst een kans te geven, als de verpakking van een oude, eeuwig gewaande economische wereldorde blijft rondslingeren. De lege panden liggen hier te gapen in de stad. De buurt rond de Vaart, waar decennialang in geloosd werd, heet in de volksmond de 'Welriekende Dreef'.

De laatste doos die dichtging, is de grootste: Van Damme, stoffenververij. Een spookgebouw. De VDAB kreeg er tijdelijk een onderkomen in een vleugel, maar moet er weg. 'Aan de zijkant loopt er een barst in de muur van het plafond naar de vloer', zegt een VDAB -medewerker. 'Het is niet duidelijk wat er met het gebouw moet gebeuren. De grond is zwaar vervuild.'

Het gros van de diensten is al verhuisd naar Gent. Fusie, schaalvergroting, averechtse decentralisatie. Gent werkt ook als een magneet op de scholen waaraan Eeklo decennialang zijn titel van provinciale onderwijsstad te danken had.

'"De stad van 10.000 schoolgaande kinderen" werd het hier vroeger genoemd', vertelt Paul. 'Eeklo was textiel, meubels en scholen. Stoffenververij, wolkammerij, spinnerij, filature. Ik woonde er middenin. Mijn kindertijd en mijn jeugd werden gedomineerd door fabriekssirenes. Om zeven uur 's morgens was het hier in de buurt zo druk als in Gent. De hele ochtend, en 's avonds weer, een stroom van mensen.'

In de jaren zestig keerde het tij.

'Ik ging studeren in Gent en raakte betrokken bij de linkse studentenbeweging. De trotskistische RAL, Revolutionaire Arbeidersliga. Ik zat op kot in Gent, maar ik kwam in Eeklo betogen aan de fabriekspoorten. Piket staan. Arbeiders en studenten, één front.'

Tegenwoordig zit Paul in pak en das, hij is directeur van een school.

'"Ge moet verstaan", zei de patroon van de wolkammerij, "het is goedkoper om in Frankrijk te produceren." Hij had wellicht geen ongelijk. Enfin, hij had gelijk. Het had geen zin om ruwe producten in te voeren en dan weer afgewerkt terug te verschepen. De economische logica. Je weet dat het klopt, later. Als fabrieken in lageloonlanden het werk goedkoper kunnen doen, en ze betalen naar lokale normen toch een goede prijs aan hun werkvolk, kun je daar iets op tegen hebben?'

Daar stond hij, op de barricaden. Lang haar, trotskist tot in de kist. Toen nog. En iedereen kende hem, de fabrieksdirecteuren nog het best. Was hij niet de zoon van een gerespecteerde Eeklonaar uit de christelijke arbeidersbeweging?

'Mijn vader las *Het Volk*, ik ben geabonneerd op *De Standaard*, mijn kinderen kopen *De Morgen*. Ik heb jullie krant nog mee gered, weet u? De zoveelste reddingsactie was dat.'

Paul bleef in Eeklo, en hij bleef links. Maar nooit zijn de lokale socialisten hem komen vragen zich bij hen te voegen.

'Ik mocht zo links zijn als ik wou, ik mocht elk jaar de eerste mei gaan vieren in volkshuis Germinal in de Kerkstraat, ik was en bleef de zoon van een kleine middenstander, een tsjeef.

Mocht de SP mij gevraagd hebben, ik had het gedaan. Maar meer dan waar ook is de SP in de provincie al te lang een klassieke machtspartij geweest. Oubollig. Zo afkerig van langharig tuig als de CVP of de PVV. Te lang hielden ze vast aan de macht en het biefstuksocialisme. Het heeft uiteindelijk geleid tot het Vlaams Blok. Ik verwijt de socialisten dat ze nooit aan arbeidersopvoeding hebben gedaan. Ik behoor tot de *lost generation*. Gepokt en gemazeld in de jaren zestig in een linkse vijver die een enorm reservoir had kunnen zijn voor de SP.'

WELGEZINDEN

'Daar er met vrouwspersonen geen maatschappij op vredesvoet kan blijven bestaan.' Gilbert opent het huldeboek van het Koninklijk Mannenkoor der Welgezinden. De maatschappij draagt deze vandaag onwelvoeglijk klinkende leuze nog altijd in het vaandel. De zeden waren iets ruiger toen het koor in 1896 in een achterafstraatje van Eeklo werd opgericht.

'De Welgezinden hebben het even geprobeerd met vrouwen, maar tradities zijn nu eenmaal tradities', zegt Gilbert streng. Hij is gepensioneerd onderwijzer en tweeënveertig jaar voorzitter geweest van het koor. Het is middag en achter de gesloten keukendeur klinkt het gesis van biefstuk in de pan.

'Tussen mijn dertigste en mijn zestigste was ik 's avonds nooit thuis, maar mijn vrouw kwam wel altijd luisteren als we zongen', zegt Gilbert. En met een zuinig, hoge-la-mondje voegt hij eraan toe: 'Het heeft nooit gewogen op ons huwelijk.'

De Welgezinden is een van de tientallen koren en muziekverenigingen die Eeklo de afgelopen anderhalve eeuw heeft zien ontstaan. In Eeklo is altijd veel gezongen, hoofs en volks, Gregoriaans en Vlaams. In harmonieën, fanfares, notenclubs en swingpaleizen. Door oud en jong. In de jaren tachtig werd het stadje zelfs een heuse aantrekkingspool voor de Gentse jeugd. Jarenlang was de ook vandaag nog internationaal gereputeerde muziekclub De Media, later omgedoopt tot N9, een geduchte concurrent voor de Gentse Vooruit. Specialiteit: wereldmuziek, salsa, reggae, ska. Voor 'metal, hardcore punk, gothic, gabber, tien om te zien en schlagers' is er uitdrukkelijk geen plaats.

Wat jong is in Eeklo, is niet volks. Wat er volks is, niet per se oud. Gilberts opvolger aan het hoofd van de Welgezinden is met zijn tweeëndertig jaar jonger dan de baas van de N9. Toch willen de Welgezinden een stem uit een andere tijd, een ander Vlaanderen blijven vertolken. Het Vlaanderen van de toondichter Peter Benoit en de negentiende-eeuwse romantische dichter en Eeklonaar Karel Lodewijk Ledeganck.

'Het koor moet zich verjongen, maar het repertoire blijft klassiek', zegt Gilbert. 'De Welgezinden wilden altijd het betere Vlaamse volkslied propageren. Volks, maar met niveau. Alle lagen van de Eeklose bevolking zijn erin vertegenwoordigd, van dokters tot arbeiders. We drinken wel graag een pintje, maar ook op café houden de Welgezinden zich ver van het meer schunnige lied. Als ze hun keel smeren, moeten ze daarvoor de toestemming van de dirigent krijgen. Het is een hobby, maar het moet goed zijn. Ik speel ook amateurtoneel bij het gezelschap Excelsior. En ook als het *Slisse en Cesar* of *Het Gezin van Paemel* was, gooiden we er nooit met onze klak naar.'

Wat jong is, is ontzuild in Eeklo. Wat oud is, ook. De Welgezinden waren voorlopers op dat vlak.

'We hadden een strijdleuze: *"Voor politiek gewoel 'n zijn wij niet te vinden"*. Dat was vrij schokkend. Tot voor kort hadden we hier drie harmonieën: katholiek, liberaal en socialistisch. Ondertussen zijn ook die verbroederd. Die strijd is voorbij.'

Toneelgezelschap Excelsior speelde jarenlang in zaal De Gouden Leeuw. Het was de Kring van de Katholieken, maar het pand werd verkocht aan kledinggigant C&A, en later vervangen door een appartementsgebouw. Excelsior doekte zichzelf op, maar herrees in de jaren negentig. Zoals elders in Vlaanderen beleefden ook in Eeklo het cultuurgebeuren en de amateurkunsten in het bijzonder een miraculeuze renaissance.

'We hebben de televisie overleefd', zegt Paul, voorzitter van Excelsior, door zijn vader in 1945 opgericht.

'In de jaren zestig was er in Eeklo nog maar één amateurgezelschap over, vandaag zijn dat er weer een vijftal. We hebben de statuten herschreven. Excelsior was oorspronkelijk katholiek, maar we hebben dat levensbeschouwelijke geschrapt.

Eerst waren we aangesloten bij het Algemeen Christelijk Toneelverbond, en toen we na een jarenlange stilte het gezelschap nieuw leven inbliezen, gingen we bij de Federatie van Vlaamse Socialistische Toneelverenigingen. Onder mijn impuls is "socialistisch" in de naam vervangen door "progressief". En vandaag zijn al die bonden en federaties opgegaan in een nieuwe koepel, Open Doek.

We hebben altijd geprobeerd om zinnig toneel te brengen. Niet alleen *Slisse en Cesar*, maar ook Dario Fo. Ach, er zit een klein beetje visie achter, het is niet wereldschokkend. Het is toch eerst en vooral amusement. Het gaat in elk geval beter met de cultuur dan twintig jaar geleden. De VTM'isering, zoals we dat noemden, is er wel gekomen. Er is veel vervlakking, maar aan de andere kant groeit de vraag naar betere dingen ook. Er is nu ten minste diversiteit. *De 3 Sjarels* is mijn amusement niet, maar het mag allemaal bestaan.'

'Eeklu! Eeklu! Eeklu veur de Eekluutzakken!' zo klinkt het refrein van een lokaal lied dat níet op het repertoire van de Welgezinden staat. De stad heeft haar eigen cultuur behouden, en wie desondanks ook van het bruisende supralokale Vlaamse cultuurleven wil proeven, kan sinds tien jaar terecht in cultureel centrum De Herbakker. Expreswegen hebben niet alleen de economie, maar ook de cultuur in Vlaanderen ontsloten.

AANSPRAAK

Een doordeweekse namiddag in Eeklo. Een zaaltje in wijkcentrum De Kring, een tafel en vijf stoelen. Een handvol oudere Eeklonaars praat over hoe het was, hoe het is en hoe het zou moeten zijn. Op tafel ligt een A4'tje met enkele stellingen. Elke dinsdag kan wie dat wil hier komen meepraten over het thema *'Was het vroeger beter? – over de veranderingen in onze samenleving de laatste vijftig jaar'*. De inspiratie is geput uit het werk van politicoloog Marc Hooghe. Die schrijft al jaren over zulke behartenswaardige onderwerpen als democratie en culturele participatie, oud en nieuw middenveld, en ook over 'emoties als protestfactor in de politieke geschiedenis'.

Stelling: *'In gezinnen met een auto gaat een zesde van het budget naar de auto.'*

De tongen komen los. De mensen rond de tafel hebben het zelf niet breed, maar ook niet echt slecht. En toch hebben ze iets te kort. Aanspraak.

Dat zoeken ze hier, in De Kring.

Thuis komen de muren soms op hen af.

'Het klopt niet,' zegt Mariette, 'dat van die crisissen. We zijn met z'n allen rijker geworden. Als jong meisje werkte ik als au pair in Knokke. Wat daar op tafel kwam, konden mensen zoals ik of mijn ouders ons niet veroorloven. Vandaag kopen we allemaal één keer per week een biefstuk.'

'En toch klopt het misschien wel, maar dan anders', zegt Laurent. 'We zijn ook ergens armer geworden. Het heeft tegenwoordig minder met geld te maken. Als ze twintig jaar geleden in het onderwijs betoogden, was het voor meer centen. Vandaag betogen ze omdat ze hun werk beter willen kunnen doen, omdat de klassen te groot zijn, de werkdruk te hoog.'

'Ik werkte in de weverij en ik stond aan één machine', zegt Helga. 'Mijn zoon werkt er nu ook, maar hij moet zeven machines tegelijkertijd bedienen.'

'Mijn dochter werkt hard', zegt Francine. 'En toch heeft ze niet veel meer dan ik met mijn pensioen. Ik begrijp waarom mensen soms geen zin meer hebben om te werken. Het gaat te hard en het betaalt te slecht.'

Eeklo heeft zijn kansarmen. Duizend tweehonderd op een bevolking van net geen twintigduizend, zo zeggen de statistieken. De Vlaamse overheid heeft daar criteria voor. Aantal migranten, bestaansminimumtrekkers, weduwen, gepensioneerden, woningen zonder klein comfort. Neem de grootste gemene deler, mix en ziedaar: dé kansarme. Het is al jaren het doelpubliek van De Kring. De duizend tweehonderd kunnen er goedkoop eten, wassen en plassen, computerlessen volgen, toneel spelen. 'Maar er ontbrak iets', vond Jan van De Kring. Níét terug te vinden in de armoedestatistieken, want niet te meten, is de vereenzaming. En daar heeft Eeklo zijn deel van. Deze stad is te klein om anoniem in te verdwijnen en toch te groot om opgemerkt te worden. Een mens valt er makkelijk tussen de plooien van snelwegen en steden. Een stadje als Eeklo appelleert aan mensen voor wie de echte stad te groot is, het dorp te klein.

'Er is een publiek dat niet kansarm is in de gebruikelijke zin van het woord', vertelt Jan. 'Je ziet het niet aan hun gezicht. Het zijn geen sukkelaars, ze wonen niet slecht of zitten financieel niet in de knoop en met hun intelligentie is er ook niets mis. Wat ze missen, is contact.'

Vorig jaar begon De Kring met Blikvanger, een los-vaste groep van mensen die elke dinsdagnamiddag de stoelen bij elkaar zetten om te praten. 'De ene keer ging het over paddestoelen, de andere keer over films. Je hoort veel over het activeren van werklozen en minimumtrekkers, maar er is minstens zo'n grote nood aan intellectuele activering. Mensen willen samen zijn, praten en denken. Je moet ze de kans geven.'

Eeklonaren kunnen elke woensdagavond een uurtje chatten met hun stadsbestuur. Maar mensen willen niet alleen over hun eigen straat of wijk meepraten. En ook in De Kring willen ze niet het gevoel krijgen dat ze zichzelf onderhouden met koetjes en kalfjes. Iets groter wil eruit, zoals cijfers uit de statistieken willen stappen.

En zo schuiven elke dinsdagnamiddag enkele Eeklonaren die elkaar amper kennen de voeten onder de tafel. Ze komen niet voor spijs of drank. Op tafel ligt alleen dat A4'tje met de vraag: *'Was het vroeger beter?'*

Na twee uur zijn ze eruit. Nee, vroeger was het niet beter. Maar het begon de Vlamingen zo voor de wind te gaan dat ze hun zinnen verloren. Werken, verdienen en met dat geld veel dingetjes kopen die ongebruikt in kasten belanden.

'Wat mensen vandaag meer verdienen door nachtwerk te doen, verliezen ze aan dokterskosten', zegt Helga. 'En het gezinsgeluk schiet er ook bij in.'

'Wij maakten mayonaise met twee vorken', zegt Francine. 'Een klopper hadden wij niet nodig. Vandaag kun je kiezen uit tien soorten keukenrobots. Je hebt er meer werk mee om ze proper te krijgen dan om de mayonaise te maken. Dat blijft niet pakken, dat bedrog. De mensen zijn niet stom.'

'Als we nu eens een vrekkenclub zouden oprichten', zegt Laurent. 'Maar met een mooier woord. De krekelclub bijvoorbeeld, want we zijn niet gierig, maar spaarzaam. En niet alleen met geld. Hoe moet ik het zeggen? We geven niet om schone schijn en cinema.'

'Het doet deugd om te zien dat er de laatste tien jaar ook meer jongeren zo over denken', zegt Helga. 'Ze slikken niet meer alles wat de reclame hun probeert aan te smeren. Ik ben gestopt met mijn kleinkinderen elk jaar voor hun nieuwjaar een envelopje met geld toe te stoppen. Op den duur ben je een bank. Ik wil ze weer het plezier leren kennen om iets te krijgen als je het niet verwacht. En ik wil zelf ook weer het plezier beleven van te kunnen geven.'

Straks gaan ze naar huis, weer tussen hun kale muren. Maar het innerlijke behang is versterkt. Op de Markt van Eeklo kopen mensen zich voort te pletter. Hoe moet je het specimen van de keukenrobotkoper noemen? Rijkarmen? En hoe moeten we Francine en consorten dan noemen? Kansarm is zo'n armtierig woord voor wat er soms leeft in de marge van het goed geboterde en gepamperde Vlaanderen.

Moscou (Gent)

TELEGRAM

Lang voor Etienne Schouppe hield de Nationale Maatschappij der Belgische Spoorwegen er al nevenactiviteiten op na. Telegrammen bestellen. Gilbert Haentjens (73) begon zijn carrière bij de *IJzeren weg* op zijn veertiende, als *porteur* of telegrambesteller. Standplaats: Drongen. Zelf is hij van Moscou, Gentbrugge, deelgemeente van Gent. De wijk is politiek altijd rood geweest, en communisten hebben er ook altijd goed gedijd, maar toch heeft de naam geen uitstaans met hamer en sikkel. Integendeel, hij is verbonden aan het oude regime van keizers en tsaren, paardenhoeven en sabels.

'Het dateert van de tijd van Napoleon', zegt Gilbert. 'Zijn rijk strekte zich uit tot voorbij de helft van Rusland. Russische soldaten vochten mee aan de zijde van Napoleon en ze trokken samen met hem terug. Hier in Gentbrugge hadden de Russen naar verluidt een kamp. Onze secretaris van de dekenij had u meer kunnen vertellen, hij had een schoon archief. Helaas, zijn vrouw heeft het al verbrand.'

Moscou ligt op de grens van Gent en Merelbeke. Van elkaar gescheiden door een niemandsland: tien sporen breed. Het is een van de vitale zenuwcentra van het Belgische spoorwegnet. En dat hebben de Moscovieten geweten, in de oorlog. Twee keer legden de Engelsen het rangeerstation in de as. En de wijk erbij. Boven hun hoofd moeten de Gentse Moscovieten ook nog een ander verkeersknooppunt verduren: de snelweg loopt er over de Moscoubrug. En tussen het hart van de wijk en Gentbrugge zelf loopt de Brusselse Steenweg.

Wie van Moscou is, leeft met de treinen. En de NMBS leeft met de buurt. Soms op gespannen voet. *'Bericht aan de kinderen van onze buurt en hun ouders',* zo zegt een A4'tje aan het hek dat toegang geeft tot de immense terreinen van de WWT BE OK TW Merelbeke, kortweg de 'Werkplaats'. *'Wij zijn verplicht er de aandacht op te vestigen dat de terreinen van onze Werkplaats geen speelplein zijn.'*

Op de Werkplaats werken 225 mensen, enkele tientallen uit Moscou zelf. Mannen en vrouwen die houden van machines, van dieseltractie en elektriciteit. Aan de overkant van de sporen houden vijftig andere werknemers zich dagelijks bezig met het onderhoud van de sporen.

'Na mijn job als telegrambesteller ben ik bij het leger geweest', vertelt Gilbert. 'Anderhalf jaar in Soest, Duitsland. Na twaalf maanden waren we klaar om af te zwaaien. We hadden ons geweer en plunje al ingeleverd toen we plots te horen kregen dat we er zes maanden bijkregen. Dat was in 1950, en België zat in volle Koningskwestie. We moesten ons klaar houden om erin te vliegen.'

Toen ook in Moscou de vrede was weergekeerd, kon Gilbert weer aan de slag als spoorlegger. 'En daarna op kantoor, in Gent-Sint-Pieters. Tot mijn pensioen op de eerste mei 1988. Ik heb de laatste vette jaren van het spoor nog meegemaakt. Dat zegt mijn zoon altijd, hij werkt nu nog bij de IJzeren weg.'

Moscou viert elk jaar acht dagen feest in september. Gilbert was 25 jaar voorzitter van wat ooit het *feestcomiteit* werd genoemd, later de dekenij. Hij 'haalde de reclame op, voor het boekje van de kermis'. En hij verkocht de lotjes voor de tombola. Elke dag na zijn werk, om vijf uur, ging hij de straat op. Dertig jaar geleden is hij gescheiden. Twee weken geleden is hij gevallen. Het feest is uit.

'Ik kreeg een beroerte op de koer en ik geraakte niet meer recht. Ik heb mij gelukkig naar binnen kunnen slepen en ben op de keukenvloer blijven liggen. 's Morgen heeft mijn kuisvrouw mij gevonden.'

Hij heeft het ergste wat een straatloper kan overkomen: hij heeft het aan zijn benen. Nu zit hij in zijn zetel naast de stoof. Het is er tropisch warm. De keukentafel ligt bezaaid met medicijnen.

Radio Donna staat op, veel te hard. 'Heel mijn leven duivel-doet-al geweest, nu zit ik hier. Ik klaag niet. Ieder heeft zijn tijd. Ik heb de mijne gehad.'

Het is niet zijn hart, het zijn niet zijn benen, het is zijn buik die hem heeft geveld. Overgewicht. Dat weet de buurvrouw. Gilbert at graag en veel. Bloedworsten, zegt ze, een trein bloedworsten heeft hij in zijn dinges geslagen. En aan sport deed hij de laatste veertig jaar ook al niet meer, sinds zijn carrière bij de juniores van de Gentse Buffalo's strandde op de reservebank.

Van de twintig cafés waar hij in Moscou kermislotjes aan de man bracht, is er nog één over. 'Als ge naar Café Centraal gaat, doet Rozie mijn groeten. Zeg dat ik nog wel eens binnenspring, een dezer dagen.'

We mogen onszelf buitenlaten, zegt hij. De deur achter ons dichttrekken, maar wel het venstertje in die deur op een kier laten. Dat ze het horen, daar in Moscou, als hun trouwste soldaat nog eens valt.

OORLOG

Een foto uit Keulen, 1946. Een stad zonder mensen, er is enkel puin. Beiroet, 1991. Hetzelfde beeld. In de stadsfotografie neemt het een aparte plaats in: de leegte. Beelden van een stad zonder datgene waar steden groot in zijn: mensen. Dat ontheemde had aanvankelijk een puur technische reden. De lens kon het menselijke gewriemel niet aan. De allereerste daguerreotypieën moesten het stellen met lange belichtingstijden. Daarom hadden fotografen open lucht nodig, veel licht en de vaste, stabiele vormen van de stedelijke ruimte. *De denderende activiteit op de boulevards kon niet worden vastgelegd.*' Zo leert de catalogus van *Horror Vacui*, een fototentoonstelling die te bezichtigen was in de Gentse binnenstad.

Later werd de lege stad een meer inhoudelijke keuze, zocht de fotograaf in zijn of haar blik op immense, lege pleinen en tussen puin – de stad na de bom – naar verhalen. *'De vroege stadsfotografie laat een reeks steden van de doden zien. Mensen zijn geheel afwezig of gereduceerd tot schimmige gestalten.'*

Ook zestigplussers in de Gentbrugse wijk Moscou kunnen zich nog levendig, of beter: dodelijk, inbeelden hoe leeg en stil de stad kan zijn. En hoe schimmen dat beeld levenslang kunnen vullen. Het was lente, 1943. Twee dagen in de stad: 10 april en 10 mei. Negenhonderd slachtoffers vielen er in Moscou en omgeving, in twee Engelse bombardementen die het spoorverkeer voor de Duitsers onklaar moesten maken. Moscou schurkt zich tegen de spoorweg aan. Vluchten kon niet meer.

In de seniorenclub Sint-Genois, ondergebracht in het afgedankte textielfabriekje De Porre, dat in de oorlog zelf tegen de vlakte ging, is de lege stad van 1943 nog altijd het bindmiddel.

De club telt honderd twintig leden, de jongste is er drieënzestig, de oudste ver in de tachtig. Of nee, Juulke is er ook nog. Zesendertig en mentaal andersvalide. Hij komt er al twaalf jaar en is de rechterhand van clubvoorzitter Georges Goossens. Juulke opent de deur voor de bezoekers, doet boodschappen, en zit tussendoor achteraan in de zaal op een stoel aan een tafeltje. Een lege plek in het decor.

'De bombardementen houden de mensen samen', vertelt Georges. 'De meesten hier hebben het meegemaakt en overleefd. En zij die erin gebleven zijn, zijn hier ook. Ik ben twintig jaar geleden met dit clubhuis begonnen, want er was niets voor de ouderen. De mensen komen hier kaarten, petanquen, sjoelen en biljarten. We begonnen met honderd vijftig leden. Er vallen er veel weg en er komen er maar weinig bij.'

Toegang tot de club is toegelaten vanaf vijfenvijftig jaar. 'Maar die jongeren hebben drempelvrees', zegt Georges. 'Ze komen hier niet binnen. Het is te vroeg. De natuurlijke leeftijdsgrens schuift mee op.'

Van de vergrijzing staat boven aan de politieke agenda enkel de kost van de toekomstige pensioenen. Maar er is zoveel meer. Vijfenvijftig in 1980 is niet meer hetzelfde als vijfenvijftig in 2000. Wat vroeger oud was, is vandaag nog jong. De meesten zijn nog lang niet toe aan de brug naar hun pensioen. En in geen geval laten ze zich gedwee naar de koffietafel leiden. Ze springen de trein op of nemen de eigen auto, Vlaanderen is hun vakantieland, en verder. De vergrijzing is niet alleen een uitdaging voor de perequatie, dat complexe mechanisme waarmee het geld uit de grote pensioenpot wordt verdeeld. De hele samenleving moet er opnieuw voor worden uitgedacht. De organisatie van het dagelijkse leven, hoe we wonen, hoe we ons ontspannen, hoe we ons verplaatsen. Er komt een hele laag van de bevolking bij die wel 'oud' is, maar méér zal vragen dan een niet te pinnige pensioencheque op het einde van de maand en méér dan wat bezigheidstherapie op de hoek van de straat. Vlaanderen is vandaag nog lang niet klaar voor die oorlog. Een home of een clubhuis voor senioren erbij zal de klus niet klaren. Ook in Moscou is de tijd van geboren worden en sterven in de wijk stilaan voorbij.

Wat vroeger herfst was, is nu nazomer. En daar is Moscou

te grijs voor. Het leven begint twee straten verder, op de Brusselse Steenweg. Moscou is stil. Er is niets voor de jongeren en Sint-Genois is niets voor de jonge ouderen. Er is een bakker, een superette, één café, twee frituren en een tuinwijk zonder bloemen. Een stuk lege stad, ook in vredestijd.

ROZE

Le freak, c'est Chic. Dit is Moscou Disco. Het is kort na de middag op een doordeweekse dag. Café Centraal in Moscou, Gentbrugge. Het enige café van de wijk, het clublokaal voor de vrienden van voetbalploeg K.A.A. Gent. Bij Rosalie, kortweg Rozie. Aan de muur hangt, als een trofee, een krantenknipseltje. Rozie is de afgelopen jaren al een aantal keren voor de rechter moeten verschijnen, zo blijkt. Ze moest zich verweren tegen klachten van een stel in de buurt. Overlast. Vroeger was dit een 'rustig volkscafé', zo schrijft de krant; vandaag is het een danstent en een supporterscafé. En dat mag dus niet langer volks heten, lees je tussen de regels. Volk moet stil zijn. Drinken en zwijgen.

Maar vandaag hangt er, ondanks de muziek, een ingetogen sfeer in Café Centraal. Een van de vrienden is zonet ter aarde besteld. Hij was vierenveertig, laat een vrouw en twee tienerdochters achter. Aan een tafeltje zitten enkele leeftijdgenoten zijn doodsprentje te bestuderen. Even geen gebral. Morgen zal het alweer beter gaan.

'Hij was onderhoudsman bij de spoorweg', zegt Etienne, een collega. 'Hij werkte aan de verwarming op de treinen.' Het leven in Moscou staat in het teken van K.A.A. Gent en het spoor. Heen en terug. En soms, zoals vandaag, alleen het heengaan. Enkele reis. 'Hij voelde zich niet lekker, zei hij tegen de ploegbaas. Hij ging bij de dokter, die zijn bloed trok, en dan naar huis. Na de middag zou hij de resultaten krijgen. Het was al te laat, hartstilstand.'

Komen hartaanvallen tegenwoordig almaar vroeger voor? Aan de toog wordt daarover gemijmerd. 'Misschien', zegt Etienne, 'let je er niet zo op als je vijftien bent. Iemand van veertig die een hartaanval krijgt, is voor een snotneus gewoon oud. Zodra je zelf ouder wordt, ouder dan de getroffene, kun je er natuurlijk niet omheen.'

Hart- en vaatziekten zijn en blijven de belangrijkste doods-
oorzaak in Vlaanderen. Zo leren de gezondheidsindicatoren
van de Vlaamse Gemeenschap. In het laatste decennium van de
voorbije eeuw daalde het aantal evenwel langzaam maar ge-
staag. Jaarlijks worden er in de leeftijdscategorie vijfenveertig-
vijfenzeventig zo'n zevenduizend fatale en niet-fatale hartaanvallen geregistreerd. Mannen lopen drie keer meer kans om geveld te worden dan vrouwen.

Het is donderdagnamiddag en aan de toog van Café Centraal in Moscou komt het gesprek op leven en dood. 'Mensen
sterven van de stress', zegt Etienne. 'Niet alleen op het werk.
Ook thuis is er meer stress. Wat had een man vroeger aan zijn
hoofd? Hij kwam thuis en schoof zijn voeten onder tafel. Vandaag gaat de vrouw ook werken. Vrouw en man moeten nu rennen en hollen om hun huishouden te beredderen.'

'Het kan zo gedaan zijn', zegt Marcel. En hij vraagt nog een
neut. Er vallen lange stiltes. Ieder denkt aan zijn eigen doden
en komt als een vlotter nu en dan weer bovendrijven in het kab-
belende gesprek. Etienne verloor onlangs een neef. Veronge-
lukt op een busreis naar Duitsland. 'Zijn vrouw was kort daarvoor aan kanker gestorven. "Papa," zei zijn zoon, "verzet eens
uw gedachten." En papa ging mee op de bus naar Duitsland.
Zoon weet niet meer waar kruipen van het schuldgevoel nu.'

'Die jongen kan daar niets aan doen', zegt Marcel. 'Het kan
op elk moment overal gebeuren. Vorige zomer heb ik in Rimini
een kleine van de dood gered. Liep zo achter een speeltje de
straat op, vlak voor een vrachtwagen. Ik kon hem nog net op
tijd aan zijn nekvel terugsleuren. Een pandoering van jewelste
hield hij eraan over.' Nog een neut.

Er wordt vandaag waardiger gestorven dan vroeger, vinden
Etienne en Rozie. In tien jaar tijd is in het Gentse de palliatieve
zorgeenheid van het Algemeen Ziekenhuis Jan Palfijn uitgegroeid tot een begrip. Etienne heeft er een schoonbroer zien
vertrekken. Rozie zelfs twee. 'Ze kunnen er eten wat ze maar
willen', zegt Etienne.

'Het is er magnifiek. Veel bloemen. En alles in het roze',
zegt Rozie. 'En toch...' zegt Etienne. 'Je komt er om te sterven.
Maakt het de dood zachter, of geeft het juist nog meer harten-
pijn, al dat roze?'

De Pinte

AQUAREL

'Gent komt dichterbij', zegt Paul Carlier. De populieren, knotwilgen en knollen in de wei schrikken van zijn woorden. 'De stadslijn schuift geruisloos De Pinte binnen.'

Paul werkt met een fijn potlood een schets bij. Fazia knikt bewonderend als Paul in haar zelfportret ingrijpt. Ze is een inwijkeling in De Pinte, Algerijns en gehuwd met een Duitser. Op woensdagmiddag, als de zon mee wil, komen Paul, Fazia en enkele andere Pintenaren hier samen om met hun potlood de maat van het landschap te nemen. Liefhebbers van de waterkant zijn het, van de zachte toets, het aquarel. Hier, aan 't Doornhammeke in de deelgemeente Zevergem, aan een oude arm van de Schelde. Een stuk natuur dat zich niet liet rechttrekken. Deze Gentse uithoek bleef ook gespaard van de Vlaamse ziekte die tavernitis heet. Symptomen: mica tafels en fletse snacks.

Er is één herberg, genoemd naar de plek 't Doornhammeke, uitgebaat door een oud-wielerkampioen. Tot voor enkele jaren was het pand wit en zwart gekalkt. De baas liet er op een dag een 'propere steen' voor zetten. Baksteen, rood. En de verweerde vloer werd herlegd met tegels uit een goedkope doe-het-zelf-zaak. De baas vond het een hele verbetering. Hij was geen koersende boer meer, meneer, maar een goed boerende zelfstandige. Stedenbouw vond het stukken minder. In natuurgebied mogen enkel 'instandhoudingswerken' worden uitgevoerd. Wist de boer veel.

Wilden ze hem behalve arm ook achterlijk houden, zoals vroeger de kasteelheren van Zwijnaarde en De Pinte?

Smaken veranderen en de wetten veranderen mee. Maar de rode steen bleef.

Ook de drank- en spijskaart bleef wat ze was: schraal. Tegen de dorst: pils, trappist, Liefmans, Rodenbach en Zulte. Tegen de honger: een reep chocolade, een bierworst of chips, zout/paprika.

Verkopen doet de boer toch, met al die Gentenaren die de natuur opzoeken. Vroeger had je hier alleen vissers en wielertoeristen, nu zijn er ook vogelaars, recreanten en Agalev'ers. En ruimtelijke planners. Want Gent wil lijnen trekken, ingrijpen in het ommeland.

In het noorden botst de stadsgroei op de zeehaven, in westelijke en oostelijke richting is de stad al lang geleden over de randen van de kuip gegutst. Maar hier in het zuiden ademt Gent nog diep in en uit. Dit is het gebied van Schelde, meersen, landerijen en zeven kastelen. Zwijnaarde 'viel' al in 1977 voor de stad, bij de fusies. Vandaag is het een stadsdorp.

Ook De Pinte voelt nu de stad naderen. Gent – zo zweren ze bij Artevelde – wil de autonomie van De Pinte niet fnuiken. Het gaat enkel om wat in het *Ruimtelijk Structuurplan Vlaanderen* 'de afbakening van het grootstedelijk gebied' wordt genoemd. En, zo zweren ze nog een octaafje hoger, het betekent níét dat De Pinte zal worden volgebouwd. Integendeel, de stad wil meer groen binnen zijn grenzen. Op de stedelijke schetsen wordt een onderscheid gemaakt tussen de lijn die de stad afbakent, en de lijn waarbinnen gebouwd kan worden. De Pinte krijgt zelfs een cadeau: er komt een 'parkbos'.

'We zijn op onze qui-vive', zegt Paul. In Zevergem worden landbouwgronden in alle stilte opgekocht. De Pinte is het aangrenzende mondaine Sint-Martens-Latem niet, met zijn rijkdom en invloed.

'Die hebben de uitbreiding van de stad kunnen afwijzen. We vrezen dat wij het nu op onze kop zullen krijgen.'

De Pinte wil een dorp blijven. Zelfs al heeft dat dan zijn nadelen. Paul is een vrijzinnige liberaal, in een dorp dat immer een katholiek bastion was. Zelfs in zijn eigen partij, de VLD, wemelt het van de telgen uit donkeroranje families. 'Ik zal niet zeggen dat de katholieken ons tegenwerken, maar echt meewerken doen ze toch ook niet. Het verandert. Toen we tien jaar geleden iets organiseerden, durfde niemand de zaal binnen te komen.'

Vandaag telt Pauls teken- en schilderclubje zo'n vijftien mensen. 't Vangnet, zo heet het. Geen kunst om de kunst. Paul helpt dorpelingen met stadsproblemen. 'Die zijn er ook in rijke gemeenten zoals De Pinte. Mensen hebben een groot huis en een grote tuin, maar ze worden ook ziek en ze gaan ook met pensioen. De gouden kooien in De Pinte zijn groot.' Paul lokt ze eruit, met zijn unieke clubje zonder lidmaatschapsgeld. Ze tekenen, schilderen. Landschappen, modellen.

'Vooral voor een aquarel moet je er je gedachten bijhouden', zegt Diele. 'Beginnen met de lichtere plekken, hemel en water, en dan de donkere lagen erbovenop.'

Zo ongeveer vrezen ze in De Pinte dat Gent ruimte zoekt. Eerst verleiden met licht en groen, en daarna komen de stenen. Daarom houden ze er het liefst hun gedachten bij, hier tussen de populieren, knotwilgen en knollen.

SOUL

Het gebeurt dat in het anders zo vredige Zevergem een zware basriff tot over de Schelde draagt. Die komt uit de Oude Steenbakkerij, de enige fabriek die deze gemeente ooit gekend heeft. De soundtrack komt van Dagobert De Smet (23), bassist. Muziek hielp hem door zijn jeugd in deze verstilde gemeente.

Vader is dokter, Dagobert woont nog thuis. In 't Wijngaardeke, een straatje waar grasmaaiers en honden de enige decibels produceren. Hoe anders is *Handsome avenue*, het spat uit de boxen. Het is de titel van de eerste en wellicht laatste cd van de groep waarin Dagobert speelt, High Bloove. De hoesfoto toont het silhouet van een nachtelijke, onbestemde straat in een stad. Zeer *Lost Highway*, zeer David Lynch. Zeer on-Zevergems.

Zevergem maakt op papier deel uit van De Pinte, maar de Oudenaardse Steenweg, die overigens een autostrade wordt, scheidt de geesten. Zevergem is altijd iets weerbarstiger geweest. Aardser, stouter ook. In de jaren tachtig had de vredesbeweging er een bezielde apostel, de excentrieke cafébaas Luce, van het type dat na de dood van Ferre Grignard verweesd achterbleef in het moderne Vlaanderen.

Zevergem heeft één monument, al beseffen de inwoners dat zelf niet. Op een elektriciteitscabine in het dorp staat deze brok politieke nostalgie: 'GEEN RAKETTEN IN BELGIE! NOOIT!' Graffiti van begin de jaren tachtig. Beter bestand tegen de tijd dan de vaten waarin kernafval wordt opgeslagen in Mol.

Zevergem heeft geen jongerencafés, geen jeugdhuis, alleen de chiro.

Alleen Luce durfde in zijn café in de jaren tachtig, naast de

kerk, ten minste nog wat decibels door ramen en deuren te jagen. Echo and the Bunnymen, Joy Division, The Cure. Daarna
werd het stil. Wie jong was en iets wilde, kon maar beter de
wijk nemen naar Gent. Tot tien jaar geleden. Als het in Leopoldsburg kon, goede muziek maken, dan moest het in Zevergem ook kunnen. Op zondagen, in het chiro-lokaal, begonnen
een paar tokkelende, roffelende en zingende kerels de dufheid
weg te jammen. Er kwam een festivalletje van, Zeverrock. En er
groeide een groep uit: High Bloove.

'Iedereen in Zevergem die een muziekinstrument kon vast-
houden, heeft erin gespeeld', zegt Dagobert. 'Daarna werd het
ernstiger. Er kwam een cd, en nu is het afgelopen. Onze zanger, Jakob, is naar het conservatorium vertrokken en heeft geen
tijd meer. En Born, keyboards, heeft nu vast werk in een mu-
ziekstudio in de Ardennen. We hebben onze cd gepresenteerd
in het Kuipken in Gent. En we hebben op de podia van de
Vooruit en Flanders Expo gestaan. Weliswaar maar voor drie
man.'

Toen Luce nog tapte en tegen raketten ageerde, was de
jeugd van Zwijnaarde, De Pinte en Zevergem in de ban van Bel-
gorock, verzameld op de grijs gedraaide langspeelplaat *Brussels
Sprouts*. Het enige wat toen uit de Gentse grond kwam, was The
Mud Gang, The Machines en Nacht und Nebel. Muziek uit
Vlaanderen was toen nog knullig. Hoeveel effecten Vlaamse
rockers ook op hun gitaarspel zetten, je bleef er altijd de parochiezalen in horen. Maar toen Dagobert de bas ter hand nam,
was dEUS al geboren.

'Die hausse is nu ook voorbij', zegt Dagobert. 'Schuld van
mp3, het illegaal kopiëren. Vijf jaar geleden gaf het niet als je
als beginnende groep niet zoveel platen verkocht. Vandaag is
zelfs Arid, zo de hemel in geprezen, aan de dijk gezet door zijn
platenmaatschappij. Das pop ook. Geen enkele firma wil nog
investeren in starters. Clouseau krijgt nu platina met een verkoop van 50.000 cd's; tien jaar geleden moest je voor platina
het viervoudige verkopen.'

Handsome avenue klinkt beter en is gewoon honderd keer professioneler dan wat er in de tijd van Luce allemaal in het vinyl
werd geperst. Het klinkt zeer on-Vlaams. Hoor je afkomst?
Maakt het voor muzikanten een verschil uit of ze in Zevergem,

Leopoldsburg of Liverpool beginnen? 'In Zevergem waren we altijd afgesneden van de muziekscene. De enige invloeden die we konden krijgen, kwam van de muziek waar we zelf naar luisterden. Funk en soul eerder dan rock.'

Hebben dorpen een klank, een soul? 'Zevergem is in elk geval niet funky', zegt Dagobert. 'Ik associeer het eerder met blues. De kleigrond, de Schelde op de achtergrond. Zevergem gaat zijn eigen gang. Het sleept een beetje.'

Sinds kort pendelt Dagobert elke dag naar Brussel, naar het muziekconservatorium. Eindelijk bevrijd! Al twijfelt hij. 'Ik zou in de stad willen gaan wonen. Maar ik denk wel dat ik binnen vijftien jaar terug zou willen komen. De roots, zeker? Ik zou de Oude Steenbakkerij missen.'

GROEIPIJN

Op 15 december 1995 werd de internationale voetbalwereld grondig door elkaar geschud, toen het Europees Hof van Justitie het Bosman-arrest velde. Als een speler einde contract is, dan moet zijn club hem laten gaan zonder transfervergoeding. In de kleedkamers en op het veld is geen plaats voor tegenspraak, maar met het Bosman-arrest werd de clubs diets gemaakt dat de spelers ook maar mensen zijn met plichten én rechten. Zeker jongeren moeten vrij zijn om te shotten waar ze willen. Voetbal is mensenwerk. Een samenleving in het klein. Op de grasmat gelden de regels van het spel, daarbuiten die van de rechtsstaat.

De aftrap voor het Bosman-arrest werd in De Pinte gegeven. Door Paul Carlier, de vader van een jongen die op zijn negende 'verkocht' werd door JV De Pinte aan K.A.A. Gent voor een bedrag met zes nullen. 'Bakken kritiek heb ik over me heen gehad', vertelt hij. 'Ik zou het voetbal kapotmaken. De clubs zouden één voor één op de fles gaan. Ik denk in alle bescheidenheid dat ik het voetbal juist gezonder heb gemaakt.'

'De jeugdsport blijft evenwel ongezond. In de winter, als het terrein drassig ligt, mag er niet gespeeld worden. Maar rijd op een woensdagavond door Vlaanderen: overal zul je de jeugd zien spelen in die omstandigheden. Met de karwats erop. Voor de jongeren is er geen vakkundige begeleiding. Een gediplo-

meerde trainer wil zich niet met snotneuzen bezighouden. Je
moest eens weten hoeveel hartkwalen er onder de voetballende
kinderen zijn. Het is geen toeval dat daar geen statistieken van
worden bijgehouden.'

In Carliers achtertuin gaat het er sinds enige jaren anders
toe. Het toverwoord is: modernisering. Zoals het clublied van
Jong & Vlug De Pinte: *'De Pint' is nu modern, daar is overal elektriek.
Er staan hier heel wat villa's, iedereen vindt het hier chic! Zo na al die jaren,
zal De Pinte een stadje zijn.'*

Dinsdagavond, wijk Moerkensheide. Onder een miezerige
hemel en in het onafgebroken gedaas van de aangrenzende
snelweg lopen de juniores zich warm. Woensdag is er een belangrijke match voor de miniemen. Didier, jeugdbegeleider, is
er niet gerust op. 'Ze zijn niet in vorm. Groeipijnen. Het is een
moeilijke leeftijd. Ze worden groter en hun spel wordt lomer.
Daar moet je allemaal rekening mee houden. Vroeger gingen
trainers daar los over. Tot voor enkele jaren kenden ze maar
één taal: brullen.'

Vandaag ontfermen in De Pinte zes gediplomeerde trainers
zich over de jeugd. 'Eigenlijk zou je voor de kleintjes de beste
trainer moeten kunnen aantrekken', zegt John, collega van
Didier. 'Het is zoals op school. Leren lezen en schrijven is het
belangrijkste. Als je dat niet professioneel aanpakt, ben je voor
je leven gehandicapt. Twintig jaar geleden was training niet
veel meer dan een balletje trappen en een rondje rond het plein
lopen.'

Professionele trainers? Je zou dus denken: het spel is er af,
voetbal wordt van kindsbeen af ernst, een en al prestatie. Maar
dat blijkt net niet het geval te zijn. Spelvreugde, kortweg: fun,
staat voorop in de cursussen die de Koninklijke Belgische Voet-
balbond (KBVB) organiseert. En de psychologie spreekt ook
een woordje mee. 'Bij ons moet iedere speler aan de bal komen', zeggen Didier en John. 'Ook de minder goede. Vroeger,
en nog altijd in sommige gemeenten, durven sommige trainers
het aan om altijd dezelfde kinderen hooguit vijf minuten op het
veld te zetten in wedstrijden. Vooral dan als het kalf al verdronken is.'

'Van alle sporten is het voetbal het langst ondergeschoven
geweest', zegt Didier. 'We liggen twintig jaar achter op de

buurlanden. Tennis en zaalsporten zijn mee geëvolueerd, niet het voetbal. Wij dachten: ons kan niets overkomen. Maar de concurrentie rukt op. Tennis is populair, andere sporten worden aantrekkelijker, en thuis wacht de computer.'

Opgeschrikt werden ze in De Pinte ook toen onlangs enkele supporters van K.A.A. Gent een café in Gentbrugge kort en klein sloegen. Wie in De Pinte zelfs maar onzacht met deuren gooit na een match, komt op het matje. Het ligt niet altijd aan de spelers. 'Veel ouders moeten heropgevoed worden', vindt Paul Carlier. 'Zelfs bij de kleintjes staan ze langs de kant van het veld te schreeuwen. Clubs zouden moeten worden verplicht om naar het voorbeeld van scholen oudercomités op te richten.'

'De ouders leggen de lat almaar hoger', zeggen Didier en John. 'En de jongeren brengen hun problemen mee naar het voetbal.' Er moet soms veel boosheid uitgetrapt worden. Ondanks de villa's.

Macharius-Heirnis (Gent)

VOLK

Koeien, overal, altijd. Dat was Macharius tot ruim tien jaar geleden, toen de beestenmarkt de deuren sloot. Ze stonden overal in de straten. En op de koer van de ruim dertig cafés rond de markt. De vlaaien kwamen erbij.

'*Gouwe' taad'n'*, gouden tijden, zeggen Georgette van café 't Landbouwershuis, en Irèneke van het naamloze café in de Ossenstraat, en wie er verder nog overgebleven is van de autochtone neringdoeners. Het gros heeft de deuren gesloten, de lege plek is ingenomen door Turkse vzw's. Van de beestenmarkt is enkel het poorthuis overeind gebleven. De stad verbouwt het tot een – wonderwoord – *polyvalente* zaal. Dat waren die cafés ook. Georgette bediende de klanten, deed haar strijk in het café, zette er een brei op en kookte tussendoor voor haar eigen gezin. Nu heeft ze tijd zat. Ze leest de krant. En het volk dat er komt, wordt stilaan een bezienswaardigheid. 'Ze komen straks weer voor een foto bij mij thuis', zegt een tandeloos besje. 'Voor weer een of andere tentoonstelling over hoe het was.'

Andere foto. Zelfde stad, zelfde wijk, zelfde dag, en toch een heel andere tijd.

'Dat ze er in de cafés nostalgisch over doen, dat zal wel,' vertelt Geert, oud-leraar, 'maar voor de bewoners was het een pest. Onverantwoord, zo'n beestenboel in de stad. Twaalf jaar geleden kocht ik hier mijn huis. Voor nog geen miljoen oude franken. Vandaag zijn de inwijkelingen, zoals ikzelf, bijna in de meerderheid. Dat gaf in het begin wel wat wrijving met de oorspronkelijke bewoners.'

Zo gaat het in veel oude volkswijken die vervellen. Goedkope huisjes krijgen een nieuwe steen, parket wordt van onder het balatum gehaald. En de nieuwkomers beginnen met veel voluntarisme de wijk te 'verzoeten'. Ook Geert begon zo met een bewonersgroep. Buren samen brengen, ongeacht kleur of leeftijd. 'Maar de Turkse bewoners bleven weg', zegt Geert, 'en de ouderlingen bleven achter hun gordijntjes.'

Een oud beluikje achter de Ossenstraat ging tegen de vlakte, er kwam een parkje, het Rommelwaterpark, en de stad bood

de inwoners de gelegenheid om een goedkoop stukje tuin te
kopen met zicht op het park. 'Fantastisch! dachten wij', zegt
Geert. 'Maar de ouderen waren ertegen. Die hoefden zo'n tuintje niet, want er zou alleen maar onveiligheid van komen. Dus
wij, de nieuwkomers, kochten als eersten. En toen, een voor
een, kwamen ook de oudjes van achter hun gordijnen en gingen ze zelf bij de stad vragen of het aanbod nog geldig was.'
    En zo maakt de tijd nieuwe buren. De oudste van de straat
heeft zijn drie vierkante meter benut voor erwtjes en bonen. De
Turk bouwt een veranda om ook in de winter de zon van de
Turkse bergen te vangen. Mimi – 'Ik woon hier sinds mijn achttiende en het is voor het eerst in mijn leven dat ik een tuintje
heb' – schonk de tuin aan haar poes, Geert heeft inspiratie gezocht in de groen-wonen-in-de-stadgids.
    Macharius vormt samen met Heirnis een stad in de stad.
Een hart met twee kamers. Altijd Vlaams en volks geweest, later
gekleurd met Afrikaanse en Turkse toetsen. Gent is hier geboren, op de samenvloeiing van Leie en Schelde. De stad inves-
teerde jarenlang in 'sociale impulsen' en nu is de geschiedenis
aan de beurt. Gent keert terug naar zijn wieg. Bulldozers graven de Nederschelde op, en de oude Sint-Baafsabdij, als een
Fremdkörper in Macharius, moet opnieuw een plaats voor ado-
ratie worden. Voor het wereldlijke, multiculturele samenleven
in de stad. Hier in Gent, in de Sint-Antoniuskerk in de Forel-
straat, groeiden de kerkasielacties. De laatste zondag van de
maand wordt de mis opgeluisterd door het Afrikaans koor En-
singo. Het is uit het nieuws, maar het nieuws blijft. Dinsdag
11 maart 2003: een Slowaakse moeder met kind zoekt onderdak
in Macharius. In de kerk hangt een mooi gedicht aan de muur,
voor ene Oumar Camara: *'In de kamers van je hart / vochten vele levens
met elkaar.'*
    In het parochiehuis naast de kerk leest pastoor Marcel De
Meyer de mis. Voor drie mensen. 'Maar als de zwarten zingen,
en de Roma-zigeuners viool spelen in de kerk, lijken het wel
weer hoogdagen. Dan zit de kerk vol, zo vol als de moskee verderop. En als u mij nu wilt excuseren, ik moet mijn koffers pakken. Ik vertrek met vakantie. Naar Turkije.'
    In café 't Scheepken dansen de modelscheepjes op het
schap achter de toog op een onzichtbare zee. Het komt door de

trillingen van sloophamers en vrachtwagens. Puin ruimen.
Puin van uitgeverij Het Volk. Het zal wel toeval zijn, maar twee
jaar geleden doekte de KAV in de wijk zichzelf ook al op. Ook
de dekenijen Macharius en Heirnis stopten ermee. Op de plek
van *Het Volk* verrijzen straks driehonderd appartementen. Wijk
zoekt nieuw volk. Onthouden indien ongenood.

VITRINE

Ossenstraat, Macharius. Een café zonder naam en zonder muziek. Behalve als Mark Vandewege binnenwaait. Gitaarkoffer
onder de ene arm, een stapel liedjesboeken onder de andere.
Mark werkt op het kadaster. Hij ziet en hoort veel. Landmeters
worden niet altijd overal graag gezien. Hun schatting voel je in
de portemonnee. 'Vroeger, vooral in de buitengemeentes, kregen wij vaak een veldwachter mee. Nu moeten we ons behelpen
met een klusjesman van de stad. Die houdt de meter vast, wij
noteren.'

Landmeters zijn goede antennes, ze nemen niet alleen de
maat van land en gevel. 'De burger weet perfect waar hij naartoe moet met zijn vragen over huis en goed. Drempelvrees kent
hij niet meer. Dat is goed voor de burger. Voor ons betekent
het wel meer werk.'

Mondiger is hij zeker, de burger, maar is hij ook nog goed
gebekt? 'Velen zijn het zingen verleerd', zucht Mark. 'De televisie, hé.' Maar niet hier, niet nu, op woensdagnamiddag in de
Ossenstraat. De keel is gesmeerd, de gitaar gestemd en Mark
slaat zijn eerste akkoord aan. *'In mijn straatje zijn 't allemaal komee-
re.' Commérage*, zo zegt de Franse Van Dale, betekent: geroddel,
bakerpraatje, oudewijvenpraat.

Door het medium dat Mark Vandewege heet, bezingt de
Gentse volkszanger Walter De Buck voor de zoveelste keer het
straatleven. Het gaat over de zanger die 's avonds laat met een
stuk in zijn kraag thuiskomt. En hoe de hele straat dat gadeslaat. Van tussen de spleten van de gordijntjes, hét medium
voor de publieke opinie in straat en dorp voor de opkomst van
de televisie.

'Met een wijf of tien, hebben ze 't al gezien.'
'Over liefde en geld wordt er veel gekweld.'

Het lied is onverwoestbaar en meeslepend. Na elke strofe
valt een nieuwe cafégast in. Herinneringen komen aangerold.
Walter De Buck zelf dateert uit een tijd dat er thuis en op café
nog veel gezongen werd. Rond de eeuwwisseling, de vorige
vorige dus, die van het jaar 1901, telde Gent zo'n 27 café-chan-
tants. Walter zelf weet zich gebeiteld in de Gentse traditie van
Karel Waeri en Henri Van Daele.

Walter zit in de stad en de stad in hem. Meer nog als plas-
tisch kunstenaar dan als zanger. 'Gebruik je handen, voel de
materie, voel de stad', zegt hij tegen jonge mensen en kansarmen, die ze in Gent nog altijd zonder overdreven last van cor-
rectheid, 'sociale gevallen' noemen. Kunst als serum voor de
zure stad.

Ook in Heirnis, het tweelingbroertje van Macharius, waart
dat verzoetende gif door de straten. Je ziet het aan details: huis-
nummers als miniatuurtjes, vitrines met 'installaties' als gordijnen, vegen kleur op grijze gevels. Heirnis is minder achterge-
steld, zoals dat heet, dan Macharius. Er woont meer schoon,
jong en tegenwoordig ook zelfs blits volk. Bekende muzikanten zoals Flip Kowlier en Luc De Vos. Maar wij zijn gekomen
voor de Onbekende Vlaming. Voor de mensen die hier in de
zomer van 2002 in de – *what's in a name?* – Eendrachtstraat tafels
in het midden van de straat zetten en *en masse* spaghetti begonnen te koken. Een idee van wijkkunstenaar Pier De Kock.
Kunst om te eten, eten om te buurten.

Pier won er een prijs van de Stad Gent mee: Kunst in de
Buurt. En de nieuwe laureaten komen alweer uit Heirnis: Peter
Monsaert en Frank Paemeleire. Ze willen de televisies uit de
huiskamers halen.

Letterlijk. 'Mensen kennen de acteurs uit *Buren* beter dan de
eigen buren', vertelt Peter. 'We zullen aan de mensen van de
wijk vragen om hun televisie voor het venster te zetten. Bedoeling is dat ze zichzelf te kijk stellen. Dat ze zich aan hun buren
tonen aan de hand van een filmfragment of een eigen gemaakte
video, iets wat voor hen een bijzondere waarde heeft. Het is
spannend. Je weet nooit hoeveel mensen je meekrijgt. Het kan
tegenvallen, het kan meevallen. Piers tafel was een voltreffer.
Dit project, "Vitrine", is iets ingewikkelder. Straks is er een eerste buurtvergadering gepland. Ik hoop dat het lukt. De kunst-

wereld is mij soms te klein. Ik voel mij beter op straat dan op vele plaatsen waar kunst hoort te zijn.'

In de nacht van zaterdag op zondag worden de straatlichten gedoofd in Heirnis. Alleen het licht van de televisies zal de wijk verlichten.

Averechtse cocooning. Na het café-chantant, de Rue Télévisée. Weg met die gordijnen!

TURK

Niemand wordt er graag aan herinnerd in de Gentse dubbelwijk Macharius-Heirnis. Op de Kasteellaan werd in de herfst van 1981 een Turkse jongen half lam geschopt. Door extreemrechts tuig van de richel. Het tuig zat enkele maanden achter de tralies. De jongen kreeg levenslang. Gevangen in zijn lichaam, in een ziekenhuisbed. Hij pleegde enkele jaren later zelfmoord. Het drama wekte geen beroering in Vlaanderen. Er stak geen storm van protest op.

In de jaren zestig waren de Turken op Macharius nog graag geziene gasten. De kinderen vonden snoepjes in de bus, als teken van verwelkoming. Grimmiger werd de sfeer voor de Mehmeds en Fatma's die eind de jaren zeventig toekwamen. Het land verkeerde in economische crisis. Het volkseigene Jaar van het Dorp was net achter de rug, er waren nog meer frietkoten dan pitatenten.

In de herfst van 1981 haalt de kersverse zweeppartij Vlaams Blok 66.426 stemmen voor de Kamer en 71.733 voor de Senaat. Dat waren 9000 stemmen minder dan wat de voorloper, de van de Volksunie afgescheurde Vlaams Nationale Partij, in 1977 haalde. De partij had één zetel, in Antwerpen. Stichter Karel Dillen kon hem in 1981 nog net redden. Schreeuwlelijk partijtje, dacht iedereen. Aangebrand bovendien. Zou wel verdwijnen. Tot de jonge Turken rond Dillen een simpel sommetje maakten: dé gastarbeider + dé crisis = winst.

Het is nu bijna een kwarteeuw later in Macharius. Ayfon komt uit Bayram. Hij heeft een bloeiende kruidenierszaak op de Gentse Vrijdagmarkt. Zijn kinderen gaan naar Sint-Bavo en Sint-Lievens. 'Er is maar één god, toch? En die voert geen oorlog. Ik ben ook vriend met alleman.' Dat zegt hij omdat hij

middenstander is, niet?' 'Een beetje wel, natuurlijk, maar het is
ook gemeend. Toch?' Hij propt een zak vol pruimen in onze
handen, gratis. Het is een allerhartelijkste man.

Ook Önder wil goedlachs blijven. 'Ach, die jongen op de
Kasteellaan... Zoiets kan op een dag gebeuren. En de volgende
364 dagen is het weer rustig.' Hij neemt ons mee naar een theehuisje. Önder is zowat de enige man die er perfect Nederlands
en Frans kent. Een jongeman legt hem een brief voor ter ontcij-
fering. Iets met justitie.

'Je zou denken: wat zitten die mannen hier allemaal overdag te doen in die theehuisjes? Werkloos zeker? Maar de meesten zijn zelfstandigen, ze werken 's avonds, tijdens het weekend, of ze komen tussen de bedrijven door een theetje drinken.
Ik heb twee broers, één is bakker, de ander kruidenier. Zelf heb
ik ook een nieuwe job. Taxichauffeur.' Stilte. 'Man, ik schrik
van de racistische praat die sommige klanten in mijn nek kletsen. Het verbetert er niet op.'

Önder herpakt zich.

'Ach, de twee volgende klanten maken het dan toch weer
goed.' Geloof.

'De verstandhouding is hier toch wel goed, hoor. Ik ken een
meisje dat van de stad een van de sociale flats hier tegenover
toegewezen kreeg. 'Ik wou hier zeker niet komen wonen', heeft
ze mij eens bekend. 'Met al die Turken.' Vandaag komt ze af en
toe thee drinken. Als mensen elkaar leren kennen, lossen alle
spoken op. Het is zo simpel, toch?'

Tien meter verder in de Slachthuisstraat, in het enige overgebleven 'blanke' café, zit één Turk. Achter een trappist. Hij
biedt ons een koffie aan. Ook twee andere klanten krijgen on-
gevraagd een pint. Ze kijken bijna verveeld naar de man. Er
stapt een arbeider binnen met een zware tas. 'Ha, meneer is fac-
teur!' zegt de Turk bij wijze van begroeting. De man geeft hem
een kille blik en begint vervolgens minutenlang tegen de andere klanten, die in hun getrakteerde pint staren, te kankeren
over de 'onnozelheid' van de Turk. Een boelzoeker, noemen ze
dat in Gent.

Wegwezen, toch?

Neen, het is niet zo simpel. Alle multiculturele projecten
ten spijt. In Macharius blijven de blanke cafés blank, de thee-

huisjes gekleurd. In beide gemeenschappen klagen de enkelingen die wél interculturele contacten hebben en wéten hoe simpel het kan zijn over de gettomentaliteit van het eigen volk.

Ik neem de wijk, wandel de straat uit. Noteer in telegramstijl: 'Multiculturele samenleving in Vlaanderen = 80 procent apartheid, 10 procent conflict en 10 procent goede wil van altijd weer dezelfde goedzakken die met de moed der wanhoop bruggen proberen te slaan. Zaaien op steen.'

Zap.

Ik keer op mijn stappen terug. Op de hoek van de Zalmstraat helpt een Turkse opa zijn kleinkind de eerste passen te zetten. Ik schrap mijn laatste notitie, sla de hoek om. En prop het lokale blaadje van het Vlaams Blok, *De Strop*, dat ik uit de portiek van Macharius' sociale flats mee heb gegrist, diep in een vuilnisbak. Geloof moet er zijn.

Kruishoutem

GOLF

Wekenlang al sluipt ook in Vlaanderen de wereld in het dorp. De gesprekken op café of op de markt gaan niet langer uitsluitend over het voetbal of het weer. En ook op de scholen ging en gaat het niet langer enkel over carnaval, lente of straks weer Pasen.

Maandag stapte kleuterleider Stefan, van De Keimolen, een basisschooltje in Kruishoutem, in zijn auto. Even naar Waregem voor een wandelingetje tijdens de schooluren, dat kan op De Keimolen. 'We moedigen het zelfs aan', zegt directrice Katrien Bettens. 'Sta maar eens een hele dag tussen kinderen, hun ouders en de lessen. "Ga maar 's wandelen", zeg ik dan tegen mijn kleuterleiders en onderwijzers. Even de batterijen opladen. Je moet op school niet alleen kijken naar de ontwikkeling van de kinderen, ook van de opvoeders.'

Zo dus, onderweg naar Waregem, hoorde Stefan een van de hoofdpunten van het halfmiddagjournaal. George W. Bush zei dat 'het uur van de waarheid' naderde. Terug op school wilde Stefan 'íets doen'. En het was alsof de kinderen erop gewacht hadden. Als een golf ging het door de school. Er werden oude witte lakens bij elkaar gesprokkeld en verknipt tot vlaggen met opschriften tegen de oorlog. Nee, sorry, voor de vrede. Taal luistert nauw in kinderkopjes.

De kinderen kwamen zelf met het idee om een aantal lakens te verscheuren in reepjes die konden dienen als zweetband. Rambo, maar dan in het wit.

Twee dagen later laat een bonte bende van 162 leerlingen daar in Kruishoutem tweehonderd witte ballonnen op. Het is woensdag, de eerste échte lentedag in Vlaanderen. 'Koning' Saddam heeft nog dertien uur te gaan. *'Gee'oo'log'*, roepen kleuters van nog geen vier jaar. Ja, het knettert dezer dagen in vele kleuterkopjes. Op televisie zien ze vele stouteriken. Tovenaar Gargamel van de Smurfen of 'oude zeekoe' kapitein Haak. Voor elke schurk is er een goeierik. Dat is overzichtelijk. Vechten is een 'goed' begrip voor de kleuters, een positieve waarde. Toch als de goeierik het haalt, en dat doet hij natuurlijk altijd.

Het is zelfs grappig, als de slechterik zich tegen een plots dicht-
vallende deur te pletter loopt of in de grond wordt geheid.

Maar leg het dezer dagen maar eens uit aan je kleuter. Wie
is de *good* en de *bad guy*, 'koning' Bush of 'koning' Saddam? En
zijn koningen dan niet altijd goed? Beter dan boze koningin-
nen toch? Gaat Bush op zoek naar de schat? Olie?

Persbericht van het nieuwsagentschap Belga, donderdag
20 maart 2003, oorlogsdag I:

'Volgens Duitse jeugdtherapeuten laten ouders hun oorlogsangsten het
best niet zien aan hun kinderen. Het Duitse beroepsverbond van artsen uit de
kinder- en jeugdpsychiatrie stelt dat kinderen anders het gevoel kunnen krij-
gen dat ze direct bedreigd zijn. Kinderen jonger dan acht jaar zouden boven-
dien het best geen oorlogsbeelden op tv zien, om ze zo een directe confrontatie
met de oorlog in Irak te besparen. Toch raadt de bond ouders aan de vragen
van kinderen over de oorlog altijd duidelijk te beantwoorden. Het antwoord
moet kinderen op hun gemak stellen en het moet zo geformuleerd zijn dat ze de
informatie achteraf in hun eigen leefwereld kunnen inpassen.'

Er gaan vele soorten oorlog om in kinderkopjes. 'Als je bij kinderen alleen naar kennis en kunde kijkt, doe je je werk maar
half', zegt directrice Katrien. Ze is een hartstochtelijk pleitbe-
zorger van ervaringsgericht onderwijs. Werken aan gedrag, begeleiden van gevoelens. Het komt goed van pas, nu de 'grote
oorlog' de huiskamers binnenrolt.

Maar het is ook nodig in de vele kleine oorlogjes die kinderen vaak met zichzelf moeten uitvechten. Paps en mams gaan
uit elkaar, opa sterft.

Katrien heeft zopas een onderwijsmethode ontdekt, die ze
in Kruishoutem in de praktijk wil brengen. Uitgedokterd door
een Gentse psycholoog. 'De stad van Axen', zo heet het. De
leefwereld van het kind wordt erin voorgesteld als een stad, met
in elke wijk of ax een type menselijk gedrag. De markt van
Kruishoutem is het centrum. En vandaar trek je de wijken in.
Die met 'bovengedrag' en 'ondergedrag' – wie ligt boven of onder in menselijke relaties? Er is 'gedrag tegen elkaar (samen,
maar elkaar bevechtend)', 'gedrag met elkaar (samen, en sa-
menwerkend)' of 'gedrag los van elkaar (apart, dus helemaal
niet samen)'. Het verkeer regelen tussen die ingebeelde wijken,
daar gaat het om. Conflictbeheersing op microschaal. In de
klas, thuis.

11.30 uur. Schermutseling gesignaleerd op de speelplaats. Ruzie over een witte ballon.

Het is hopeloos, maar vooruit: hang het plan van de stad van Axen aan een ballon, stuur het de wereld in. Met de groeten uit Kruishoutem.

OVAAL

Kruishoutem ligt in een plooi achter de autostrade E17, maar er heerst een diepe, welhaast heilige rust. 'We zijn het enige grote dorp in Vlaanderen zonder verkeerslichten', zegt oud-meubelmaker Raoul De Bel. 'Er zijn geen kanalen of rivieren en we hebben ook de trein gemist. De spoorlijn Gent-Kortrijk had hier moeten passeren, parallel met de E17. Maar de kasteelheren zijn dwars gaan liggen. Ze wilden hun gronden niet afstaan. Natuurlijk waren er voorstanders van de treinverbinding. Het zou de moderne tijd brengen, handel en nijverheid.

Maar achteraf gezien kunnen we alleen maar tevreden zijn dat de kasteelheren het been stijf hielden.'

Wat een weg van ijzer of beton meer of minder aanricht in een gemeenschap kun je aflezen aan de statistieken. Tot 1880 groeide de bevolking van Kruishoutem gezapig en gelijk aan met die van het naburige Waregem. Tegen 1976 was de bevolking van Kruishoutem gedaald, tot 4470 zielen, die van Waregem – dankzij de treinen – verdrievoudigd tot bijna 20.000 inwoners. Op eenzelfde lap grond van ruim 2600 hectare. Trein maakt stad.

Kruishoutem is een dorp met vele kerken. Maar zelfs de fusie van 1977 heeft het dorpse karakter niet stuk gekregen. In deelgemeenten Lozer, Nokere en Wannegem kun je op een weekdag op het midden van de weg gaan liggen zonnen. En het dorp telt talloze wijken waarvan de namen zelf hele verhalen vertellen: Goedleven, De Rechte Man, de Reutel, De Lieve Dochter, de Lulhoek. Maar Raoul en andere geboren en getogen Kruishoutemnaren maken zich vandaag wel zorgen. Wellicht daarom heeft de gemeente pas sinds vorig jaar een heem- en geschiedkundige kring onder het voorzitterschap van Raoul. Dat soort kringen bloeit overal in Vlaanderen als nooit tevoren. Er is blijkbaar veel te bewaren, veel dorp op sterk water te zetten. 'Het is tegen het vergeten', zegt Raoul. 'Kruishoutem begint zijn dorpse karakter te verliezen.'

Vrachtwagens sluipen door de dorpskern. En er zijn vooral de vele verkavelingen. Veel nieuw volk. Kruishoutemnaren zijn graag op zichzelf.

Drie ereburgers heeft de gemeente, en anders dan andere gemeenten zoeken ze hier de lintjesdragers het liefst in huis. Zo bijvoorbeeld oud-gemeentesecretaris René D'Huyvetter (94). Hij stichtte de brandweer, de muziekkapel én de eiermarkt, die in 2004 haar vijftigste verjaardag viert.

En toch heeft Kruishoutem inwoners wier betekenis het dorp ver overstijgt. Bo Coolsaet, connaisseur van het penseel der liefde. Marc De Bel, Vlaanderens best verkochte jeugdschrijver, broer van Raoul. Maar bovenal, letterlijk boven het dorp uit, torent meubelontwerper-kunstenaar Emile Veranneman. Een neef van Constant Permeke. Decennialang, terwijl op de markt de boeren van het ommeland hun eieren kwamen aanbieden, ontving hij hier incognito de groten der aarde. Jacques Chirac, Salvador Dalí, Hugo Claus, Belgische gekroonde hoofden.

Zoveel allure in huis, Kruishoutem. En dan toch vooral bekend willen blijven om zijn eieren, zijn Eierkoningin en Eierboer, zijn eiermarkt.

'Eiermarkt die er eigenlijk geen meer is', zegt Raoul. 'Vroeger gingen de eieren van hand tot hand. Nu worden ze met de computer verhandeld.'

Het werk van Veranneman* staat op een heuvel, als een stil verwijt aan de dorpse vormen. Zelf verschanst hij zich tussen haag en bomen. Vloekt deze kosmopoliet op het land? Vecht hij tegen kneuterigheid? Het is misschien maar een detail: in zijn werk ontbreekt het ovaal, de vorm van het ei, het geometrische Ik van Kruishoutem. Zijn werk schreeuwt om grootse vlakken. Alles wat het landschap in Vlaanderen te kort heeft. Over ruimte wordt hier niet langer gesproken in termen van schoonheid, maar structuur. Kunst is zonevreemd. Het laat zich bewonen noch bewerken. Al in 1983 schreef Hugo Claus, in een ode aan Emile Veranneman, over de regelneven van de Vlaamse ruimtelijke orde. Over de regenten die *'blijven regelen/zij willen, overzichtelijk op kaart gebracht/de manieren van je leven registreren'.*

'Hier op de Groeneweg', vertelt Raoul, 'ben ik de laatste ondernemer wiens atelier niet zonevreemd is.' Maar het doet er niet langer toe. Raoul verhuist naar de dorpskern. Het huis is te groot, de kinderen zijn de deur uit en de vrouw sukkelt met haar gezondheid. 'Het is een trend', zegt Raoul. 'Ouderen die altijd aan de rand van een dorp hebben gewoond, gaan steeds vaker in het centrum wonen.' Maar het doet toch pijn. Niet langer plattelander te kunnen zijn op het platteland.

* Emile Veranneman overleed in 2004.

RIJK

'West-Vlamingen, niet van deze contreien. Ze komen niet voor het spel, maar voor de centen.' Aimé sist het tussen zijn tanden. Hij wacht, in blauwe werkschort, op de doortocht van de tweehonderd renners die in Oudenaarde aan de start zijn verschenen voor de achtenvijftigste editie van Nokere Koerse, de voorjaarswedstrijd voor eliterenners met contract, categorie 1.3. Aimé doelt op de bookmakers die op Nokere-dorp, op driehonderd meter van de aankomst, hun tafeltjes hebben opgesteld. Aan zo'n tafeltje zitten doorgaans man en vrouw naast een bord met daarop de rennersnamen.

De politie laat het gokken oogluikend toe. Aan elke tafel wikken belangstellenden hun kansen. De boeren zwijgen en zetten in. Anderen maken luidop de analyse van de koers die nog gereden moet worden. De inzet is laag, per hoofd althans. 'Rijk worden we er niet van. Dit is geen paardenkoers, hé meneer', zegt een bookmaakster. 'Dit is een volkssport.'

Dat was Nokere Koerse zeker toen hij voor het eerst gereden werd, in 1944, en gewonnen werd door Marcel Kint. Een jaar later trapte Briek Schotte de oorlog er nog iets harder uit. 'Nokere Koerse is vandaag de enige beroepsrennerskoers waarvoor een toegangsprijs gevraagd wordt', zegt André. Niet zonder fierheid, want aan het verkeer van geld – om het even of het nu in of uit de kassa gaat – meet men hier het belang van iets. 'Zo'n koers kost geld voor een dorp van nog geen achthonderd zielen.' André is lid van de raad van bestuur 'van de koers' en beheerder van het parochiecentrum dat vandaag dienst doet als perszaal. Het is nog vroeg in de koers, er zit één journalist te tikken. Hij krijgt rugdekking van een gekruisigde Christus – het ereteken waaraan Kruishoutem zijn naam ontleent. Houtem, zoals het dorp aanvankelijk heette, betekent gewoon 'huis in het bos'. Het crucifix kwam er als prefix pas later bij en verwijst naar het relikwie van het Heilig Kruis dat na de Tweede Kruistocht (1147-1150) werd meegebracht.

Kruishoutem, en Nokere in het bijzonder, heeft iets met heiligen. Koning Boudewijn kwam er vaak op bezoek. En ook de latere vorst Albert en zijn vrouw Paola. 'Op zaterdagavond kwamen ze hier vaak incognito de mis bijwonen', zegt André. 'Een charismatische viering. "Doe alsof ge ons niet ziet", zeiden ze. Maar ja, het volk stond hun toch vaak op te wachten na de mis. Eenvoudige mensen, meneer.'

De oudere Nokerenaars spreken met ontzag over hun 'twee kastelen en heren'. De één, baron Casier, is een man van de wereld. 'Hij is de negentig voorbij, maar rijdt nog altijd rond met de auto, en met paard en koets', zegt André. 'En het liefst van al met een jong meisje', vult een kwatong de woorden van André aan. 'Een groot paardenliefhebber', zegt André. 'Hij heeft nog koetsen van het Koninklijk Paleis staan. En prinses Mathilde was bruidmeisje toen zijn kleindochter hier in de kerk trouwde. Zijn zoon, Philippe Casier, baas van Fabricom, droomt ervan om hier in Nokere opnieuw een volkscafé de deuren te zien openen.'

In het andere kasteel woonde tot voor kort een veel soberder heerschap: de neef van koningin Paola. Hij heet voluit – en u krijgt de spelling op gezag van André – Ruffo de Bonnevalle de la Farre d'Escomptes de Cinepoli de Calabre. Kortweg: Jacques. Of graaf meneer Jacques. 'De helft van het dorp was van hem. Een stille man. Hij hield zich onledig met de kweek van fruitbomen, bijen en insectenetende vogels', zegt André. 'Een vrome familie ook, met veel paters. Maar het geld heeft hun lelijk parten gespeeld. Ze speculeerden. Enfin, dat wordt toch verteld. En toen is de bank gesprongen. Graaf Jacques is vorig jaar verhuisd naar Brussel. Spijtig, hij kwam veel onder de mensen. Wellicht was het geld op. Al moet gezegd dat hij ook wel een beetje ziekelijk was.'

Had de graaf geen geld meer? Misschien. Adelman zijn is geen pleziertje.

Kastelen zijn lege plekken. Nu en dan naar de mis met oom Albert en tante Paola. En verder niets om handen. Help de rijken.

'De laatste jaren hield graaf Jacques zich vooral bezig met keramiek', vertelt André. Hij wijst naar het kruisbeeld aan de muur. Over Christus' knieën hangt een pleister. 'Gemaakt door graaf Jacques. Het is gevallen en gebroken.' Op Nokere-dorp doen de boeren hun schietgebedje. Opdat hun favoriet het moge halen. De voorzienigheid koos dit jaar een Nederlander uit, Matthé Pronk. *Weer geen Briek Schotte gedomme!'*

Ronse

TERMINUS

Woensdagnamiddag. Staking in de textielsector. In het machtige West-Vlaanderen, maar ook in het Oost-Vlaamse Ronse. Aan de poorten van de twee grootste werkverschaffers van de stad, Utexbel en Associated Weavers (AW), houden de stakingsposten al drie dagen stand. Een loonsverhoging van 0,10 euro, zegge en schrijve 4 oude Belgische franken? Ga weg. Maar ook dat mogen ze niet, de arbeiders, want in het textiel mag slechts vijf procent van de werknemers genieten van het tijdskrediet. '"We gaan de mensen toch niet aanmoedigen om niet te gaan werken, zeker?" zeggen de bedrijfsleiders. Typische bazenpraat', zegt Fernand Van Hoecke, secretaris van ACV Textura, de textielcentrale, en geboren Ronsenaar.

'Het is geleden van 1995 dat hier nog eens gestaakt is. Textiel is het enige wat Ronse nog heeft aan industrie. Met tweeduizend werknemers zijn Utexbel en AW goed voor de helft van de jobs in de secundaire sector.'

Fernands hart klopt in Ronse. 'Dit is een oud industriestadje. Het heeft vele problemen gekend in het verleden, en vandaag nog altijd. Het is een geval apart in Vlaanderen. Structureel gehandicapt door zijn ligging. Niet interessant voor Vlaanderen en niet voor Wallonië. Ze noemen Ronse niet voor niets de terminus van Vlaanderen. We liggen ook letterlijk in een dal.'

Eén zaak kunnen ze Ronse nimmer afpakken en dat is zijn natuurlijke ligging. Het draagt met recht en rede de titel parel van de Vlaamse Ardennen. Maar binnen de stadsmuren is het landschap minder idyllisch. Ronse is het ondergeschoven broertje van twee provincies: geprangd tussen het West-Vlaamse Texas en de Oost-Vlaamse groeipolen Oudenaarde en Zottegem.

'Ronse greep heel vaak naast de vette kluiven', vertelt Fernand. 'Bij ons bleef de textiel het enige goed. Andere ondernemingen lonkten naar het ommeland. Oudenaarde kreeg Samsonite en Mietec, microchips. Toen Vlaams minister-president Gaston Geens vijfentwintig jaar geleden de eerste Vlaamse industriële revolutie decreteerde, vielen wij buiten de prijzen.'

Ronsenaren werken niet minder hard dan de modale Vlaming of Waal. Deze stad heeft zijn onfortuinlijk lot niet aan zichzelf te wijten, maar aan de taalgrens. Omwille van Belgocommunautaire redenen is dit stadje klein gehouden. Terwijl alle andere Vlaamse steden en gemeenten in de jaren zeventig fusies aangingen, moest Ronse een eilandje blijven. De Vlaamse politiek vreesde linguïstieke contaminatie, besmetting door taal. Want Ronse is een Vlaamse stad met faciliteiten voor Franstaligen. En hoe kon je die stad uitbreiden met omliggende gemeenten zonder dat je in die gemeenten ook faciliteiten toestond? Het Frans zou Vlaanderen al te diep penetreren, meneer! *Pas de question!*

Schrik voor de Franstalige olievlek zorgde ervoor dat Ronse op zichzelf werd aangewezen. Schrik voor de olievlek sloot ook wegen af. Want de wetgever die in 1963 de taalgrens vastlegde, wilde in Ronse – zoals elders langs de taalgrens – op een lepe manier ook het vrije verkeer van mensen en goederen over de taalgrens ontraden. Want van al dat verkeer kwam vermenging, en van vermenging kwam verfransing.

Bekijk het landschap. Zie hoe een vierbaansweg, van Gent over Wallonië naar Frankrijk, vijfhonderd meter voor Ronse versmalt tot een tweebaansweg. Op de rem gaan staan, zoals in Komen. Tientallen kilometers omrijden, binnen de Vlaamse of Waalse lijntjes blijven, elk zijn vakje, zijn regio. Geen enkel bedrijf dat *just-in-time* wil leveren, haalt het in zijn hoofd om zich in zo'n *cul-de-sac* te vestigen. Of hoe taalwetten, abstract en 'ver van ons bed' als ze mogen lijken, een wezenlijke impact hebben op het leven van taalgrensbewoners.

'In stadjes als Oudenaarde of Zottegem trekken de fusiegemeenten tweeverdieners aan', zegt Fernand. 'Die bouwen daar hun huis of villa. Ronse mocht niet fuseren, heeft dus geen buitengemeenten en daardoor kunnen we evenmin de betere inkomens aantrekken. Onze huisjes zijn te klein en te oud. Ook dat verarmde de stad structureel. Ronse trekt lagere sociale klassen aan. Uit Wallonië vooral, want Ronse is voor vele Walen dichterbij dan Doornik.'

En zo oogstte de Belgische wetgever door zijn angst voor verfransing juist het omgekeerde.

'Wat denkt ge, Fernand? Doen we voort?' vraagt Michel.
Een half jaar geleden ging hij met brugpensioen, en thuis is
het te stil. Dus staat hij, uit solidariteit, al drie dagen van
's morgens tot 's avonds piket.
    'Ik heb het gezegd, hé, Fernand, bij mijn afscheid: dat ik er
opnieuw zou staan als het nodig was.'
    'Zeker Michel, ge zijt een profeet.'
    Donderdagmorgen. De staking wordt afgeblazen. Het wordt
0,15 euro. En maaltijdcheques voor drie maanden.

CONTENT

In De Stookt, een centrum voor 'levensvorming', zijn allochtone jongeren druk in de weer met kranten. Ze zetten de schaar in
George W. Bush. In normale tijden houden deze langdurig
werklozen zich hier op woensdag onledig met de gebruikelijke
'herintegratie'-activiteiten. Sollicitatiebrieven schrijven en zo.
Op andere dagen renoveren ze oude huizen. De Stookt werkt
daarvoor samen met de stad.
    Oude huizen zijn er genoeg, in Ronse. Allochtonen en
werklozen ook. Jobs daarentegen niet. Ronse ligt ver van Brussel en Antwerpen, ingebed tussen de glooiingen van de Vlaamse Ardennen en het Waalse Heuvelland. Wie via de langs bos
en veld slingerende baantjes de stad binnenrijdt, kan moeilijk
geloven dat dit stadje, met ocharme 25.000 inwoners, zowat
alle grootstedelijke problemen in zich verenigt, in pocketfor-
maat. Ronse is een zwarte vlek, zoals dat heet. Toen het Sociaal
Impulsfonds (SIF) nog bestond, scoorde het hoog op zowat
álle indicatoren. De werkloosheidsgraad ligt er op 12,85 procent, migranten maken er 5,66 procent van de bevolking uit,
26,7 procent van de woningen mist er elementair comfort. En
het Vlaams Blok behaalde er in 2000 een zéér grootstedelijke
score van 20,4 procent. In het naburige Oudenaarde was dat
slechts 5,7 procent.
    Aan het natuurschoon heeft het niet gelegen, wel aan de ge-
dwongen geïsoleerde ligging van Ronse aan de taalgrens. Weinig investeringen en veel slechte tot matige inkomens – die
cocktail houdt elke stad aan de grond. Ronse werd en is, ondanks de open indruk van het landschap, een gesloten burcht.

Wél welkom daarentegen waren hier sinds de jaren zestig de gastarbeiders. En die kwamen graag, want er was werk, het wonen was er goedkoop, het was er stedelijk maar ook niet té. En bovenal, men kon er met een mondvol Frans uit de voeten. Naar verluidt hebben vastgoedmaatschappijen, die de ettelijke krappe arbeidshuisjes aan de straatstenen niet meer kwijtraakten, migranten zelfs actief naar Ronse gelokt.En toch is Ronse – we zeggen maar iets – Antwerpen niet. De burgers mopperen er minder. En ook de politiek draagt er haar onfortuinlijke lot met geheven hoofd. Wijkvergaderingen floreren en worden door het stadsbestuur ernstig genomen.

'De samenwerking is schitterend', zegt Kristin Goethals van De Stookt. 'We zijn dankzij de stad ontsnapt aan de besparingen die alle andere Vlaamse steden opgelegd krijgen door het opheffen van het Sociaal Impulsfonds.'

Ronse is als kleine stad groots in iets waar vele grotere steden vaak klein in zijn.

Laat ons de sfeer verklaren aan de hand van twee tafereeltjes in de wijk Stookt op een zonnige namiddag. De wijk ziet er met zijn sociale woningen uit als een heuse *faubourg*. Eén superette, en verder geen middenstand of andere bedrijvigheid te bespeuren. De arbeidershuisjes hebben allemaal een voortuintje. Julien zit in zo'n tuintje, met vrouw en buurvrouw. Werkloos, maar niet malcontent. Ze nuttigen hun vieruurtje. Droge beschuit met een plakje jonge kaas. Voor de deur van café 'T Stookt duwt de bazin een kinderwagen heen en weer. Het café is open, maar leeg. De *tristesse* van muren en meubeltjes is er groot. Verplaats het naar een andere stad en je kunt er de zeurende, tooghangende burger zo bij verzinnen. Maar de bazin heeft geen oren naar ons mondvol SIF-jargon. Ze legt een muziekje op, voor ons alleen. *'Tous les oiseaux sont partis, à Paris'*. Nu en dan wiegt ze de kinderwagen. 'Van mijn dochter', zegt ze. 'Ze is gaan winkelen.'

Doods hier toch, en ook een beetje arm, niet? Bazin verontwaardigd.

'Iedereén is gaan winkelen. Sinds januari passeert hier elk uur een gratis busje. Van de wijk naar het station van Ronse. En hij passeert langs de Carrefour, de Aldi en het ziekenhuis. De bus zit elk uur vol. *On est très content ici, monsieur!'*

Vreemd beeld. Verlaat de *faubourg* via de Saint-Sauveur-
straat. En de stad gaat abrupt over in platteland. Hoekje om,
fluitend de grootstedelijke problemen achter je laten. Nee,
Parijs is niet ver weg.

ANGEL

Sluikstorten en wespennesten. Ze figureren niet als indicatoren
in de barometer van het Sociaal Impulsfonds, maar als Ronse
ergens last van heeft, dan wel daarvan. We hebben het uit be-
voegde bron, van officiële straatlopers. Stadswachten. Ook
Ronse zet sinds 1999 zulke mauve geüniformeerde mannetjes
en vrouwtjes in, om het al dan niet subjectieve onveiligheidsge-
voel te milderen. Met z'n dertienen zijn ze vandaag in Ronse.
Kleine criminaliteit hield de gezagsdragers al bezig in de tijd
dat pastoor Stefaan-Modest Glorieux naar de parochie werd
gezonden. In 1828 was dat, Ronse leek toen nog een beetje op
Aalst, stad van Adolf Daens. Veel industrie, veel proletariaat,
veel dompers, veel oproerkraaiers. *'In heel uw bisdom is er geen enkele
parochie waar het aantal ongelukkigen naar ziel en lichaam zo groot is'*,
meldde pastoor Glorieux aan zijn bisschop. Vandaag is er amper nog industrie, wel nog proletariaat. Op de wekelijkse markt
wordt er duchtig in de bakken met koopjes gegraaid. Het verkeer rond de markt wordt hoffelijk omgeleid door Paquita en
haar collega Jacques. Ze doen dit werk graag. Het is een PWA-
job. 'Het werk is afwisselend en we komen onder de mensen',
zeggen ze.

Paquita was in een vorig leven kantoorbediende, Jacques
werkte als arbeider bij het textielbedrijf Utexbel en in de
horeca.

Altijd in de schaduw gewerkt, nooit de meest mondigen geweest. Maar vandaag dragen ze een uniform en een badge. En
dan gaan mensen anders tegen je aankijken. 'We voelen ons
niet machtig', corrigeert Paquita. 'We zijn het trouwens niet.
We kunnen geen mensen bekeuren of geen identiteit controleren. En ik zou het ook niet willen. Ik ben geen agent, hé.
Spreek de mensen vriendelijk aan, en ze zijn ook vriendelijk
voor jou. We krijgen veel complimentjes. En ja, soms komt er
al eens iemand spontaan vertellen dat hij zich een beetje veili-
ger voelt sinds wij hier over straat lopen.'

Ze zijn er voor de preventie van auto- en fietsdiefstal. Ze moeten brandjes signaleren of zelf blussen alvorens ze kunnen uitslaan. Parkieten in de mijn. Maar het meest hebben ze hun handen vol aan een misdrijf dat nochtans níét op het lijstje staat van die politici die graag garen spinnen bij de onveiligheid: sluikstorten. Past in geen enkele politieke propaganda, want het slachtoffer heeft geen gezicht en de boef lijkt op ons allemaal.

'Wespennesten verdelgen, dat is een van onze voornaamste bezigheden', zegt kapitein Willy Pauwels, chef van het 49-koppige vrijwillige brandweerkorps van Ronse. De afgelopen maand rukte het korps vier keer uit voor brand: één woning-, één container- en twee keer een grasbrand. 'Ronse heeft gemiddeld zo'n 60 à 80 brandjes per jaar. De stad heeft veel kleine, oude huisjes, veel leegstand ook.'

Toch is de rode haan niet de belangrijkste taak van de brandweer. 'We fungeren almaar vaker als de dienst 100. We moeten uitrukken om mensen te bevrijden die het slachtoffer zijn van een verkeers- of een werkongeval. Dat is minder dankbaar dan de media wel eens laten uitschijnen. We zijn de brandweer van New York niet. We vinden amper kandidaten om ons korps op volle sterkte te laten werken.'

Het vak is professioneler en dus ook wel saaier geworden. 'Veertig jaar geleden kwam je bij de brandweer als je genoeg pinten kon verzetten. Het was een familiegebeuren, van vader op zoon. Een vriendenkring ook, van zelfstandigen die vooral van het nablussen op café hielden. Vandaag moet je 120 uren les volgen en een aantal medische en fysieke proeven afleggen.'

Niet alleen de overheden eisen almaar meer van spuitgasten en andere hulpverleners, ook de burgers doen dat. Alles wat een uniform draagt, heeft het geweten.

'Waarom Ronse zoveel last heeft van wespennesten?' zegt Pauwels. 'Goede vraag. Ze waren er vroeger wellicht ook, maar de mensen hadden er minder last van. Nu zien ze drie wespen in een losse voeg van hun huis, en ze hangen al aan de telefoon. (Zucht) Wespen zijn in de natuur een levensbelangrijke schakel. Het is niet de bedoeling dat we ze allemaal verdelgen.'

De angel zit bij de iets te mondige burger. Die rent te snel naar politie en rechter, en dus ook naar de brandweerman. Ook

de stad vond dat het de spuigaten uitliep, en voerde een geldelijke bijdrage van 25 euro in voor burgers die de brandweer 'onnodig en nutteloos alarmeren'. Dubbel tarief tijdens het weekend. Want ach, die burger! Kent u hem en haar ook? Terwijl
mevrouw de brandweer belt om te klagen over de wespen in
zoonliefs cola, gooit meneer methanol op de barbecue. En
's maandags de vuilniszak met etensresten in de berm.

Kortrijk

GOUD

Op en rond het Kortrijkse Casinoplein houden de mensen die van geld hun beroep hebben gemaakt, dezer dagen hout vast. De Kortrijkzanen waren nog maar amper bekomen van het Lernout & Hauspie-debacle, of de oorlog in Irak deed de motor alweer sputteren. De knip gaat dan op de beurs, de baksteen blijft in de maag.

Geld, het is een beroep. 'Niet helemaal,' corrigeert Philippe Lawaisse jr., 'het is ook een passie.' Philippe is de jongste telg uit een geslacht dat een van de eerste kapitaalhuizen van Kortrijk oprichtte, beursvennootschap Lawaisse.

'Over geld werd thuis altijd met veel respect gesproken. Vader nam mij en mijn broer vaak mee naar de beurs. Ik was negen jaar toen hij een goudstaaf van één kilogram in mijn handen legde. Dat was... Wel, het was speciaal. Sommige vaders nemen hun kinderen mee naar het voetbal, ik mocht mee naar de beurs. Mijn grootvader was een boerenzoon.'

Van slijk naar goud, van klei naar kapitaal. Het is het soort revolutie dat vele ondernemende Vlamingen altijd het dierbaarst is geweest. Zeker in deze contreien. 'Philippe vergist zich', zegt bomma Lawaisse. 'Niet mijn man, maar zijn vader was een boerenzoon. August Lawaisse verkocht de boerderij aan zijn broer en startte zelf een leerlooierij. Toen de Eerste Wereldoorlog uitbrak, begroef hij de koeienhuiden in de grond om te verhinderen dat de Duitsers ze in beslag zouden nemen. Na de oorlog voelde hij zich te oud voor dat vuile en harde werk. Zijn vrouw is toen op de beurs beginnen te spelen. Bij een gerenommeerde Gentse wisselagent, die haar de gouden raad gaf om er zelf ook mee te beginnen. Je hoefde er toen nog geen diploma's voor te hebben. Haar zoon, mijn latere echtgenoot, studeerde handelswetenschappen. Maar toen brak de Tweede Wereldoorlog uit en is hij gevlucht. In 1946 zijn we getrouwd. De stad was platgebombardeerd, de beurs dicht. Ook de zetel van de Nationale Bank was van de kaart geveegd, op de geldkoffer na. Onverwoestbaar, die dingen. We hebben dan enkele jaren later ons kantoor gebouwd op de grond van de bank. We verkochten Frans geld en Duitse marken na de oorlog. Daar was veel vraag naar. De Belgische soldaten die na de oorlog in Duitsland gekazerneerd werden, wilden ook wel eens een pintje drinken of naar de cinema gaan. Heel West-Vlaanderen kwam bij ons geld kopen in de jaren vijftig. Ja, we hebben nogal wat geld zien passeren. Maar we zijn nooit avonturiers geweest, meneer. Mensen die alleen uit zijn op winst, die vliegensvlug willen kopen en weer verkopen, dat is ons slag niet.'

Kortrijks kapitaal wordt in muren, tapijten en kunst gestoken. Achter de gevels van de wijk rond de Sint-Sebastiaanslaan, met zijn afgietsels van Witte Huis en Texaanse ranch. Maar rijk Kortrijk heeft ook een hart. *Captains of industry* mogen op gezette tijden dan wel in de clinch gaan met de vakbonden, ze zijn niet blind voor de 5,7 procent werklozen, en dan vooral niet voor diegenen die wel willen werken, maar dat door ziekte of handicap niet kunnen.

Daarom steken ze hun kapitaal graag in Kanaal 127, een van de eerste centra voor sociale economie in Vlaanderen. Gehuisvest in een van de vele onderkomen textielfabrieken langs het kanaal, in de twee vorige eeuwen dé goudader van deze stad. Bedrijven die willen werken met kansarmen, krijgen bij Kanaal 127 ruimte en ondersteunende diensten aangeboden. Maar geld komt niet vanzelf. Kanaal 127 had een invloedrijke *fundraiser* nodig. En kreeg die dankzij... Marc Dutroux. Zijn korte ontsnapping in 1998 kostte justitieminister Stefaan De Clerck (CD&V) de kop, die in de beste katholieke traditie troost zocht in sociale werken. Hij werd voorzitter van Kanaal 127 en kreeg in die hoedanigheid makkelijk een voet binnen bij giganten zoals Koramic, Bekaert en Barco. Allemaal toonden ze hun grote hart.

Woensdagnamiddag. Op een vergadering bij Kanaal 127 wordt, zoals ten huize Lawaisse, de slechte economische toestand becommentarieerd. Ziet Philippe Lawaisse het aan de dalende koersen, Kanaal 127 merkt het aan de haperende doorstroming van zijn werknemers naar de reguliere arbeidsmarkt. Wat ze die ochtend in het journaal hebben gehoord, dat de lage inkomens er de jongste jaren wel op vooruit zijn gegaan, maar dat de activering niet te best lukt, voelden ze hier al een tijdje. Of het nu kapitaal om het kapitaal is, of voor een goed doel, ook rijk Kortrijk kreunt een beetje achter zijn fraaie gevels.

BAKSTEEN

Kent u het nog: het logo van de Algemene Spaar- en Lijfrentekas, ASLK? Een rood huisje en tevens spaarpot, dankzij het gleufje in het dak. In heel Vlaanderen is dat logo de afgelopen jaren vervangen door het meer frivole onding van Fortis, dat lijkt op een opengespatte clusterverfbom. De mier is kapitalist geworden. Maar in Kortrijk siert het rode huisje van vertrouwen nog altijd de gevel van de Saverystraat nummer 22. *'Rond den Heerd, Kredietvereniging sinds 1892 verbonden aan de aslk'*, zo staat er voluit. Er is geen marmer en geen vast tapijt. Het ruikt er nog altijd naar de spaarboekjes waarvoor kinderen elke maandag een briefje van 20 frank mee naar school kregen. Zelfs de kantoorbenodigdheden en de oude ITT-radio op het bureau van Dirk Frère, een manager die zichzelf nog altijd directeur noemt, zetten de tijd een neus.

'Arbeiders op een goedkope manier aan een woning helpen', dat was vanouds de *core business* van Rond den Heerd. Op 7 juni 1892 nodigden de heren Joseph Cantillon de Mulie en baron François Bethune de arbeiders van de gebuurte uit om hun de voordelen uit te leggen *'die de werkende klas van deze inrichting kan trekken'*, zo staat het in het *Gildeblad der Ambachten, Neringen en Nijverheden van Kortrijk.* De maatschappij opende een rekening bij de Nationale Bank te Kortrijk, met als startkapitaal 47.000 zéér oude Belgische franken.

Op de lijst van de eerste aandeelhouders: burgemeesters, volksvertegenwoordigers en baronnen. Ook priester-dichter Guido Gezelle zette zijn schouders onder het initiatief en bezorgde de maatschappij zijn titel.

'Rond den Heerd is, zoals de Godshuizen, gegroeid in de schoot van de adel', zo wijdt Dirk Frère ons in in de wonderen van het volkskapitalisme. Zijn gouden jaren beleefde Rond den Heerd tussen 1950 en 1960. Het land werd heropgebouwd na de oorlog, politici predikten sociale vooruitgang door arbeid en spaarzaamheid. En de wet-De Taeye stimuleerde, met premies, elke arbeider om zijn eigen outer en heerd te bouwen.

'De sociale woningmarkt is verzadigd', zegt Frère. 'De laatste grote werf dateert al van de jaren zestig. Mensen kozen op
een plan hun woning, ze betaalden een voorschot, ze kregen bij
ons een krediet en dan was het wachten op de oplevering. Wat
de Vlaamse Huisvestingsmaatschappij vandaag bouwt, is vooral om te verhuren. De gedachte dat elke arbeider ook eigenaar
moet kunnen zijn, is verlaten.'

Zou het? Sommige Vlaamse socialisten van de nieuwe eeuw
knopen graag aan bij wat de Kortrijkse katholieken van 1892
dachten. 'Om het tekort aan sociale woningen op te vangen,'
zo zei onlangs nog volkskapitalist Steve Stevaert, 'stel ik voor
mensen meer mogelijkheden te bieden om een eigen woning
aan te schaffen.'

Kortrijk telt zo'n 40.000 woningen, 2277 daarvan zijn sociale huurwoningen. Dat maakt het stadsbeeld zeer verscheiden.
Achter het station gaat een villawijk naadloos over in een
OCMW-dorp, met huisjes die specifiek bestemd waren voor *be-
hoeftige vrouwen en weduwen'*, zoals ze het hier kies noemen. In het
midden: een kapelletje.

En op de plaats waar textielfabriek Prado stond, houdt de
stad ook vandaag nog het idee in ere dat ook wie arm maar proper wil leven, recht heeft op een eigen woonst. Tien jaar nadat
de eerste steen werd gelegd, staan vele roodbakstenen huisjes
nu te koop. De nood aan extra woningen is nog altijd groot,
maar er wordt twee keer nagedacht vooraleer de betonmolens
mogen draaien.

'Bouwmaatschappijen redeneren graag in schijven van honderd woningen per keer. Dat remmen we hier in Kortrijk graag
af', zegt OCMW-buurtwerker Piet Larue. 'Past het in de stad?
Als je sociale woningen concentreert op de open ruimte aan de
rand van de stad, snij je die mensen daarmee net niet af van de
stad? Kweek je zo niet de *faubourgs* van morgen? En hoe sociaal
is dat dan? Dat moet je allemaal tegen elkaar afwegen.'

En dus komen er niet in álle leegstaande fabriekspanden
sociale woningen. Ook lofts, groen en recreatie. Welgemikte
ingrepen, precisie-urbanisatie, opdat de stad zou beginnen te
lijken op de kleurrijke blokjes in het logo van Fortis. Dirk
Frère, *'erfgenaam van een grote sociale gedachte'*, opent nog elke dag
met hernieuwde hoop zijn kantoortje. Klokslag negen uur, on-

der het afgebleekte logo van een bank uit een tijd dat katholieke ministers zoals Alfred De Taeye écht geloofden dat betonmolens en baksteen de samenleving ten goede zouden komen. Want met mortel en cement houdt men een arbeidersgezin content, nietwaar?

ZEDEN

'En zijn de mensen in Kortrijk niet gezellig?'
'Jááá.'
'En zijn de mensen in Kortrijk niet vriendelijk?'
'Jááá.'
'En zoudt ge ergens anders willen wonen?'
'Nééé.'

Het is maandag marktdag op het Schouwburgplein in Kortrijk. Elf uur 's morgens en de foyer van de schouwburg is voor een kwart gevuld. Maar Juul Kabas, de marktkramer van het Vlaamse levenslied, hoeft maar naar de micro te kijken, of de handen gaan al op elkaar.

Vierendertig jaar al zit hij in het vak, en nog altijd dat onnozel klakske op zijn kop, dat ziekenfondsbrilletje – dat hij eigenlijk niet nodig heeft – en de onvermijdelijke kabas. In de jaren zeventig scoorde hij één hit, *'t Zijn zotten die werken'*. Daarna werd het stil, maar niet in de parochiezalen en cafés waar deze Kempenaar vooral oudere harten blijft verwarmen. Voor de duur van een glimlach. Het zijn clichés, welja, schaamteloos zelfs. En ook als Juul zijn liedjes zingt, doet hij elke keer weer een gooi naar het record gemeenplaatsen.

Muisstil wordt het als Juul zijn enige liefdesliedje inleidt. 'Uw eerste lief, dat vergeet ge nooit. En de eerste dans is ook altijd de laatste, want nooit komt er nog een betere. Is het niet waar, madame?'

En alle madammekes knikken alsof ze nooit iets gehoord hebben dat méér waar is dan dat. Een van hen mag even in de teletijdmachine, Juul vraagt haar ten dans. Ook al is Kortrijk voor de Kortrijkzanen de hemel op aarde, als Juul zijn loflied op de Kempen aanheft, woont het meisje dáár bij die molen híér om de hoek. Het lied bevat de mooiste verzen uit zijn

repertoire: *'Waar ik de woorden heur en mijn gedachten kleur, de ziel van elk verhaal, uw eigen taal.'*
Dorpstaal. Kortrijk maakt zich op voor Kortriek kermesse, of de Paasfoor. Kermis komt van *kercmesse*, de heilige mis die werd opgedragen ter ere van de patroonheilige van de parochie. Foor komt van *forum*, wat markt betekent. De kermis groeide naast de jaarmarkt. Vandaag zouden we dat een *side attraction* noemen.

Kermis was volksvermaak, en de kooplustige adellieden en burgers vonden het eerder vervelend dan amusant. Ze riepen de hoogste autoriteiten in, van Karel V tot Filips II, om het volk zijn vertier te ontzeggen. Want volk dat feest, werkt niet. Verkleuterende bezigheden zoals schommelen, hoepelen, balwerpen en liedjes zingen werden verboden. Zo lezen we in *Tussen hemel en aarde* van Christiaan Germonpré, over kermissen en circussen in Kortrijk. Nog in 1934 verbood de stad Kortrijk het buikdansen in tegenwoordigheid van minderjarigen. Politieagent Rabaud Frans schreef daaromtrent in zijn proces-verbaal:

'In het tweede kotje, dichtbij Patria, waren insgelijks vier danseressen. De 1ste had een klein nietig broekje aan, die sloot hoog rond de billen en zoo laag de lenden omsloot dat, bij het dansen, den navel goed zichtbaar was; had verders een soort "soutien gorge" aan, die zoo smal was dat slechts de boezem bedekt waren, doch goed de vormen liet onderscheiden; had verder niets anders aan, zoodat gansch den rug, bijna gansch den buik en de billen bloot waren. Aan de 2de danseres viel niets bijzonders op te merken. 'k Geloof zelfs dat het een in danseres verkleede manspersoon was.'

Vandaag zijn vele *forains* of foorreizigers, en België telt er zo'n drieduizend, strenger voor het volk dat voor hun kraam staat dan de autoriteiten vroeger voor wat er ín de kraampjes gebeurde. Wat goed gedrag en zeden heet, is naar buiten gekeerd. Het mag niet gezegd worden, maar het is ons wel ingefluisterd in Kortrijk: behalve de omzet speelt ook de huidskleur van de kermisgangers mee. Van alle grote foren in Vlaanderen doen *forains* het liefst Kortrijk aan. Ruwe bolsters misschien aan het schietkraam, maar wel blanke pitten.

'De Kortrijkzaan is geen feestneus', zegt Raf Vandenborre,

'plaatsmeester' van de Paasfoor. 'Hij is conservatief, in de goede zin van het woord. Hij houdt van tradities. Twee keer per jaar gaat hij op stap. Met Pasen en begin augustus, in de volksmond nog altijd Kortrijk Congé genoemd. En dan verteert hij goed.'

Schreef de *Gazette van Kortrijk* in 1895 over de markt annex Paasfoor:

'Onze medeburgers hebben genoeg met eigen oogen kunnen bestatigen wat er al in Kortrijk te vinden is, en wij zeggen: als gij iets noodig hebt bezoekt eerst de Kortrijksche winkels, en gaat naar 't vreemde als gij volstrekt hier niet en vindt wat gij vandoen hebt.'

Anno 2003 loopt Kortrijk leeg. Bedrijven verkassen over de taalgrens, naar Moeskroen. Kooplustigen trekken naar Kuurne en Roeselare. Toch zal Kortrijk, voor de duur van de foor, weer even – in de taal van Juul Kabas – een 'hennenkot' zijn.

Roeselare

KATTENKOP

In de Vaartstraat in Roeselare zit een oud vrouwtje op een stoel voor een raam zonder gordijnen. Frontaal naar de straat gekeerd. Ze zit daar van 's morgens vroeg tot 's avonds laat. Ze bidt. Voor de passanten. Op de vensterbank staan prentjes. 'Bidden', gebaart ze. 'Ook voor u.' Zie ik er uit of ik het nodig heb? Ze toont me een bedankingskaartje. *'Lieve mevrouw, ik wil u danken omdat u hier elke dag op post bent, altijd met uw vriendelijkste glimlach.'* Een bidhoer. Pasen nadert. Op en rond de Onze-Lieve-Vrouwemarkt, bezuiden de spoorweg en het kanaal Roeselare-Leie, afficheert zowat elk raam het geloof. 'GOD IS MILD IN VERGEVEN'. Het pastorale werk staat hier hoog aangeschreven. Hij is niet dood, God, hier in deze 'mindere' wijk aan het kanaal, waar de huisjes klein worden gehouden door veevoeder-bedrijf Hanekop en brouwerij Rodenbach. Het is alsof Roeselare alles wat zijn imago van recreatief stukje Vlaanderen Vakantieland zou kunnen verstoren, in deze hoek heeft samengeveegd.

In het hart van de stad is het geloof licht verteerbaar. Het bestaat uit relicten zoals de nagedachtenis van priester-dichter Guido Gezelle en Albrecht Rodenbach. Opgelapt in het straatbeeld, met dank aan VTB-VAB. Hier aan de Onze-Lieve-Vrouwmarkt zit de piëteit in de stenen. Elke gevel zijn schietgebedje.

Woensdagnamiddag, scholieren vullen de zaal van Bowling Zuidpand in het centrum van de stad. De examens zijn voorbij. Veel blote navels, geen piercings evenwel. De meesten lopen school in het Klein Seminarie aan de overkant van de straat. Het is de school waar Gezelle poësis doceerde en het woord 'blauwvoeterie' ontstond. Rodenbach kon er zich niet verzoenen met de Franstalige leraren. En hij maakte snel Vlaamse school. Op het schoolfeest van 1875 weigerden de leerlingen de hun gedicteerde Franse liederen te zingen. Ze prefereerden 'Het lied der Vlaamsche zonen' van Rodenbach, met daarin het vers *'Vliegt de blauwvoet, storm op zee'*. 'De grote storinge', zo heette het oproer in die dagen. Het Klein Seminarie is vandaag integraal Nederlands en verwelkomt behalve Vlaamse kerels ook deernen. De school maakt deel uit van de Sint-Michiel Scholen-groep, die in totaal meer dan zevenduizend leerlingen telt. De school heeft nog altijd een internaat.

'Voor heel wat leerlingen is het internaat een van de mooiste ervaringen in hun jeugd', zo vertelt de brochure. Niet de franskiljons van Roeselare, niet het vertier in bowling- en danstenten baart de directie van Sint-Michiel zorgen, wel de paarse bekeringsijver. Het rondje katholieken of kattenkoppen pesten, nu de CVP van de macht is verdreven.

'We vormen vijfenzeventig procent van de schoolgemeenschap, en een minderheid gaat ons nu vertellen wat we moeten doen', zegt Paul Dejonghe, voorzitter van Sint-Michiel, geestelijke. Ach, versta hem niet verkeerd, het heeft niets met het geloof te maken. 'In Brussel wordt het beleid gemaakt op maat van wat er in de steden gebeurt en van wat de media bezighoudt. Wij moeten ons inschrijvingsbeleid hopeloos complex maken om in orde te zijn met de regels, terwijl die regels er vooral zijn omwille van de problemen die er in de stedelijke concentratiescholen bestaan. Wij hebben daar geen last van. Dat er in de stad al eens wat wielen aflopen met migranten, natuurlijk. Maar dat ze dat ter plekke oplossen, hé. Wij in de Westhoek hebben daar toch geen last van? De wetgeving wordt aangepast aan het uitzonderlijke.'

'Regeltjes, regeltjes', zegt coördinerend directeur Luc Deprez. 'En tegelijkertijd is er zoveel meer werk aan de leerlingen zelf. Er is veel begeleiding nodig. Toen ik twintig jaar geleden voor de schoolbanken stond, kon ik het aantal kinderen van gescheiden ouders op één hand tellen.'

'We doen ons werk graag, desondanks, wil dat toch ook eens in uw krant schrijven, alstublieft.'

Café-dancing De Verlichte Geest. *'Einde examens'*-fuif, in de namiddag. Jonge, warme lijven schurken tegen elkaar aan. De politie waakt. Het stamcafé van het Vlaams Blok is niet veraf. Tralies voor het raam, een groezelige Albrecht Rodenbach in de vitrine. *'Ik moet er niet van weten, van die zuidsche vrouwenzielen'*, zo luidt de aanhef van Rodenbachs gedicht *Macte Animo*. Het prijkt op de gevel van het huis in de Noordstraat waar hij in 1880 stierf. Hij was toen vierentwintig jaar.

'Zijt gij het die ik rochelen voel hier rond mijn hert, vernieling? Zijt gij het?
God verplette u, worm, die mijner jeugd bezieling verknagen moet!'

ELISE

'Pol? Geen commerciële feeling, hé. Kan van zijn hart geen
steen maken. Présence? Heeft hij niet. En dat moet toch, als ge
grote vogels wilt vangen. Dan gaat ge toch niet naar de GB eten
zeker?'

Het hoort niet, luistervinken. Maar denkt u dat u ook maar
een centimeter dichter bij de waarheid zou komen, mochten
wij, journalisten, ons altijd braaf aan het officiële woord houden? Ga weg. Wat volgt, is het verslag van een tafereel dat we
niet opzochten, dat we op ons bord geworpen kregen. Letterlijk dan. In een etablissement in het Roeselaarse dat we uit de
Michelin plukten. Een mens wil wel eens iets anders dan volkscafés en frietkramen. Niets overdreven: geen ster, wel twee
vorkjes. Het decor van de betere taverne. Een interieur dat twijfelt tussen nep en chic. Muzak ter bevordering van de spijsver-
tering. Drie keer hoorden wij 'Für Elise', de klassieke ontlas-
ting van Richard Clayderman.

Welkom in Zuidwest-Vlaanderen. Land waar bedrijfsleiders
door hun personeel met de voornaam mogen worden aange-
sproken, als daar ten minste een 'meneer' aan voorafgaat. Land
waar goed geld wordt verdiend, graag wordt uitgepakt met
'connecties', waar de boer die omhoogviel ook wel eens wat
kunstigs meepikt. Land waar het vernis in de omgang er snel
afgaat, als het iets later wordt.

Dit zijn de personages. Aan tafel één: Marc, Jenny en Jan.
Respectievelijk een koppel jonge vijftigers en een oudere man.
Vermoedelijke relatie: Marc is ex-werknemer van Jan en heeft
nu een eigen zaak.

Aan tafel twee: drie heren in maatpak, type handelsverte-
genwoordiger.

Tafel drie: twee lichtgemarineerde jongemannen, zonnebril
in het haar (het regent pijpenstelen buiten), doen iets in de horeca.

Aan tafel één gaat het gesprek over geld en fiscus. Over wat
wel en niet mag worden afgetrokken, en hoe de controleurs
overal hun neus in steken.

'De nieuwe koersvelo van Marc, dat had die kerel direct in de mot. En maar vragen stellen. Over die velo, over onze nieuwe keuken. En dan nog het lef om er mij op te wijzen dat het etenstijd was! Hier zie!' Gedistingeerde middelvinger.

Aan tafel twee tellen de heren de krassen op hun BMW's. Het gesprek gaat over politiek. En dus over onveiligheid. 'Ge moet na middernacht eens op straat lopen in Marke. Dat is speciaal volk hoor, dat ge dan nog op straat ziet.'

'De blauwen beloven, de socialisten beloven. Ik stem deze keer Vlaams Blok. Laat ze eens aan het bewind, ze zullen niets kunnen doen.'

Jenny vertelt hoe ze voor Marcs verjaardag een 'gepersonaliseerde' nummerplaat heeft gekocht. '20.000 frank, dat is toch niet overdreven, hé?' En dat het nog geen sinecure was, met 'al die ambtenaren daar' in Brussel.

'Ach', zegt Jan. 'Leer ze mij kennen. Ik heb veel relaties met ministers. Ik doe goed met alle kleuren. Ik heb thuis nog een souvenir uit een Sabena-vliegtuig staan, gekregen van meneer De Croo, toen hij minister van Luchtvaart was. Die kent ge toch, hé?'

Jenny aarzelt even, knikt: 'Natuurlijk!'

Meneer Jan raakt in gesprek met tafel drie. 'En waar woont ge?' vraagt meneer Jan. 'Ah, die côté. Alle rijken wonen daar.'

Jenny, snel: 'Wij wonen daar ook vlakbij, hé Marc. Eigenlijk zijn wij bijna buren, ha!' En of ze Stephanie met haar Porsche niet kennen? Misschien wel, maar het interesseert de jongens niet. Die Porsche wel, maar toch geen vrouwen.

Marc gaat even zijn water maken, iets afgieten. 'Zeg, Jan', zegt Jenny. 'Wat ge daar vertelt over meneer Croo (sic)... Mijn ouders wonen in een straat waar de hele dag vrachtwagens voorbij denderen. Ze hebben een serviceflatje aangevraagd. Maar ge staat machteloos, hé, als gewone mens. We staan vijfendertigste op de wachtlijst. Ik heb een brief geschreven naar de burgemeester. Een standaardbriefje teruggekregen. Zoudt gij dat niet eens kunnen vragen, met al uw connecties?'

Meneer Jan broebelt wat. 'Allez, zijn we ermee weg? Ik zal wel moeten betalen, zeker?' zegt meneer Jan voor het hele restaurant. Marc en Jenny protesteren, maar meneer Jan beent – nou ja – naar de toog.

Als tafel één en twee vrij zijn, hebben de jongens van tafel drie nog wat te bespreken. Het gaat er een beetje bitsig aan toe. 'Luister, op het werk zijt gij de baas, thuis ik.' Maar het komt nog goed die avond, na het menu wordt het voorspel besproken.

Wij aten en dronken: een glas champagne natuur met hapjes van het huis, kroketjes van kalfszwezerik met tartaarsaus, paardenfilet met geplette peper, een bescheiden rode huiswijn (Bergerac), koffie en Calvados achteraf. Wij betaalden: 68,60 euro.

K.O.

Eerst bedeesd, maar vervolgens almaar feller bokst de jongen van elf met zijn vuistjes in op de zak die aan het plafond hangt. Er moet iets uit.

Hij is het jongste lid van Bokskring Roeselare. Nu en dan dwaalt zijn blik af naar de ring. Daar is Tiko in de weer. Als de jongen groot is, wil hij ook Tiko zijn. Wacht maar, u zult nog van hem horen. Van Tiko. Wordt ongetwijfeld Belgisch kampioen, en met iets meer tijd – zo'n twee jaar – pakt hij ook de Europese titel. Een reus uit Armenië, 130 kilogram, twee meter twintig. Hij spreekt Engels, maar met een licht West-Vlaams accent, al kan dat aan die beugel in zijn mond liggen. Of aan de man die hem onder zijn kloeke vleugels nam: Johan Vandenhouweele, Westendenaar. 'Elke ochtend ga ik lopen met Tiko, om halfzes, voor het werk. Ik ben schilder, gevels en reclamepanelen. Na het werk neem ik hem mee naar de training, hier in Roeselare.'

Boksen is in de streek een nationale sport. Bokskring Roeselare werd opgericht in 1935 en leverde vooral in de jaren zestig en tachtig van de vorige eeuw Belgische kampioenen af. Even trots als in Oostende en Izegem zijn ze hier in Roeselare ook nog altijd op de West-Vlamingen in de galerij van de groten: Oostendenaar Karel Sijs (Europees kampioen in 1943, titel verloren door geheul met de Duitsers en gevlucht naar Argentinië, gerehabiliteerd en titel heroverd in 1952), Izegemnaar Jean-Pierre Coopman (hield op 20 februari 1976 in Puerto Rico vijf ronden stand tegen Muhammad Ali).

Bij Vandenhouweele zit het in de familie. 'Karel Sijs was een neef van mijn vader. Mijn broer bokst, mijn zoon ook. En mijn nonkel Theophiel stond ook al in de ring in de jaren dertig. Toen was boksen nog een bijverdienste. Mensen deden het voor het drinkgeld. In de oorlog werd er in de ring gestapt voor wat extra melk en brood.'

Ter vergelijking, voor minder dan een half miljard frank deed Mike Tyson het niet meer. Het is donderdagavond. Vier avonden per week wordt er getraind in Roeselare, op zaterdag neemt Vandenhouweele zijn binken mee voor een training op het strand. De muren van de trainingszaal zijn behangen met affiches van kampen. Op zo'n affiche te kunnen staan is het *nec plus ultra* voor alle jongens hier. Drie van hen moesten vorige zaterdag voor het eerst op het canvas. Twee dagen voor de confrontatie moeten ze hun lijf en leden sparen. Ze mogen niet in de ring, en ook als ze touwtje springen of de boksworst te lijf gaan, moeten ze het rustig aan doen. Een letsel heb je zo. En dan kan de dokter je uit de ring houden. De zenuwen spelen mee. 'Het is niet te onderschatten', zegt Johan. 'Op een kamp sta je er alleen voor als de bel gaat. Weg de vertrouwde ruimte en de makkers. Je staat plots tegenover een vreemde.'

Tussen de affiches hangt ook een kruisbeeld. Bidden voor het boksen. Het is nodig, want het imago van de sport blijft slecht. En in België zit het boksen in een dal. Het aantal leden bij de Belgische Boksbond is eind de jaren negentig teruggelopen tot minder dan 250, en ook het aantal bokskringen is gedecimeerd. Het is geleden van 1999 dat België in deze sport nog eens op de wereldkaart heeft gestaan. En dat kwam door een vrouw, de Antwerpse Daniëlle Somers. Ze behaalde twee keer de wereldtitel in haar categorie, lichtwelter (vanaf 61,2 kilo).

'We blijven kampen met een slecht imago', zegt Johan. 'Nog altijd denken vele ouders dat het slecht is voor hun kind. Het tegendeel is waar. Soms komen die jongens hier als varkens toe, arrogant en met losse handen, maar na drie maanden zijn ze getemd. Eigenlijk is de boksclub een soort verbeteringsgesticht. Er wordt ook veel gepraat. We leren de jongens nadenken over hun eigen gedrag, over hoe ze met de agressie in hun lijf omgaan. Dat blijft bij ons in de ring, en daar gelden regels. Als je op café mannen hoort opscheppen over hun linker of rechter, kun je er donder op zeggen dat het géén boksers zijn. De grootste mond hebben zij die hier één keer binnenkomen, touwtje springen en een mep geven op de bokszak, maar verder nooit in de ring hebben gestaan. *Losers*. Mensen denken dat dit een brutale sport is, maar dat is het niet. Het is een slimme sport. Het zit niet in de bokshandschoenen. Het zit híér.'

En Johan wijst naar zijn hoofd. 'Het is zoals schaken, maar dan fysiek.'

Toch blijft die wat lompe handschoen hét symbool voor kracht. *Horresco referens* (wist u trouwens dat dat letterlijk betekent: ik moet ervan gruwen terwijl ik het u vertel?): de vroegere affiche van het Vlaams Blok.

Johan sist iets tussen zijn redelijk gaaf boksersgebit. Wist u trouwens dat de beugel er niet is om de tanden te beschermen? Die is er voor de lippen. Bij een uppercut weerhoudt het mondstuk de tanden ervan om zich in het roze vlees te boren. Zoiets als het cordon sanitaire.

'Als zes tornado's op een vierkante meter', zo omschreef Daniëlle Somers eens het gevoel wanneer je in de ring stapt. *'En als ik dat gevoel heb, zit het goed. Dan sta ik scherp.'*

Westhoek

LEUTE

De oorlog in Irak is van de voorpagina verdwenen. Ik rij door
de Westhoek, volg de IJzer van Diksmuide naar Lo-Reninge en
trek Bachten-de-Kupe in, het ommeland van Veurne. Het front
van de Groote Oorlog. In de Veurnse deelgemeente Houtem,
op een steenworp van Frankrijk, had het Belgische leger zijn
hoofdkwartier. Het Qatar van Albert I. In de majestueuze pastorij van Houtem boog Albert zich met de Franse maarschalk
Foch vaak over de kaart van het front. De stad Veurne verkocht
de pastorij recent aan een Franse chirurg voor 21 miljoen Belgische frank.

De oorlog is voorbij, zo hoor ik de Amerikaanse generaal
Franks op de radio zeggen. Om het half uur, op de wereldom-
roep van de BBC. Natuurlijk is de oorlog niet voorbij voor wie
achterblijft, of met een levenslange handicap verder moet.
Daar is de afgelopen weken vaak aan gedacht, hier in het West-
Vlaamse niemandsland, in Oeren, op de grens van Alveringem
en Veurne.

Het gehucht telt drie huizen, twee boerderijen en een herberg, en een kerk. Rond de kerk ligt een oorlogskerkhof. Een
dorp van 20 levenden en 642 doden. Gewone Belgische soldaten. Van de linieregimenten, van de 'jagers te voet', van de artil-
lerie en het vervoerkorps. Nu en dan een korporaal of een brancardier.

De herberg in dit dodendorp draagt een misleidende en op
het eerste gezicht ongepaste naam: De Leute. Maar het slaat
niet op plezier, wel op luitjes, volk dus. In 1812 werd het huis
verpacht door de pastoor *'à l'usage de cabaret portant pour enseigne de
pauvre leute'*. Er groeit al generaties lang weer gras op de ver-
schroeide aarde. Het landschap is al lang weer perfect water-
pas. Straks wordt het voor de vijfentachtigste keer zomer sinds
de kanonnen zwegen. Hier in de Westhoek werd met zekerheid
een chemisch wapen ingezet. Mosterdgas.

In Oeren hebben Vlamingen, ver weg van de antioorlogs-
demonstraties in de Vlaamse steden, hun stil protest neerge-
schreven. In het schuilhokje van de kerk van Oeren liggen twee

boeken. Eén bevat alle namen van de soldaten die hier een graf kregen, het ander ligt er voor de bezoekers. Kattebelletjes van de voorbijgangers voor de doden.

Tot op de dag dat Britten en Amerikanen de woestijn binnenrolden, gingen de commentaren vooral over het onderhoud van de graven. Nadien werd de pen venijniger in het papier gedrukt, werden de hanenpoten groter en machtelozer.

'Wij zijn hier geweest aan het graf van Jozef Vleugels, gesneuveld in 1915. Op eenentwintigjarige leeftijd. Jozef was mijn grootoom die bij zijn eerste veldslag aan het IJzerfront zijn been verloor. Volgens getuigen werden zijn beide beenderen afgeschoten', schrijft een achterneef van soldaat Vleugels. Eén of twee benen, dat is na al die decennia nog altijd de kleine twijfel in de familie. En de grote, hernieuwde twijfel is er in kapitalen aan toegevoegd: 'WAAROM OORLOG?' Een voorbijganger schreef een begin van een antwoord. *'Ik vind het dapper dat zoveel jongens voor België wilden vechten maar spijtig dat er zoveel onschuldigen gesneuveld zijn, en dat allemaal door ruzie van de grote bazen. Voilà.'* Een ander: *'Bagdad verwoest! Palestina wordt vermoord! Waarom steeds oorlog? Wij leren het nooit.'*

De dag dat Umm Qasr viel, en toch weer niet, schreef iemand een gedicht voor grootoom Hendrik, brancardier:

'Wees gerust brave brancardier Hendrik
in de verlaten polders te Oeren.
Ooit torste je de eeuwige zonsondergang
op een met bloed doordrenkte brancard.
Ondraaglijk jong gedragen lijk
zo laf opgeblazen en versmacht.
Zalige zonnestralen kussen nu
de vredige afdruk van je verhit
verleden. Gesneuveld in eenzaamheid
gewone soldaat dood
definitief 2 oktober 1915.'

'Jammer dat al deze mensen dood zijn (wel zeer mooie graven met zeer veel bloemetjes)', schreef iemand in opdracht van Robrecht uit Zingem, vijf jaar. En Babette was ontgoocheld toen ze Oeren bezocht. Haar opmerking, in kleinemeisjeshandschrift, is onbedoeld dubbelzinnig. *'Ik vind het spijtig dat de meeste graven het zelvde zijn!'*

Misschien nog het krachtigst is de bedenking van Walter Maes uit Kortrijk. Een drieletterwoord. 'ERG!'

Op de radio hoor ik dat Sony de term *shock and awe*, de naam van het bommentapijt dat de Amerikanen over Irak legden, prompt heeft gedeponeerd. Voor toekomstige wargames. Wrange leute, *'pour enseigne de pauvre leute'* wellicht.

REVOLUTIE

'Eén keer heb ik getankt sinds het begin van het jaar. Mijn auto komt bijna niet meer uit de garage. Het is een godsgeschenk, die belbus', zegt Noël, klusjesman op de parochie Beauvoorde. Hij harkt de aarde tussen de graven. Samen met Houtem en Bulskamp is Beauvoorde de verste deelgemeente van Veurne. De afstand tot de markt bedraagt zo'n tien kilometer. 'Sinds het begin van het jaar is de bus zelfs gratis voor wie 's woensdags naar de markt wil. En op zaterdag rijden de kinderen gratis naar de bibliotheek', zegt Noël. 'Mensen praten weer met elkaar. En ze maken ook weer ruzie, natuurlijk. Onlangs zat ik op de bus met een vrouw die de hele weg van Beauvoorde naar Veurne heeft zitten kijven omdat er iemand met een hond was opgestapt.'

Het moet een van de stilste, meest ongemerkte revoluties zijn die het Vlaamse platteland de afgelopen jaren heeft beleefd. De *belbus*. Hij reed voor het eerst uit in 1991, hier in de Westhoek. De lijn Veurne Zuid-Oost verbindt polderdorpjes en uithoeken met elkaar: van Noordschote over Reninge en Pollinkhove over Hoogstade naar Oeren en Lampernisse, vandaar verder naar Zoutenaaie over Avekapelle, Booitshoeke en Wulpen naar Veurne-stad.

De chauffeur van de belbus is hier, na de postbode, de beste vriend van eenieder. 'Er is geen vergelijking mogelijk met wat onze collega's in de grootstad zo vaak meemaken, vernederingen en zelfs fysiek geweld', zegt een chauffeur. 'Hier helpen de mensen je. Ik heb een collega die nog maar twee weken rijdt en die nog wat moet wennen aan de route. Niet gemakkelijk, met al die kronkelende baantjes. Maar de mensen op de bus wijzen hem de weg.'

Het busje stopt voor het rustoord in Hoogstade, deelgemeente van Alveringem. Amelie stapt op. Elke woensdag belt ze drie uur vooraf naar de belbus en laat ze zich van Stavele rijden naar haar moeder.

'Ik gebruik de bus nog te weinig', zegt ze. 'Ik hou me in. Want dat ze zo helemaal alleen voor mij zouden uitrijden, goh, dat is toch een beetje gênant? Wij zijn de koning niet, hé. Ik zou nochtans graag eens de bus pakken om te gaan winkelen in Veurne. Maar is dat niet te veel gevraagd, om mij van Stavele naar Veurne te rijden?'

'Bij lange niet, madameke', zegt de chauffeur. 'Daar zijn we voor. Hoe meer ge belt, hoe beter voor ons.'

Zonder overdrijven: de belbus is het beste nieuws dat het platteland sinds lang overkwam. Het heeft er de zuurgestremde gevoelens ten aanzien van politiek en overheid radicaal verzoet.

Plattelanders is de afgelopen jaren weinig bespaard. De boeren kregen Europa, varkenspest, mond- en klauwzeer, dioxine en een strenger mestbeleid over zich heen. Ook het andere plattelandsnieuws van de jongste jaren was zelden positief, herinner u de psychose over zonevreemde woningen en bedrijven.

Maar dit, de belbus, ja, dit is een goednieuwsverhaal. En het is als zodanig ook al uitgebreid bestudeerd door verkeersdeskundigen en maatschappelijk assistenten. Die hebben het dan over de 'maatschappelijke meerwaarde van de belbus'. De medaille heeft echter ook een keerzijde.

Het ziet er vredig uit, hoe die bus zich door het landschap van polder en akker klieft. Maar let op de snelheid van de bus. Op baantjes die slechts plaats bieden voor één voertuig. Let op de stress. 'Oef, jullie zijn journalisten', zegt een chauffeur, die gehoord had dat een van zijn collega's kilometerslang door twee mannen in een wagen was achtervolgd. 'We dachten dat jullie controleurs waren.'

'Ik rij hier zeven jaar', zegt een andere chauffeur. 'Vroeger moesten we ons parcours in een uur kunnen afleggen, maar door het succes was dat niet meer haalbaar. Nu zijn er al drie bussen.'

De belbus is ook duur: niet voor de gebruiker, maar voor De Lijn. De busjes rijden op een groot deel van hun landelijk traject vaak leeg. Wat De Lijn uitspaarde met de introductie van de belbus (want hij kwam er in eerste instantie omdat het aantal lijnbussen op het platteland moest worden afgebouwd) dreigt verloren te gaan. Maar terugschroeven wordt moeilijk, want de plattelanders zijn eraan gewend geraakt. Vraag het hun maar in Oeren of Stavele. Wat zou u voor geen geld ter wereld willen missen? Het is de belbus.

En er zit nog een politiek pikanter verhaal aan de belbus vast. Hij wordt door sommige gemeentebesturen gebruikt als excuus om in hun verste deelgemeenten te besparen op allerlei nutsvoorzieningen. Want nu is er toch de belbus, niet?

PIL

Bulskamp, deelgemeente van Veurne. *'Red onze dorpsapotheek'* staat er op een pamfletje dat her en der voor de ramen hangt. Met een rouwbandje eromheen. Bulskamp, Houtem en Beauvoorde liggen in het buitengebied van Veurne, waar ze sinds de fusie van 1977 deelgemeenten van zijn.

Dorpsapotheker Dirk is al tien jaar verwikkeld in een strijd met de heren-apothekers van Veurne, die zijn zaak dicht willen. Met z'n vieren dienden ze een verzoekschrift in bij de Belgische staat om de vergunning voor Dirks apotheek nietig te laten verklaren. Een van hen is schepen in Veurne. Dirks zaak lag naar hun zin te dicht bij de dorpskern van Veurne, en dat betekende dus concurrentie. Er kwamen landmeters, farmaceutische inspecteurs en de Negende Kamer van de Raad van State aan te pas.

Wie op het platteland een apotheek wil openen, heeft daar behalve zijn of haar diploma ook een plaatselijke volkstelling en een attest van een landmeter voor nodig. We willen u niet te veel lastigvallen met de technisch-juridische details die Dirk de jongste jaren wellicht naar zijn eigen pillen hebben doen grijpen, maar toch dit. Artikel 1.2 van het koninklijk besluit van 25 september 1974 betreffende de vestiging van apotheken stelt:

'Naargelang het bevolkingscijfer van de gemeente meer dan 30.000 inwoners, 7500 tot 30.000 inwoners, minder dan 7500 inwoners bedraagt, mag het aantal voor het publiek opengestelde apotheken niet hoger zijn dan het quotiënt van de deling van het totaal aantal inwoners door respectievelijk 3000, 2500 en 2000.'

Afwijkingen kunnen, als de dichtstbijgelegen apotheek zich op 'ongeveer' 1, 3 of 5 kilometer van de geplande apotheek bevindt en als die laatste respectievelijk 2500, 2000 of 1500 inwoners bedient.

Dirks apotheek lag op 4,2 kilometer van de dichtstbijzijnde apotheek in Veurne. En de farmaceutische inspectie rekende voor dat Dirk 1668 inwoners bediende. Hij kreeg zijn afwijking en dus zijn vergunning. Want Bulskamp is een 'afgelegen woonkern'. Tot de heren-apothekers van Veurne een landmeter uitstuurden. Want 4,2 kilometer is niet 'ongeveer 5 kilometer'. En volgens de landmeter was de afstand van Dirk tot de volgende apotheek geen 4,2 maar slechts 4,160 kilometer! En trek daar nog de breedte van een brug af, die daar na Dirks vestiging werd gelegd, en het is slechts 4,090!

'Het maakte geen enkel verschil,' zucht Dirk, 'want op die paar tientallen meters woonde toch geen mens.' Er kwam een tweede landmeter aan te pas. Die stelde *'dat niet uit het oog verloren mag worden dat de kortste weg een vrij ongemakkelijke en gevaarlijke weg is en de inwoners van Bulskamp, Beauvoorde en Houtem veeleer de andere wegen naar Veurne nemen die gemakkelijker berijdbaar zijn en steeds een grotere afstand vergen van 4,7 tot 6,4 kilometer'.*

We besparen u de rest, maar Dirk is in tien jaar tijd moeten verhuizen van een container naar een huis in het dorp naar weer een ander huis in het dorp. En de dorpelingen steunen hem. Niet alleen voor hun pillen en poedertjes, voor hun eigen gerief, maar voor het grotere verhaal. 'Het is niet alleen de apotheek', zegt Dirk. 'Houtem, Beauvoorde en Bulskamp hadden tot voor kort ook elk een eigen dorpsbibliotheek en een speelpleintje. Die moesten dicht. "Want er is nu toch de belbus?" zeggen ze in Veurne.'

'Het leven in een dorp als dit wordt langzaam gewurgd', zegt ook Marcel, Houtem. Muzikant in de fanfare Houthemnaere Blyft Te Gaere. 'Niet zomaar een naam, maar een programma. Ons speelpleintje werd niet goed onderhouden, zeiden ze in Veurne. Nadat ze zelf eerst het gras waren komen doodspuiten. Toen mocht het toch blijven, als we twee klusjesmannen vonden. Die vonden we, en toen zeiden ze dat we er vier nodig hadden. En toen we ook die vonden, moest het pleintje toch dicht. Alles centraliseren, dat is de filosofie, hier en elders op het platteland. We hebben hier in Houtem ook lang gevochten voor het behoud van ons postkantoortje. Dat is niet de schuld van de stad, maar van De Post. We hebben het pleit gewonnen, maar u zou ons kantoortje eens moeten zien. Er is geen telefoon en de brandkoffer is dichtgeplakt met tape. Je zou aan een eventuele overvaller 50 cent moeten vragen om naar de politie te kunnen bellen vanuit de telefooncel.'

Vergeet die ramkraakpaaltjes. De bibliotheek van Houtem staat te verkommeren. Op de poort hangt een plakkaat: 'BEL DE BELBUS. 078.15.11.15'. Het is waar: de kinderen kunnen nu gratis naar de bibliotheek van Veurne. De pil vergulden, heet dat.

Oostende

69

Vele verliefden laten zich vangen aan de zee. Ze wandelen er hand in hand, en wanen zich de zee zelf. Zo evident present, zo altijd. En plots is hij of zij toch weg. Zo Erik en Els. Erik toonde haar twee dagen lang een ander leven in Oostduinkerke. Doosje open. O o wat ze toen zag! Doosje weer dicht. Nu struint ze de kustlijn af, alleen.

Strandjutter van het hart. Haar wanhoop hangt nu te lezen op een A4'tje aan de gevel van een verlaten pand in Oostende, waar anders?

'GEZOCHT: ERIK. Op het strand van Oostduinkerke heb ik je leren kennen. Je droeg stoffen ribbelsloffen en je was aan het wandelen met Rena. De volgende dag hebben we samen gegeten. Jij garnaalkroketten en ik een croque madame, beide ter waarde van ongeveer twintig euro. We hebben gepraat en gekust op het strand en in de duinen. Nu je weg bent, besef ik hoe verliefd ik was. En wanneer de liefde wenkt, volg haar. Maar hoe moet ik de weg vinden zonder adres of telefoonnummer? Jouw naam was Erik en ik droeg de naam van jouw moeder Els. Ik wil een toekomst voor ons twee en als jij dat ook wilt, vraag dan mijn adres bij Mickey Mouse, waar ik toen werkte.'

Veel relaties beginnen aan de zee, veel lopen er ook stuk. Achtentwintigduizend scheidingen per jaar zijn er in dit land. Het gros daarvan in de steden en aan de kust. 'De zee trekt aan en ze stoot ook weer af', zegt Henri-Pierre Rogie. Gewezen fregatkapitein, gescheiden. 'Het is hier een komen en gaan, de kans dat een vaste relatie op de klippen loopt is dan ook groter. De kust is kosmopolitisch, het gaat er hier losser aan toe dan elders. Op het platteland blijft men meer honkvast.'

Henri-Pierre richtte op eigen houtje A.D.A.M.S. op, Advies en Dienstbetoon aan Mannen in Scheiding. 350 leden. De oudste is 81 jaar. 'Hoe ouder, hoe moeilijker. Er is veel opgebouwd, er moet veel verdeeld worden, en een echtscheiding wordt dan vaker een vechtscheiding.

Op één generatie is de mentaliteit veranderd. De grote kentering was 1968. Toen zijn de mensen anders gaan leven. De film *Last Tango in Paris* werd verboden in Italië, omdat het alle waarden onderuit zou halen. En ook dat liedje van Jane Birkin en Serge Gainsbourg, *"Je t'aime, moi non plus"*, werd uit de rekken gehaald. Of dat andere liedje van Gainsbourg, *"69, année érotique"*. Er is veel overboord gegooid. Maar de kerk had het er dan ook naar gemaakt. Het hield de mensen kort, en ook op school kreeg je het ingepeperd. Als je nu luistert naar wat pastoor Guy Gilbert op het huwelijk van prins Laurent en prinses Claire zei... Dat is toch prachtig! "Kijk", zei hij, "de gescheidenen, mensen van een ander geloof, de vrijzinnigen, ze horen er allemaal bij. De mens staat voorop."

Vroeger werd er te snel getrouwd. Nu trouwen velen toch nog, nadat ze jaren hebben samengeleefd. Dat is steviger. Het is vooral de oudere generatie die ik opvang. De mannen, de vergeten slachtoffers. De wet maakt het hen uiterst moeilijk. Bij een vechtscheiding moeten zij het huis uit, verliezen ze de kinderen, het bezoekrecht wordt beknot en in het geval van schuld – zoals het dan wettelijk bepaald wordt – betaal je levenslang alimentatie. Velen worden tot de bedelstaf veroordeeld. En erger. Sinds de zomer van Marc Dutroux is de beschuldiging van incest een nieuw wapen in een vechtscheiding. Sommigen zitten twee of drie dagen in de gevangenis en worden dan witgewassen, maar tegen die tijd zijn ze ook al vaak hun job kwijt.'

De politiek is er niet om mensen gelukkig te maken, natuurlijk. Maar toch. Zesenzeventig stemmen in het parlement kunnen het verschil maken.

'België en Ierland liggen het verst achter. Onze wetgeving is nog gebaseerd op de Code Napoleon. Frankrijk zelf heeft al komaf gemaakt met die erfenis, de wet is er menselijker. Ik heb vorig jaar een memorandum naar alle partijvoorzitters gestuurd. Enkel de VLD heeft gunstig geantwoord.'

'Ik ben verliefd op Oostende', zegt Ilona. Ze heeft de kaap van de zestig net gerond, komt uit Nottingham en is geboren in Liverpool. 'Ik kom hier sinds 1971. Vroeger om de twee weken, nu nog één keer per maand. Oostende heeft alles wat Nottingham te kort heeft. Zee, vriendelijke mensen en liefde. In Liverpool hadden we wél iets wat jullie hier missen. The Beatles!' Ze begint zachtjes te zingen. *'All you need is love. It's eáásy.'* Ze kijkt naar haar compagnon. *'No, it isn't, of course.'*

Doe nu niet flauw, Erik, zoek haar. Zonder, schuurt het zand over het vlakke land. Met, kruipt het in de schoenen, gaat het jeuken. *La tendre guerre,* altijd.

QUEEN

Saint George is de patroonheilige van Engeland en dat wordt ook in Oostende een beetje gevierd, zij het in mineur. Ze zijn er nog, de Union Jacks, maar de Britten zelf worden almaar schaarser. Bijna een decennium nadat de laatste ferry Oostende-Dover uitvoer, en een half jaar nadat ook de Seacat ermee ophield, is de overtocht een hele onderneming geworden. En toch blijven sommige Britten komen, via Calais, zo verknocht zijn ze aan de *Queen* der badsteden. Geen verdienste eigenlijk, die titel, want kent u een andere stad aan de Belgische kust?

Op Saint George's Day 2003 speelde Manchester United tegen Real Madrid. Om 8.45 a.m. De match was te bekijken in Café E.S.P., in de Kapucijnenstraat in Oostende. E.S.P. staat voor English and Scottish Pub, de respectieve nationaliteiten van de uitbaters Cathy en Lynne.

'The golden years are over', zegt Cathy. 'De laatste opstoot was tijdens de Wereldbeker. We serveerden World Cup Breakfast en in de haven lagen juist twee boten van de Royal Navy aangemeerd. Bovendien vierden we het jubileum van onze Queen. Het was hier tien dagen carnaval. Sindsdien gaat het alleen maar bergaf.'

'Ik woon al langer hier dan ik ooit in Engeland heb gewoond', zegt Lynne. 'Drieëntwintig jaar geleden pakte ik mijn zak, ik stapte aan de Tower Bridge in Londen op de jetfoil en voer via de Thames en het Kanaal naar Oostende. Ik zou maar zes maanden blijven, maar toen vond ik een job als reisgids. Ik woonde hier en reisde door Noord-Europa. Na twintig jaar hield ik het voor bekeken. Ik besloot een full-time alcoholicus te worden en opende deze pub. Er zijn er nog maar zes over in Oostende. Drie Engelse, twee Ierse en de onze.'

'Vele Britten zijn hier blijven hangen', zegt Cathy. 'Ze werden verliefd, ze trouwden, ze vonden hier werk. De meesten zitten in de bouw of, zoals Lynne en ik toen we nog jonger waren, in het toerisme. Vijftien jaar ben ik weg uit Schotland.'

Het is middag, er komt een bezopen Oostendenaar binnen. *'Business is very bad nowadays',* zegt Cathy. 'We hadden onze vaste klanten. Ze wipten het Kanaal over met hetzelfde gemak waarmee ze uit bed stappen. *If they did not have a hangover, that is.'*

De Chunnel werd aangeprezen als een grote stap voorwaarts. Een wonder van moderne mobiliteit. Maar dat is het niet voor het soort Britten dat hier in Oostende aanspoelde. Dat waren de *fish and chips*-Britten, de *Sun*-lezers. Ze kwamen te voet. 'Het is niet het soort volk dat nu met de auto van Dover naar het continent komt', zegt Lynne. 'Dat volk trekt door naar de Côte d'Azur. Dat woont in cottages, gaat in de herfst jagen en in de zomer bruinbakken. Als je met de trein in Oostende wilt geraken, kost dat je vier uur. Van Calais via Rijsel en Brussel naar Oostende. Vorige week kwam hier een oude Brit binnengewaaid, berooid. Hij wilde na ettelijke jaren nog eens Oostende bezoeken. Ze hadden de brave man niet eens verteld dat de Sea Cat niet meer naar Oostende ging. In Calais was hij in een taxi gesprongen. *"To Ostend!"* zei hij. Hij dacht dat het zo geregeld was, in de prijs van de overtocht inbegrepen. 140 euro heeft die taxirit hem gekost. We stellen onze hoop nu op Ryanair dat binnenkort op Oostende zal vliegen.'

'We blijven dromen', zegt Peter, een Brit die in zijn oudere dagen aan een laatste avontuur is begonnen. Hij wil een door en door Brits theehuisje openen in Oostende. 'Met thee, *scones* en *cucumber sandwiches*. Moet toch lukken, niet? De broodjeszaken hier verkopen allemaal dezelfde martino's. Als het lukt, begin ik een keten. *If*, want ik heb de opening al een aantal keren moeten uitstellen. Er ontbrak altijd wel een of andere *rubber stamp*.'

Middenstanders, overal dezelfde. Klagen over de regeltjes en over de belastingen. Cathy en Lynne kunnen gaan stemmen in België, als ze willen. 'Ik was negentien toen ik Engeland verliet', zegt Lynne. 'Ik heb nog nooit in mijn leven gestemd'. *'Shame on you',* zegt Cathy. 'Heb jij dan al gestemd?' vraagt Lynne haar. *'Once, in Scotland.'*

Of er veel volk is komen kijken naar de match vanochtend?
'Deze ochtend? Het is vanavond, *dear. O damn*, nu zie ik het.
Ik heb 8.45 a.m. op de affiche gezet. Moet p.m. zijn, natuurlijk.
See, I told you I was an alcoholic! Been too long in this lovely country, I suppose.'

LEMMINGEN

Het zijn de boeren van het water. De vissers. Zo'n honderd
twintig schuiten zijn er in dit land. Eurokotters, kleine bokken-
vaartuigen, middelgrote en grote bokken, Schelde-estuarium-
vissersvaartuigen en plankvissers. En een dertigtal kustvissers.
Ze ploegen nooit langer dan enkele uren, tussen vijfenveertig
minuten en drie uur, door het water voor de kustlijn. Tussen
zes en zeven uur 's morgens komen ze in Oostende aan de
Vistrap hun lading lossen. De trap is een U-vormige open
markt op de dijk, stenen tafels met een bed van ijs.

'Je moet zorgen dat je er kort voor zes uur bent, anders krijgen de vissen voeten', zegt vissersvrouw Yvette. Vijfentwintig
jaar al 'doet ze de trap'. Het is haar laatste week. Achter haar
ijstafel staat nu Steve. Pas twee weken in het vak, maar hij leert
snel. 'Mooie tongskes, pladijzen, griééétjes.' En hij is al perfect
op de hoogte van wat de zeeboeren allemaal te verduren hebben in deze tijden van duurzame ontwikkeling, ook in de
Noordzee. 'Het is niet echt een job met een toekomst', zegt hij.
'De klanten willen hun vis almaar goedkoper, terwijl de kosten
stijgen. Er zijn de mazoutprijzen, de sociale lasten, de strengere
wetten voor de visvangst en het onderhoud van de schepen.'

Zoals bij de boeren worden de kleintjes er feitelijk van tussen geknepen. 'Overnamedruk' heet dat. Grote vissen die de
kleine opslokken. België heeft sowieso al de kleinste vloot van
Europa. De visserijscholen, in de loop der jaren afgeslankt van
vijf naar twee, lopen leeg.

De concurrentie is moordend, en dat voel je ook aan de
vistrap. De stad heeft er een roulatiesysteem geïntroduceerd,
zodat elke vissersvrouw eens aan de straatkant kan staan. Dat is
beter voor de verkoop. Als we iets te lang bij Yvette en Steve
blijven staan, begint de vrouw achter de ijstafel naast Yvette te
kijven. 'Niet onder mijn duiven schieten, hé Yvette', zegt ze

met een voor vissers toch niet echt typisch beeldgebruik. 'Ik heb hier de oudste staat van dienst, meneer. Vijfendertig jaar.'

Yvette en haar buurvrouw vinden een compromis, ze wijzen ons de weg naar een jongere collega, Christa. Sinds 1980 in het vak. Gehuwd met een visser, die – zoals alle kustvissers – van vader op zoon in het vak rolde. En zoals bij de boeren, kiest het nageslacht maar beter voor een landrotjob. 'Van nul beginnen gaat niet meer', zegt Christa. Europa subsidieert de nieuwbouw van schuiten niet langer. De schuiten voor de Belgische kust hebben een gemiddelde leeftijd van twintig jaar. Europa is voor de vissers Big Brother. Ze worden per satelliet gecontroleerd.

'Ook van vader op zoon wordt het almaar moeilijker. Twintig jaar geleden mochten we dertig dagen per maand op zee, en op piekmomenten in de paarperiode konden we tot 3000 kilo per nacht binnenslepen. Nu mogen we daar maar 300 kilo van overhouden. Op tong mogen we maar vijftien dagen vissen, op kabeljauw negen. En de overige dagen zijn we technisch werkloos. Maar de facturen blijven wel binnenkomen.'

Zoals veel boeren kijken ook de vissers niet verder dan hun volgende oogst. En ieder kijkt in zijn eigen net. Quota en beperkingen zijn er niet om de vissers te pesten en evenmin uitsluitend om de biodiversiteit te bewaren. Zonder die maatregelen stevenden álle vissers af op economische zelfmoord door overbevissing. Als lemmingen. Vissen zijn geen konijnen. Ze kweken minder snel dan ze worden gevangen. En zo, jaar na jaar, kwamen allerlei vissoorten in de alarmzone terecht. Meer dan zestig procent van de soorten zijn overbevist. Het felst geplaagd waren kabeljauw, schelvis, heek, schol en haring.

Hoe minder de man op zee kan vangen, hoe harder hun vrouwen de klanten proberen te strikken. 'De klanten worden almaar kritischer', zegt Yvette. Geschoffeerd voelt ze zich vaak, gekrenkt in haar eer als ze zo'n toerist zijn neus ziet ophalen voor haar tafel. 'Als je ze hier niet vers genoeg vindt, waar ga je ze dan wel vinden? En goedkoop zijn ze ook. Hoewel we meer kosten hebben, zijn de prijzen voor de klant gedaald. Kijk hoe vers', zegt ze, welhaast ontroerd. 'Die daar leeft nog een beetje.'

En inderdaad, op het ijs ligt een pladijs te zieltogen. Prepareer alvast de papillotte. Wij Belgen verorberen volgens de statistieken per kop en per jaar zo'n zeven kilogram vis.

Weet u overigens hoe u kunt nagaan of uw *sole ostendaise* écht vers is? Als zijn staartje krult, wanneer u hem in de boter gooit.

Oostkamp

DYNAMO

We hebben goed nieuws voor wie in Oostkamp Dorp woont. Wist u dat er in uw gemeente nog een treinstation is? Echt waar. Het loket is dicht, maar de post is nog altijd 24 uur per dag bemand. Er passeren nog acht treinen per uur. Sommige houden halt en kunnen u in geen tijd naar Brugge of Gent voeren. Velen weten dat niet in het dorp, want het station lag altijd al ver van de dorpskern en bovendien werd het in de jaren negentig officieel gesloten.

Ironisch genoeg werd er pas ná de sluiting van het station een wegwijzer naar het station geplaatst. Dankzij een van de klanten van Hotel Sachs, aan de overkant van de sporen.

Het staat te verkommeren nu, dat station, dat wel, maar het doet nog altijd dienst. 's Nachts denderen de goederentreinen voorbij, soms tot 750 meter lang, van Brussel naar Zeebrugge. Big business, en daar is Johns manueel werk onmisbaar voor.

'Ik heb zelf voorgesteld om de gevel eens te schilderen', zegt John, die al jaren in een beurtrol met zijn collega Oostkamp op de treinkaart blijft houden. 'Maar dat mocht niet van Etienne Schouppe, de baas van de spoorwegen. Want als we van een ladder vallen, zijn we niet verzekerd.'

Hoe zet een dame op leeftijd, de NMBS werd opgericht in 1926, zich op het spoor van de vooruitgang? Zoek het in de kleine hoekjes. In Johns koninkrijk achter de afgebladderde gevel. Dat hoekje houdt het midden tussen een huiskamer van de jaren vijftig en een kantoor. Naast de stoof en de zetel staat een museumstuk. 'Dit', zegt John fier, 'is een elektromechanisch *stel*. Er zijn er nog drie die werken in België, één in Wallonië, één in De Pinte en deze hier.' Het is een grote metalen kast met lichtjes en schakelaars en het zorgt ervoor dat de treinen tussen Oostkamp en Brugge het spoor niet bijster raken. Tovenarij van in de jaren zestig. 'Als er een veertje springt, duurt het soms een jaar voor ze in Brussel een nieuw vinden.'

Maar dat stel is, op de een of andere ingenieuze manier, wel degelijk op een moderne Siemens-computer aangesloten. En naast die computer staat op Johns bureau een telefooncentrale zoals we ze het laatst zagen op televisie, in *Allo Allo*. 'Met dynamo', zegt John. 'Ook aangesloten op de computer wel.'

Het stationsgebouw en het wachthokje aan de overkant zijn niet langer eigendom van de NMBS maar van de gemeente. Zoals in het naburige Zedelgem gebeurde, wil de gemeente het station steen voor steen afbreken en weer opbouwen in het gemeentepark. 'En dan komt er een restaurant in', weet John. 'Het is geklasseerd, dankzij het smeedwerk van 1914. Allemaal verleden tijd. Ook de houten biels van het spoor gaan weg. Ze worden vervangen door beton. De biels worden verkocht aan de boeren.'

Het is niet zeker of het er nog van komt, nu Etienne Schouppe én de minister van Mobiliteit Isabelle Durant de laan zijn uitgestuurd, maar normaliter komen er naast de twee sporen die Oostkamp passeren nog eens twee bij.

Twee voor personen, twee voor goederen. 'De onteigeningen komen er aan', zegt John. En hij wijst naar de huizen die tegen de spoorweg aan staan.

'Alsof wij daar nog wakker van liggen', zegt Marcel, die naast de overweg woont. 'Het gerucht deed al in 1988 de ronde, in 1992 zouden we het binnen het jaar weten, in 1994 hield partij zus een informatievergadering, in 2000 partij zo, twee keer toevallig voor de gemeenteraadsverkiezingen wellicht. We hebben toen de plannen gezien, het spoor komt tot halfweg onze trap, haha! Maar we wonen er nog altijd. In het begin waren we iets voorzichtiger, wilden we geen grote kosten meer doen, maar daar kijken we nu niet meer naar. We zien wel wat ervan komt. En moeten we weg, dan moeten we weg.'

'Zo'n mooi station', mijmert zijn vrouw Lena. Natuurmens, landschapsfilosoof buiten de uren. 'Het heeft geen functie meer, en toch zou het moeten blijven staan. Moet alles nut hebben, nee toch? Een trein heeft nog iets met het leven te maken. Het komt en gaat. Het is niet dat onafgebroken zeurende, zoevende van een autostrade. Ik word er zelfs rustig van, van die treinen.'

Ook Edith, ver in de tachtig, 'weet' dat ze op de plannen voor onteigening staat. 'Dat is Etienne Schouppe hier toch zelf komen vertellen', zegt ze. 'Maar ik zie het niet meer gebeuren in onze tijd. Wat zou het? Aan de overkant van de ijzeren weg heeft de gemeente zonet nog een nieuwe verkaveling toegelaten.'

Op het perron geeft John aanwijzingen. 'Als je goed licht wilt, moet je dáár gaan staan', zegt hij tegen de beroepsfotograaf die, vergezeld van een eerste communicant en moeder, een pittoresk plekje zoekt voor 'het prentje'. 'Op den duur ken ik het wel', zegt John fier. 'Ook veel paartjes komen hier foto's laten maken op hun trouwdag.'

KLEUR

Veertig kindermeisjes komen uit de coulissen gehuppeld. Het is een wirwar van turkooizen lijfjes tegen een integraal zwarte achtergrond. Of niet? Plots schuift er een bruine vlek in beeld. Het is Astar, het hondje van de technicus in de zaal. Astar staat niet in het script, maar trippelt toch parmantig op korte, snelle pootjes over het podium. Dit is een repetitie. De meisjes maken deel uit van CD Dance Factory, dansschool annex dansgezelschap van Christian Dedene en zijn vrouw Ellen. Hier, in Oostkamp, in het cultureel centrum in gemeentepark De Valkaart, vierden ze onlangs met hun 220 dansertjes het vijfjarige bestaan van het gezelschap.

Oostkamp ligt in de schaduw van Brugge, stad die in 2002 culturele hoofdstad van Europa was. Oostkamp lijkt in alles een afdankertje van Brugge. De twee hotels die de gemeente nog heeft, moeten het hebben van wat in Brugge van tafel valt. Maar cultureel hoeven ze zich hier niet te schamen. De gemeente heeft het park De Valkaart uitgebouwd tot een oase van natuur en cultuur. Het Symfonieorkest van Vlaanderen heeft er zijn vaste stek, en geeft de inwoners van Oostkamp uit dank eens per jaar een kerstconcert.

Christian had een haat-liefdeverhouding met Brugge 2002. 'Het heeft mij en vele andere scheppende kunstenaars gefrustreerd,' zegt hij, 'maar precies uit die frustratie is een nog grotere scheppingsdrang gegroeid.' Zo staat hij op de dansscène. 'Het is droevig gesteld met de dans in Vlaanderen. Er wordt veel talent verspild. Het Ballet van Vlaanderen heeft schitterende dansers, maar hun talenten worden in al die verouderde choreografëeen amper benut.'

Christian begon zelf bij Maurice Béjart, stichtte zijn dansschool en bouwt die nu verder uit tot een volwaardig gezelschap. Hij maakte in het verleden al enige furore en zorgde
voor Debat en Controverse (en wat wil een kunstenaar meer?)
met ronduit politiek geladen voorstellingen. 'Enkele jaren geleden maakten we op muziek van de paus, *Abba Pater*, een dans-
voorstelling met nieuwsberichten over aids, de affaire-Dutroux
en wat er verder nog tot nadenken stemde in de jaren negentig.
Het ging over de onschuld van de kinderen. Hoe die onschuld
blijft, maar getekend wordt. De jongste danser was toen zes
jaar. In de jury die ons beoordeelde, gaf dat aanleiding tot zware discussies. "Te zwaar voor kinderen", zeiden ze. "Ze zullen
niet snappen wat je hen laat doen." Dat deden die kinderen
wel. Ze willen zelf bezig zijn met méér dan hun danspasjes alleen.'

Soms trekt CD Dance Factory ook de straat op. 'Dansen op
een braderie, het is heel bijzonder. Mensen staan er met hun
neus op. Het gebeurt dat sommigen mij achteraf komen vertellen dat ze dankzij ons voor het eerst in hun leven naar een dans-
voorstelling in een zaal zijn gaan kijken. Een beetje kleur, een
beetje beweging op plaatsen waar je het niet verwacht, het kan
kleine wonderen doen.'

Oostkamp is een dorp, maar Brugge vertoonde volgens
Christian in 2002 meer een dorpsmentaliteit. 'Ik diende een
project in dat werd afgewezen met als argument: als we met jou
in zee gaan, moeten we ook de andere dansscholen van het
Brugse een plaatsje geven. Dat soort kruidenierschap. Brugge
2002 was niet voor de mensen van hier, niet met de mensen van
hier. Het moest geld opbrengen. Wat rest, is een fraai concertgebouw, gelukkig, maar structureel heeft het niets veranderd
aan het culturele klimaat van de streek.'

In 2002 vormde Christian zelf met anderen Offzien, een ar-
tistiek forum dat een protest en alternatief voor Brugge 2002
wou zijn. Het bloedde dood bij gebrek aan middelen. 'Maar
nogmaals, Brugge 2002 heeft mij indirect wel scherper gemaakt. De boosheid werd een drive om iets in gang te zetten.'
Dat werd *H2O*, een water-theatershow, een combinatie van
dans, licht, acrobatiek, muziek en water. Te zien in... het concertgebouw. *'Zo beleefde u het concertgebouw nooit',* staat er in de fol-
der. Het is Christians zoete wraak.

'Geef me nog 'ns wat kleur', zegt hij door zijn Michael Jackson-microfoon van op het podium. Als de technicus op het doek achteraan in de zaal rood, blauw, paars en mauve uitprobeert, is de concentratie van de dansertjes zo zoek. 'O o o', klinken veertig kinderstemmetjes alsof het vuurwerk betrof. Astar wordt er doodnerveus van en verdwijnt in de coulissen.

HEINZ

Elk jaar, rond nieuwjaar, rinkelt in Hotel Sachs in Oostkamp de telefoon. Groeten uit Duitsland. 'Het is Heinz Schweider, oud-ingenieur van Siemens', vertelt Monique Van de Velde in de gelagzaal van Hotel Sachs. Ze zit er samen met haar hele familie te wachten op een klant. Pa Roland, oud-beroepsrenner, vouwt de servetten voor op de tafels. Volk of geen volk, het is er altijd proper gedekt.

'Het hotel draait niet meer zo goed sinds de Duitsers weg zijn', zegt schoonzoon Frederik. Hij zit mee met zijn vrouw Isabelle in de zaak. 'We hebben enkel nog het restaurant.' Ook grootmoeder Edith, *'mémé'*, en haar man zijn even binnengewipt. En Freddy, de oude stationschef van Oostkamp. Hij komt een wijntje drinken aan de toog.

Familie onder elkaar. Maar zonder de Duitsers.

'Baardje, zo noemden we Heinz', vervolgt Monique haar verhaal. 'Hij kwam hier al toen mijn dochter geboren werd. En hij bleef hier zeker vijftien jaar komen. Twee jaar geleden zijn we met de hele familie nog met vakantie in Oostenrijk geweest en Heinz is ons daar komen bezoeken. Veel mannen van Siemens hebben hier een groot stuk van hun leven doorgebracht. Het bedrijf had voor ons hotel zelfs een bijzonder bordje laten maken. *"Stamtisch Siemens"*. Stamtafel. We zijn ooit uitgenodigd voor een bezoek aan de hoofdzetel in Duitsland. De fabriek daar was zo groot als heel Oostkamp.'

'Oostkamp was een gat, een randgemeente zoals Oedelem', vertelt Freddy. 'Siemens heeft er veel volk naartoe gelokt, uit alle streken van het land.'

Er is een laan naar de Duitsers genoemd. De Siemenslaan. Maar de naam van het bedrijf zelf is vorig jaar uit het straatbeeld verdwenen. De vestiging is in stukken gevallen, opgekocht en verspreid. Een deel werd overgenomen door een vroegere klant, EADS, een bedrijf dat radar- en communicatiesystemen voor defensiedoeleinden maakt. 'Siemens maakte ook apparatuur voor gevechtsvliegtuigen', weet Freddy. Maar aan de poort van de fabriek zelf was er ook een winkeltje waar de mensen van het dorp hun wasmachine konden laten repareren.

'Er hebben ooit vierduizend mensen gewerkt', zegt *mémé* Edith. Ze was een van hen in de jaren zestig. 'Ik werkte aan de boormachines, de draaibanken. Wij deden het werk van de mannen. En we werkten er ook door elkaar, mannen en vrouwen. Dat was nog niet in alle fabrieken de gewoonte toen.'

'In de late jaren zeventig is het bergaf beginnen te gaan', zegt Monique. 'Een van de directeuren vertelde ons jaren op voorhand al dat Siemens Oostkamp niet zou blijven bestaan.'

De schuld van de stakingen, zegt de volksmond in Oostkamp. Maar er worden ook andere dingen gefluisterd. Dat de Duitsers in Oostkamp niet zo *gründlich* waren als in de *heimat*. Wellicht nog aannemelijker als uitleg is dat ook het topmanagement van Siemens wereldwijd in de jaren tachtig eerst 'de Japanse slag' kreeg – automatiseren en afslanken, en de interne concurrentie aanwakkeren – en in de jaren negentig 'de Amerikaanse stoot' – *downsizen*, op de *werk*vloer afnemen wat er op de *beurs*vloer moest bijkomen.

Freddy's station is dicht, Siemens is weg. Wat rest is een Vereniging van Siemens Gepensioneerden Oostkamp en een verbroedering met het Duitse stadje Bad Nauheim. En Hotel Sachs blijft ook nog even open.

'Het heette vroeger Hotel Everaert', zegt Monique. 'Het was het ouderlijke huis van meneer Everaert. Zelf woonde hij in Berlijn, waar hij trouwde met een halfjoodse, een advocate. Zij heette Sachs. Ze zijn later teruggekeerd naar dit huis. Het hotel is heel specifiek met het oog op de Duitsers geopend.' Het licht bleef vaak heel laat branden in Hotel Sachs. 'De Duitsers hadden geen animatie nodig. Daar zorgden ze zelf wel voor. Bier en schnaps. En ze hadden geld, want ze kregen een "heimweepremie". Ik kookte voor hen, maar als ze trek kregen in de iets steviger kost van de *heimat*, mochten ze altijd zelf achter het fornuis gaan staan.'

Koken met managers. HR-recepten. Louis Lameire (54) begon zijn loopbaan in Oostkamp en werkt nu al 32 jaar voor Siemens België. In de wekelijkse jobkrant *Job@* vertelde hij trots
hoe hij de evolutie van *'een industrieel productiebedrijf naar een high-tec
kennisorganisatie'* meemaakte. 'Toen ik zo'n dertig jaar geleden
begon, was 70 procent van de personeelsleden arbeider. Nu is
dat nog 10 procent.'

Schnaps!

Wetstraat 16

LUCIEN D.

Het is een Fijn Maar Volstrekt Nutteloos Weetje Over De Wetstraat. Er zijn slechts drie Vlamingen die op hun naamkaartje 'Wetstraat 16' mogen en kunnen zetten. Dat zijn: Lucien D., Gino V. en Guy V.

Dat zit zo. Er zijn in Vlaanderen Kerk-, Stations- en Dorpsstraten bij de vleet, zoals het wemelt van de cafés die luisteren naar namen als De Statie, Oud Gemeentehuis of Onder de Toren, maar er zijn maar drie straten in Vlaanderen die de naam Wetstraat dragen. Exclusief dé Wetstraat in Brussel natuurlijk, hart en vooral motor van het Belgische politieke leven en de inzet van wat we nu zondag* samen met zo'n 7.343.466 andere kiesgerechtigde Belgen achter een gordijntje mogen (moeten) gaan doen.

Twee van die Vlaamse Wetstraten bevinden zich in West-Vlaanderen, in Meulebeke en Desselgem (deelgemeente van Waregem). De derde Wetstraat ligt in Antwerpen.

In Meulebeke is het een onbeduidend en zeer kort straatje, maar het was al lang voor het ontstaan van België het zenuwcentrum van de lokale macht. En dat geldt ook voor de Wetstraat in Desselgem. Anders dan in Antwerpen, verwijst de naam *Wet* hier niet naar de Belgische politieke instellingen van na 1830, wel naar de machthebbers onder het Ancien Régime. In die tijd waren niet enkel kerk en staat, maar ook staat en gerecht allesbehalve gescheiden. Ze huisden onder hetzelfde dak.

'Op de plek in Desselgem waar de Wetstraat ligt, stond voor 1795 de vierschaar of schepenbank. Dat was ook in Meulebeke het geval', vertelt heemkundige Michel Debrouwere. 'Elke heerlijkheid *(landgoed of "seigneurie" onder feodaal bestuur waaruit later de meeste dorpskernen ontstonden, FR)* had in die periode zo'n machtscentrum dat in de volksmond kortweg 'De Wet' genoemd werd. Na de Franse Revolutie werd dat afgeschaft. Maar op het platteland in Vlaanderen vind je nog altijd, zeer oude, mensen die zeggen: *"Ik moet vannamiddag naar de Wet"* als ze het over het gemeentehuis of de administratie hebben.'

'Vierschaar' komt als straatnaam nog een twintigtal keer

voor in Vlaanderen, maar de Wetstraat dus niet. Bizar, want in het Ancien Régime was Vlaanderen bezaaid met vierscharen of Wethuizen. Hoe komt het dus dat enkel Meulebeke en Desselgem nog een Wetstraat kennen?

'Dat vraag ik mij ook af ', zegt Debrouwere. 'Temeer omdat het in Desselgem niet eens een uitzonderlijk grote vierschaar betrof. Er waren in Vlaanderen veel belangrijker heerlijkheden.'

Anders dan onder de huidige bewoner van de Brusselse Wetstraat 16 kenden de gezagsdragers van het Ancien Régime geen schroom om belastingen te heffen. Hoe meer, hoe liever. Getuige de dikke 'Landboeken' die Viva Baert onder onze neus duwt op het gemeentehuis van Meulebeke. 'Op basis hiervan werden belastingen geïnd', zegt Baert. De registers bevatten de handgeschreven namen van eigenaars en gebruikers van gronden omstreeks 1654. En kinderlijk getekende, uitvouwbare plattegronden.

Maar zowel in 1654 als in 1756, waarvan in Meulebeke een tweede paar Landboeken is bewaard, was de latere Wetstraat nog een naamloos landwegeltje. Blijkbaar liep het Ancien Régime dus al ten einde toen de straat vooralsnog haar naam kreeg.

Meulebeke heeft geen Wetstraat 16. De straat stopt aan de even kant op het nummer 12.

Desselgem heeft wel een Wetstraat 16. Het is het laatste huis voor de velden. De straat loopt hier van Desselgem over de gemeentelijke grens naar Waregem. Het is een landweg, een binnendoortje. Hij wordt halverwege gekruist door een straat genaamd Kronkelstraat. De flauwe grappen over politiek en bochtenwerk mag u er zelf bij verzinnen.

Het huis op de Wetstraat 16 in Desselgem is er een van dertien in een dozijn. Keurig. Met een auto langszij, overdekt met een zeil om hem te beschermen tegen de natuurelementen, ook in de garage.

Eigenaars: Lucien en Esther D., gepensioneerd.

'Wetstraat 16? Ja, daar worden al eens grapjes over gemaakt', vertelt Esther D. 'Vooral als we buiten Desselgem komen. Hier is iedereen dat gewoon. We hebben dit huis zelf gebouwd, veertig jaar geleden, op een stuk grond van Luciens ouders. Mijn man is geboren in de Wetstraat.'

Lucien is gewezen textielarbeider, al tien jaar met brugpensioen. 'Mijn ouders woonden hier verderop in de straat. Toen
was er op de hoek van de straat ook nog een café dat In de Wet
heette. Maar de politiek volg ik zo niet, zeker niet meer sinds ik
met pensioen ben. Tijd voor plezier, hé! Maar het gaat toch
niet slecht in België? Onze kinderen hebben allemaal goed
werk.'

'Maar als u meer over politiek wilt weten, ga daar eens aan-
bellen.'

Lucien en Esther wijzen naar de overkant van de straat,
Wetstraat 7. Daar hangt een verkiezingsaffiche voor het raam.
Van ene Patrick De Klerck, VLD, zesde plaats op de Kamer.
'Zelf woont hij in Blankenberge, maar hij is getrouwd met de
dochter van nummer 7.'

Beste West-Vlaamse medeburgers, voor zijn eigen bestwil,
stem Patrick niet naar de Wetstraat. Want zou u in de straat
van uw schoonouders willen gaan wonen, nee toch?

* Op 18 mei 2003 vonden er in België parlementsverkiezingen plaats.

GINO V.

De Antwerpse Wetstraat verbindt de Kerkstraat in Borgerhout
met de Lange Beeldekensstraat in Antwerpen. Ze wordt om-
ringd door straten met namen die, zoals in de Brusselse wijk
Wet/Loi, verwijzen naar de Belgische politieke geschiedenis:
Constitutiestraat en Regentstraat. Maar anders dan in Brussel
zijn hier geen ambassades, ambtswoningen, banken of multi-
nationals. Wel veel vuile gevels en vreemde namen aan de deurbel. Op die paar opgeknapte huizen na, meestal in het bezit
van meer gegoede inwijkelingen, *young urban intellectuals* die, tegen de stroom in, de wijk nieuw leven proberen in te blazen, de
stad in hun eigen perimeter proberen te verzoeten.

Ook nummer Zestien is zo'n huis, met planten voor de ramen en op de muren. Het enige groen in de straat. En achter de
gevel woont een 'zoete' bewoner. Een twijfelende kiezer. 'Ik
weet wel dat het zondag parlementsverkiezingen zijn, en geen
gemeenteraadsverkiezingen', vertelt Gino V. 'Maar toch is het
moeilijk om géén rekening te houden met wat er in deze stad de
afgelopen maanden is gebeurd.'**

Maar een negativist is hij niet. 'Ik woon nu tien jaar in deze buurt en ervaar het als een hele verrijking. Mensen die Borgerhout niet kennen, schrikken als ik de naam laat vallen, want, "hé, ziet het daar niet zwart van het volk?"' Als deze straat in Londen of Parijs lag, zou niemand erover struikelen. Want dan is het ineens een *'metropool'*.

'De politiek maakt geen te beste beurt, maar de mensen moeten zelf wat minder sakkeren. In de tijd dat ik hier woon, is er veel goeds gebeurd. Het buurtcomité is zeer actief, de lentepoetsactie van de stad een groot succes en af en toe zetten enkele bewoners, onder wie ikzelf, de huisdeuren open voor bezoekers onder het motto Buurt in Zicht. Er is in deze stad veel potentieel. Achterstandsbuurten, zoals het Spoorwegemplacement, worden opgeknapt, jongeren krijgen veel kansen. Maar je moet het *willen* zien natuurlijk. Aan de andere kant, ik ben evenmin een naïeve positivo. Het huisvuil blijft hier een probleem. De witte tornado's – roepnaam van Antwerpse straatvegers – komen twee à drie keer per week langs, maar als ze 's morgens het vuil ophalen, ligt de straat tegen de middag alweer vol.'

Gino V. heeft de stemtest van de VRT gedaan, en kwam uit bij een partij die hem niet zinde. Dat doet hem niet twijfelen aan zijn eigen politiek-maatschappelijke profiel, wel aan de kwaliteit van de stemtest. 'Wie in de Wetstraat 16 moet komen na 18 mei? Geen idee, maar wie hier in mijn huis zijn intrek zou willen nemen, moet groene vingers hebben.'

Op de hoek van de Wetstraat en de Lange Beeldekensstraat ligt sinds 1954 café Astoria. Het is lente, en buiten is het 22 graden Celsius, maar binnen boven de toog branden de kerstlichtjes en neuriet de cafébazin zachtjes mee met een kerstkraker van Helmut Lotti. Haar man maakt ruzie met een vervelende vrouwelijke klant.

Als Lotti is uitgezongen, volgt er een oude crooner. *'I need you! What with me? Talk with me!'* Het lijkt wel de onderhand hees geworden marktstem van de *homo politicus*.

** De stad Antwerpen werd in de maanden voor de verkiezingen van 2003 getroffen door een politiek schandaal. Politieagenten, ambtenaren en politici kwamen onder vuur te liggen omdat ze met overheidsgeld sommige privé-uitgaven betaalden.

GUY V.

Drie Vlamingen mogen in dit land het adres 'Wetstraat 16' op
hun visitekaartje zetten: Guy V. is er één van. We troffen hem
thuis, welgeteld 46 uur voor de eerste stembureaus in België
opengaan. Nou ja, *thuis*... Wonen doet Guy V. niet op dit adres.
Dat doet niemand van de in totaal 170 mensen die hier dag in
dag uit hun werk komen doen: politiek, administratief en technisch personeel.

Guy V. zelf verblijft hier maar tijdelijk. Zijn huurcontract
heeft een variabele einddatum. Als het niet op 19 mei wordt op-
gezegd, loopt het door tot 2007. Guy V. is afkomstig van Maria-
kerke, en nam op 13 juli 1999 zijn intrek in de Wetstraat 16. En
was geschrokken van de lelijkheid van het pand.

'Foeilelijk', zegt de Gentenaar. 'Kom eens mee.' Hij troont
ons mee naar zijn bureau. 'Hier, waar nu parket ligt, lag vinyl
op de grond. Daar, in de hoek, stond een stel zetels van Leder-
land. We hebben alles naar de kelder verhuisd, en vervangen
door spullen die in die kelder stonden te verkommeren. Prachtige schilderijen en oude meubelstukken, waaronder het bureau waaraan ik nu werk. Dat is het oude bureau van Camille
Huysmans. Toen ik hier binnenkwam, stond hier een glazen tafel, het bureau van de vorige huurder van het pand (*ene Jean-Luc
D., FR*). We hadden hier nog maar enkele dagen onze intrek genomen toen de tafel het begaf. Schuld van een van mijn ministers, Louis Michel, die met zijn volle gewicht op de tafel ging
zitten.'

Twee vensterbanken telt de werkkamer van Guy V. Op de
ene staan vijf werkfoto's. In het midden het Belgische konings-
paar, links daarvan Guy V., handjesschuddend met Romano
Prodi en José Maria Aznar, en rechts van de gekroonde hoofden Guy V. handjesschuddend met George W. Bush en Tony
Blair. Op de tweede vensterbank staan souvenirs van thuis:
vrouw en kinderen.

Wie hier over de drempel komt, moet veel missen, maar
krijgt ook veel in de plaats: macht, aanzien, trots. En nieuwe
carrièremogelijkheden. Voor sommigen is het een doorgroei-
baan. Zo hoopt Luc C., de kabinetchef van Guy V., spoedig directeur te zullen worden van de Nationale Bank. Anders dan
zijn huidige baas geeft hij niet om smaak of stijl.

'Mijn bureau ziet er nog net hetzelfde uit als onder mijn voorganger. Ik zou bijgot niet weten wie die mensen zijn op de schilderijen achter mijn rug', zegt hij. Ooit was Luc C. senator, maar de Wetstraat 16 was zijn gedroomde biotoop. Het was van in de jaren tachtig geleden, toen Guy V. vice-premier en minister van Begroting was, dat Luc C. hier nog een voet binnen had gezet.

'Ach, die eerste dag in 1999... Er was geen tijd om te acclimatiseren. We zaten in volle dioxinecrisis. Elke dag kregen we tientallen kilo's papier op onze bureaus. De faxen spuwden veterinaire verslagen. En eigenlijk is er sindsdien geen enkele rustige week meer geweest. Ik werk hier graag en ben ook trots op mijn job. Maar wie in de Wetstraat 16 komt, moet er zich altijd voor hoeden om te gaan zweven. Dat risico bestaat, en in 1988 hebben we een harde les geleerd. We waren ervan overtuigd dat we zeer goed bezig waren en dat we na de verkiezingen ons werk voort konden zetten, maar van de ene dag op de andere stonden we met onze kartonnen dozen op straat.'

Andere bewoners van de Wetstraat 16 zijn vergroeid met het meubilair. Telefonisten, boden, ambtenaren. Bazen kwamen en gingen, maar zij bleven en blijven op post. Ze werken achter de schermen, oliën de machine van dag tot dag. Geen van hen wil met de naam in de krant, maar allemaal vertellen ze graag hun verhaal.

Een van hen wordt ons voorgesteld als 'meneer ministerraad'. Sinds 1985 waakt hij over wat hij met eerbied 'de rituelen van het vak' noemt. 'De premiers veranderen, en ieder heeft zijn eigen stijl – Wilfried Martens hield van lange ministerraden, Jean-Luc Dehaene hield het zo kort mogelijk, Guy Verhofstadt laat zijn ministers opnieuw graag uitpraten en discussiëren. Maar de rituelen blijven dezelfde. De agenda moet worden opgesteld, de notulen gemaakt.'

'Meneer ministerraad' heeft geen politieke kleur. 'Als een minister een dossier voorlegt voor de ministerraad en zijn of haar rekeningen kloppen niet, dan weiger ik dat op de agenda te zetten. Een collega-minister of zelfs de premier kan zich dat niet veroorloven, want dan wordt er door de gedupeerde direct een politiek manoeuvre vermoed. Wij, de ambtenaren, kunnen dat wel.'

Hij nodigt ons uit om plaats te nemen in de zaal waar elke vrijdag de ministerraad bijeenkomt. Een beetje beduusd laten we ons in de stoel van minister Luc Van den Bossche zakken, maar besluiten beleefd te blijven. En zetten ons schrap voor een spoedcursus 'Wetstraat 16'. 'De Wetstraat 16 is pas sinds 1944 de zetel van de regering en de eerste minister', vertelt onze ervaren gids. 'Tot 1918 bestond de functie van eerste minister niet eens. Ministers waren de dienaars van de koning. Leopold I zat altijd de ministerraad voor, Leopold II is daar geleidelijk van afgestapt. Omdat de politieke stiel almaar complexer werd, omdat de sociale kwestie en de Vlaamse kwestie hem parten speelden, omdat hij zijn handen vol had in Kongo en omdat hij tot het einde van zijn leven last had van zijn hormonen.

Nee, de ministerraad was niet zijn geliefkoosde plek.

'Het breekpunt kwam er in 1919, in het prerevolutionaire klimaat van na de oorlog. Albert I deed toen drie koninklijke beloftes: de vernederlandsing van de Gentse universiteit, de invoering van de achturenweek en het algemeen enkelvoudig stemrecht. Door dat laatste waren absolute meerderheden in België niet langer mogelijk. Vanaf die datum kregen we in België de coalitieregeringen zoals we ze nu nog kennen. Daarom groeide dus de behoefte aan een chef, een premier. De eerste politicus die, in 1919, die titel mocht dragen, was de socialist Léon Delacroix. Maar ook vandaag nog zit de koning officieel de ministerraad voor. Dat is de reden waarom we in België geen minister-president hebben, enkel een premier, de *primus inter pares*. Tot 1945 was de premier een van de vakministers en bijgevolg was de zetel van de regering de plaats waar die vakminister zijn kantoor had. Toen Hubert Pierlot op het einde van de oorlog met zijn regering terugkeerde uit ballingschap in Londen, wilde hij een vast adres voor de regeringszetel. En dat werd dus de Wetstraat 16.'

'Meneer ministerraad' is dol op de rituelen van de politiek. Op de huisreglementen. Wie er aan raakt, kan op zijn afkeuring rekenen. 'Vijfenveertig ministers van Staat zijn er vandaag, dat zijn er veel te veel', zegt hij zuinig. 'Er zitten er bij die ooit *"België barst"* geroepen hebben.' Er moet ook dringend een regeling worden uitgewerkt voor de geschenken die premiers ontvangen van bevolking en bevriende staatshoofden. 'In Duitsland is dat goed geregeld. Daar oordeelt een commissie over de waarde van de geschenken. Een deel wordt openbaar geveild. In België bestaat er geen regeling.'

'Meneer ministerraad' werd ooit eens uitgenodigd in het privé-huis van premier Wilfried Martens in Gent om de regeringsarchieven uit te pluizen. 'De zolder stond volgestouwd met geschenken waar meneer Martens geen blijf mee wist.'

Voor Ward L., telefonist en logistieke kracht, is zijn job in dit huis van vertrouwen het grootste geschenk in zijn leven. Hij heeft de langste staat van dienst in Wetstraat 16. 'Dertig jaar', vertelt hij. 'Ik ben begonnen onder premier Leburton. Ik was zeventien jaar en ik werkte bij Belgacom. Daar had ik mij laten syndiceren, zonder dat ik zelfs maar wist voor welke vakbond. Het bleek de rode te zijn. En toen zocht meneer Leburton een werkkracht voor de Wetstraat 16 en dat moest een socialist zijn. Zodoende. Ik mocht blijven van de CVP. En toen meneer Verhofstadt kwam, heeft meneer Dehaene hem gevraagd of ik opnieuw mocht blijven. En dat mocht. Leburton, Leo Tindemans, Wilfried Martens, Paul Vanden Boeynants, Gaston Eyskens, Dehaene en nu meneer Verhofstadt: dat waren en zijn mijn bazen. En ik heb veel groten zien passeren, van George Bush tot Mobutu.'

Van de planeet terug naar de Dorpsstraat. Want ook wie huishoudt in de Wetstraat 16 komt ergens vandaan. Ook Guy V. Een intimus van de familie V. vertelde ons volgende verhaal over Guy. Eind 2002 vierde hij met zijn vrienden, onder wie dichter Hugo Claus, in Toscane de jaarwisseling. En net toen ze nog een flesje wilden kraken, ging de telefoon. *'Guy, potverdomme, wat doet gij daar op dit moment? Uw plaats is hier, in Gent.'* Het was vader Marcel V. Of zoonlief alstublieft spoorslags naar de Dorpsstraat wilde komen, want zijn stadsgenoten stonden door het barre weer kniehoog in het water. Nooit een moment rust, Guy V.

Grimbergen

PONT

Het is de eerste keer in dertig jaar dat de huisraad van Louise roerloos stil staat. En dat ze de stoep kan vegen zonder om de haverklap opzij te moeten springen voor tientonners. 'Dat mijn man het niet meer mag meemaken', zegt ze. 'Die stilte.'

Een buitenstaander begrijpt niet meteen wat ze bedoelt, want van 's morgens tot 's avonds galmt van hoog op de Verbrande Brug een orkest van drilboren en hamers over de *gebuurte*. Dat is niets in vergelijking met het verkeer dat hier elke dag het Zeekanaal Brussel-Antwerpen oversteekt. Alles davert dan in het huis van Louise.

Sinds eind april hangt de ophaalbrug stil, hoog boven het water. Nutteloos asfalt, rubberrust. Je kunt de vogels weer horen als de drilboren zwijgen. Alleen de democratie kwam de rust even verstoren. 'Voor de verkiezingen werd de brug neergelaten, zodat we konden gaan stemmen.' De dag nadien ging de brug weer omhoog en werden de dragende pijlers ingepakt in gigantische lappen wit zeil.

Zeven bruggen over het kanaal krijgen een opknapbeurt van de N.V. Zeekanaal. Voor de zomer moet de klus geklaard zijn, kostprijs: 813.517 euro. In de buurt van de Verbrande Brug op de grens van Grimbergen en Vilvoorde zullen ze er niet rouwig om zijn als de werken vertraging oplopen door het bouwverlof. De ingenieurs konden niet bevroeden wat ze met hun plannen aanrichtten. Doorgaans geven openbare werken aanleiding tot veel gemopper, maar niet hier aan de Verbrande Brug. Samen met de brug halen de 'bruggelingen' herinneringen op.

'Toen we hier pas woonden,' zegt Louise, 'stond de brug nog in de steigers. We namen toen elke dag de pont. Dat hij het niet meer mag meemaken, mijn man, het is triest.'

Haar man, zoals zovelen in de regio, werkte bij Renault Vilvoorde. Hij was net met brugpensioen toen een Zwitser met zijn handtekening de fabriek sloot. Een jaar later bezweek Louises man aan een hartaanval. In het huis is het nu nog stiller, nu glazen en vazen ook zwijgen.

Louise en haar man kwamen van Limburg, zij werkte bij Belgosuisse. Ze kwamen hier wonen aan de poort van Brussel waar fabrieken elkaar verdringen aan de waterkant. Het kanaal was eind jaren zestig al een ader van de Belgische economie. Een passage op de Europese binnenvaartas Noord-Zuid tussen Nederland en Frankrijk. Een sluis naar het hart van het land, ook militair. De brug, en het gehucht, ontlenen hun naam aan de houten brug die op deze plek in 1577 door een Spaans garnizoen werd afgebrand. Tijdens de Eerste Wereldoorlog werd het de spreekwoordelijke brug te ver voor korporaal Léon Tresignies, die er op 26 augustus 1914 sneuvelde onder Duits vuur.

De 'bruggelingen' gedenken hier andere wapenfeiten, sinds de brug in de lucht is blijven steken. Plots was de veerpont er weer. Dag en nacht, op en af. 'Het was zoals in de Witte van Zichem', vertelt André. 'Als kind doken we in het water en zwommen we onder de boten door. Tot grote woede van de schippers. Kwajongensstreken. We zijn ook vaak in onze natte onderbroek naar huis moeten lopen, omdat iemand onze kleren had meegepikt.'

'We baanden ons een weg door de waterlelies, over de hele lengte van de waterkant', zegt Marcel. Het water is nu bruin en levenloos. 'En vissen. Op één uur tijd had je een emmer vol. Er stonden nog geen fabrieken toen. Op de Cokerie na, waar mijn vader vijfentwintig jaar gewerkt heeft. Ik heb bij Caterpillar gewerkt.'

'Heel Brussel zat hier in de zomer', weet Albert nog. 'Ze kwamen met de tram. Verderop was er een strandje.'

Een plank deint mee met de veerpont. Wrakhout. 'En soms werden we uit het water geroepen', zegt Marcel. "Snel, naar binnen", zei ons moeder. Als het geen etenstijd was, wisten we hoe laat het was. Veel Brusselaars kwamen zich hier verdrinken.'

Laat de brug nog maar even hangen, nutteloos zijn. Jong en oud nemen weer de veerpont. Levens gaan heen en weer. Buren van de waterkant, die elkaar al lang niet meer gesproken hebben, verbroederen. De tijd staat even stil.

Vrede. Twee militaire schepen schuiven onder de Verbrande Brug door. Mijnenvegers van de *Royal Navy*.

VLIEGEN

In België zijn er vijf vliegtuigen die koppig de naam Sabena blijven dragen, en de blauwe 'S' in de staart. Geen Airbussen, maar lichtvliegers, sportvogels.

'We zullen knokken voor die S', zegt Frans, ex-sabénien. 'We hadden ook graag de vogel van Magritte, die in het Sabena-logo stond, in de lucht gehouden.'

De vliegtuigjes zijn eigendom van Sabena Aeroclub, opgericht in 1944 voor stewards, boordmecaniciens en ander grondpersoneel dat misschien nog meer dan de beroepspiloten van vliegen hield. Frans is zeventig jaar, vijfendertig daarvan maakte hij zoek op Zaventem als technisch controleur. Nog langer is hij hobby-piloot.

'Gebeten door de microbe als kind, door het lezen van kinderboekjes. Over Dick en ome Felix, twee piloten die wolkjes maakten in de lucht. Voor de meesten onder ons is vliegen altijd de ultieme kinderdroom geweest. Meestal kun je er pas na je vijftigste aan beginnen, omdat je er dan pas de middelen voor hebt.'

Sabena Aeroclub heeft zijn basis op het vliegveld van Grimbergen. Het deelt verkeerstoren, vliegloodsen en startbaan met Vliegclub Grimbergen. Ook hier stortte voor velen een droom te pletter toen Sabena failliet ging. Ook hier werd geknarsetand toen premier Guy Verhofstadt zei dat hij 'toch zelf niet kon vliegen'.*

'Veel sabéniens werden twee keer getroffen', zegt Frans. 'Ze verloren hun werk en – omdat het onbetaalbaar werd – hun hobby. Dus zoeken we nu ook nieuwe leden. Je hoeft niet langer bij Sabena te hebben gewerkt.'

Vijf jaar is het vliegveld gesloten geweest. Wegens hinder voor de omwonenden. En omdat een minister familiale belangen had bij zoveel ongerepte bouwgrond, wordt gefluisterd. Verkavelingen bleven evenwel uit, lobbying en protest van de buurt – tégen de sluiting nota bene – redden het vliegveld. Links moesten er wat hectaren worden afgestaan voor bebossing, rechts voor de gemeente. Maar Frans en de zijnen vliegen nog, en dat is het belangrijkste.

'Alle inwoners van Grimbergen hielden van hun vliegveld',

zegt Frans. 'Behalve de inwijkelingen die hun huizen onder de startroute bouwden.'

'Hinder! Wat is hinder?' snuift René, pleinverantwoordelijke. 'Als we sommige rapporten over de dag- en nachtvluchten moeten geloven, zou iedereen in Frankrijk die langs een *route nationale* woont, doodziek zijn. We doen geen gekke dingen. De overlast is beperkt tot een minimum.'

'Voor ons is vliegen een heerlijke ziekte, voor veel mensen is het een gevaar. Vooral sinds 11 september verwacht iedereen dat het ongeluk uit de lucht komt. Dat komt omdat mensen met hun hoofd naar de grond gebogen lopen. Een tientonner met explosieven richt meer schade aan. Of gifgas in de metro. Je moet wel gek zijn het via de lucht te willen doen. Onze vliegtuigjes wegen 1500 kilogram, prop er 400 kilogram explosieven in, vlieg je te pletter op het justitiepaleis, en de inslag zal nog beperkt zijn.'

9/11, de dag dat vliegen verdacht werd. 'We worden gevolgd, ja. Maar dat is niet nieuw. In de jaren zeventig kregen we zelfs vaker vliegende brigades op visite. Op zoek naar gesmokkelde drugs en porno, of – in Antwerpen vooral – diamant. Vandaag is er vooral controle op het naleven van de regeltjes. Elke vlucht moet worden aangegeven.'

Zo dicht bij Zaventem is het luchtruim meticuleus verkaveld, sorties zijn getimed en gebaand. 'Je neemt geen vliegtuig zoals je op een fiets wipt', zegt Frans.

Vliegen is exacte wiskunde. Is het ook nog een kunst?

Frans troont ons mee naar de twee vliegloodsen. Het zijn monumenten, betonnen paddestoelen, ontworpen door ingenieur Alfred Hardy (1900-1965). Bouwjaar: 1947. In 1964 werden ze als enige Belgische realisatie opgenomen in de overzichtstentoonstelling *Twentieth Century Engineering* in het Museum of Modern Art in New York. Het oudste vliegtuigje in de hangar is een kanariegele Piper van 1943. Het heeft niet meer technische finesse aan boord dan een 2-pk'tje. De nieuwste modellen daarentegen zijn vliegende spitstechnologie. Frans en de zijnen staan er in beate bewondering voor. Hoewel.

'Zweefvliegen is de zuiverste vorm van vliegen', weet René. 'Het benadert het dichtst een vogel. Wat we hier doen, kunnen we als het ware net zo goed achter de computer doen. In zekere

zin zit je gewoon in de cockpit om te controleren of de technologie het wel doet.'

'Je moet verdorie niet eens meer door het raam kijken als je
in de lucht hangt', zegt Frans.

Vooruitgang heet dat. Vliegen zonder te vliegen. Het
oudste vliegende lid van de Sabena Aeroclub is acht jaar ouder
dan Frans. 'Zolang je door de test geraakt, mag je de lucht in.
De oudste nog vliegende piloot woont in Amerika. Honder-
dentwee. Of het mij gegeven is, weet ik niet. Wel weet ik dat ik
het lastig zal hebben, de dag dat ik te horen krijg dat ik aan de
grond moet blijven.'

* Antwoord van premier Verhofstadt op de vraag van journalisten of er
een opvolger zou komen voor het failliete Sabena.

Leuven

YASMINA

'Hallo', zegt ze. 'Ik ben Yasmina.' Ze komt naast me zitten op het bankje op een binnenkoer van de Leuvense Ridderstraat. 'Straks komen de kinderen van school', zegt ze. 'Kijk, daar is Marc. Hij haalt de kinderen op met zijn busje en dan worden ze hier in Fabota opgevangen. Ik heb hier zelf ook gezeten. Zoals mijn halfbroertjes, en mijn neven. En nu mag ik mee de kinderen helpen opvangen, van halfvier tot zes uur.'

Yasmina is dertien jaar. Ze woont in de Ridderbuurt in Leuven. Een buitengewone buurt, achter de Brusselse Poort en in de schaduw van het kapitaal, de tempel van de vroegere Kredietbank. Zeker tot mei 1968 was deze hoek van Leuven, een arbeidersbuurt, bijna hermetisch afgesloten van de wijken waar studenten van de Alma Mater huisden. Nu worden de huisjes opgeknapt en dat trekt ex-studenten aan die in de stad zijn blijven hangen. De prijzen van het onroerend goed gaan de hoogte in, er treedt verdringing van de oorspronkelijke meer verpauperde bevolking op, het is het klassieke verhaal.

Fabota vangt kinderen uit 'moeilijke' gezinnen op, na schooltijd en tijdens vakanties. Het maakt deel uit van buurtwerk 't Lampeke.

'Eigenlijk zijn het paters redemptoristen die in de Ridderbuurt begonnen zijn met sociaal werk', zegt Karen. 'Dit was een heel gevaarlijke buurt. Leuvenaars durfden hier naar verluidt amper een voet te zetten. De paters zagen hier veel achtergestelde kinderen over straat zwerven, en daar is het buurtwerk uit gegroeid. In de jaren zestig zijn linkse studenten mee op de kar gesprongen.'

Zelf doet Karen dit werk tien jaar. Soms moet ze haar gedachten even uitschakelen. 'Het is vechten om te overleven. Opboksen tegen structuren. Al werkt de stad Leuven heel constructief mee, de moed zakt je toch wel eens in de schoenen. Generatiearmoede krijg je er niet op één mensenleven uit. In de tien jaar dat ik hier werk, heb ik toch een aantal gezinnen gezien die opnieuw rechtgekrabbeld zijn. Maar je weet dat het altijd een broos evenwicht blijft.'

Dagopvang De Wurpskes in de Ridderstraat. Ook deel van
't Lampeke. Tien peuters drummen samen rond de lage tafel.
Pannenkoeken! Sommige ukken hebben tatoeages. Met paps
en/of mams vormen ze geen 'modaal' gezinnetje. Opvang
dient hier niet alleen en zelfs niet hoofdzakelijk om ouders te
ontlasten die – opzij opzij opzij – aan hun carrière timmeren.
Wel omdat paps en mams opleidingen moeten volgen of van
dag tot dag op zoek moeten naar een job. Of gewoon omdat ze
op adem moeten komen, en de kinderen er eventjes niet bij
kunnen hebben. Om ongelukken te vermijden. Hier zitten kinderen van politieke vluchtelingen, van alleenstaande moeders
met – zoals dat kies heet – 'een moeilijke achtergrondgeschie-
denis', generatiearmen en 'zeer zwaar geschonden ouders'.

De kinderjuffen zijn hier niet alleen om de kinderen te ver-
versen, te voeren en zo zinvol mogelijk bezig te houden. 'Wij
moeten er ook voor de ouders zijn', zegt Sonja. 'Proberen om
hun isolement te doorbreken, hen door te verwijzen, hen te helpen met de opvoeding van hun kinderen. We moeten mee uit-
kijken naar jobs, mee ons hoofd breken over financiële, relatio-
nele en psychische problemen.'

Tien plaatsen zijn er bij De Wurpskes, en de vraag overstijgt het aanbod. In de reguliere kinderopvang in het Leuvense heerst een chronisch tekort. 'Wij hebben een wachtlijst
van een jaar', zegt Sonja. 'Gemiddeld komt er één vraag per
week bij. Wie bij ons uit de boot valt, heeft het veel moeilijker
om elders een alternatief te vinden. Omdat onze doelgroep niet
mobiel is en zelf niet kan gaan zoeken, en omdat het elders
onbetaalbaar is. Wij hebben een vaste dagprijs van 3,25 euro,
inclusief luiers en voeding. Voor sommigen moeten we zelfs
onder die prijs gaan.'

Het verhaal zet zich, van drie tot twaalf jaar, voort in Fabota, iets verder in de Ridderstraat. Ook Marc moet nu en dan
zijn gedachten uitschakelen. 'De kinderen zijn hier maar enkele
uurtjes per dag. In die beschermde omgeving doen we veel aan
conflictbeheersing.'

In het bureau van Marc, een omgebouwde zolder in een
pand van de stad, staat een 'strafhoekje'. Twee zeteltjes, *face à
face*, en een leeslampje. 'Een praathoek eigenlijk', zegt Marc.
'Dat is het grootste werk. Keer op keer herhalen dat je ook kunt

praten in plaats van te schreeuwen, te stampen of te slaan.' Als
het mooi weer is en ze kunnen de fiets op, dan trappen ze het er
zo wel uit. Fabota heeft een fietsatelier. 'Pas nog hebben we
fietshelmen gekregen.' De blauwe potjes liggen netjes naast elkaar op het schap, elke helm met een logo van bank KBC, een
gift van de machtige buur.

Reikhalzend kijkt Yasmina uit naar het busje dat de binnenkoer komt opgereden. 'Vandaag moest ik niet naar school,'
zegt ze, 'dus kom ik hier een handje toesteken.' Yasmina gaat
naar school in Limburg. Ze straalt. Of ze graag in Leuven
woont? 'Nee', is haar verrassende antwoord. 'Toch niet. Liever
in Limburg. De mensen zijn er vriendelijker. Hier zijn ze nors.
Marc niet, natuurlijk.'

KANAAL

Het moet hem vaak in stilte gegriefd hebben, Louis Tobback,
dat hij door zoveel jong en progressief volk werd afgeschilderd
als een gestampte boer. Als er in het provinciestadje Leuven
ooit één fijnbesnaarde humanist heeft rondgelopen, dan wel
Louis. Doordrongen is hij van geschiedenis, gevoed door de
moeders (de Alma Maters) van handel en wetenschap die zijn
stad ooit tot het mekka van de Lage Landen maakten. Wellicht
heeft hij gevloekt toen een reporter van een lokale krant onlangs de Vaartkom betitelde als 'oorlogsgebied'.

Want aan die Vaartkom, in het noorden van de stad ter
hoogte van de Aarschotsepoort, heeft Leuven veel van zijn rijke
geschiedenis te danken. Het is waar, her en der komen stukken
van de gevels. Van oude molens en silo's, van brouwerij en
mouterij. Brokken van de negentiende eeuw. Maar achter de
gevels bruist het van de activiteit. In de oude molens Van Ors-
hoven huizen vandaag jonge bedrijfjes, de Stichting Industrieel en Wetenschappelijk Erfgoed (Siwe), de duivenbond en
jonge dans- en theatermakers. De perfecte sociale mix dus. En
in het enige café rond de Vaartkom, café De Lantaarn – geen
café in Vlaanderen overigens dat zo dicht bij de bron ligt – tappen ze de Stella's zoals het hoort. Vraag hier trouwens nooit
om een 'pint'.

Voor wie niet verder kijkt dan de stenen lijkt het alleen

maar alsof de tijd hier is gestopt. Op 24 april jongstleden plaatste het college van burgemeester en schepenen het Entrepot, aan de kop van de Vaartkom, en de Silotoren, tegenwoordig een zaal voor fuiven, op de lijst van 'voor bescherming vatbaar verklaarde monumenten'.

Even vertoeven aan de Vaartkom leert waarom Louis zo hoog oploopt met *nobiljons* uit de prerevolutionaire periode. Op 29 januari 1750 verkreeg een verre voorganger van Louis een octrooi van de Oostenrijkse keizerin Maria-Theresia *'pour creuser un canal'.*

Vijfhonderd arbeiders, kanaalgravers, zwoegden twee jaar lang aan wat het kanaal Leuven-Dijle zou worden. Het kanaal werd inderdaad een voedende moeder voor de stad. Alsook het slachthuis, dat in de stad in 1781 zijn deuren opende, het eerste van de Zuidelijke Nederlanden.

Voor de geest leverde de universiteit de nodige calorieën. Tot, we zijn er, het rapaille van de Franse Revolutie in 1797 de bibliotheek – toen al een kloeke collectie van 50.000 banden – sloot. Barbaren. Is de Leuvense universiteit een sluis voor intellectueel verkeer over de hele wereld, de Vaartkom was dat vanouds voor het verkeer van goederen.

'Het is een beetje buitenland', zegt Georges Van Herck, van de vriendenkring Leuvense Douane en Accijnzen. Hij werkt al zeventien jaar in het Entrepot. Buitenlandse firma's konden hier goederen stockeren zonder dat ze er invoerrechten of BTW op moesten betalen, tot ze een akkoord bereikten met hun Belgische klant. 'Het Entrepot is zijn functie als tussenschakel stilaan kwijt.'

De kantoren zijn oud en aftands, achter glazen kasten staan oude attributen van douaniers. 'Dit is geen oorlogsgebied, welnee. Alle gebouwen hier hebben architectonische waarde. Ze dateren van vlak voor de oorlog tot tien jaar na de oorlog. De Vaartkom vormt één geheel. Als ze hier beginnen te slopen en appartementsgebouwen optrekken, zal Leuven een deel van zijn hart, het industrieel-historische deel, verliezen. Maar het Entrepot-gebouw zelf zal nu wel gevrijwaard blijven. Welke nieuwe bestemming het zal krijgen, is een andere vraag. Volgens de laatste geruchten wordt het een danstempel.'

Het is hoe dan ook een bizarre plek, de Vaartkom, zo dicht

bij het historische stadscentrum. Het gonst er van de wagens die af en aan rijden op de Ring. En van de sloophamers links, de draaiende betonmolens rechts. Tussen al dat geruis en gedruis – en soms, bij hitte, de stank van het stilstaande water en van het mout of wat er verder nog gestookt wordt achter de gevels van Interbrew – zitten mensen op het dek van hun plezierbootjes de krant te lezen.

De Vaartkom is een jachthaven geworden. Een schamel beestje in vergelijking met havens elders ter wereld. Maar dat is alweer het oordeel van een buitenstaander die afgaat op eerste indrukken. Vindt Klaas, Nederlander. 'Dit is een paradijs, man. Omdat het kanaal hier stopt, heb je geen passage van andere boten. Zo lig je niet voortdurend te wiebelen. De ene helft van het jaar lig ik hier, de andere helft in Oostenrijk. Twee keer per jaar kom ik nog eens in Nederland, voor zaken, want een mens moet ook aan de centen denken natuurlijk. Ik ken geen enkele jachthaven waar je zo dicht bij het stadscentrum bent. Biertje drinken, inkopen doen, en verder niets aan het hoofd.'

Hier, aan de Vaartkom, uitkijkend op het Entrepot en de fabrieksgebouwen, mijmert Klaas over zijn leven. Midscheeps getroffen onlangs. 'Meisje verloren, weet je wel. Even weer op droog zaad nu. Maar dat kan snel weer keren. Ik heb zowat alle kanalen in Europa afgevaren. Op eentje na, onder de Pyreneeën. Als ik een nieuw meisje vind, licht ik zo het anker.'

HEMEL

Twee fenomenen heeft het Atheneum van Leuven voortgebracht: Louis Tobback en Engelbert Carleer. De eerste was er in de jaren zeventig leraar Frans, de tweede leraar plastische opvoeding. Veel hebben de heren op het eerste gezicht niet gemeen, de één socialist tot in de kist, de ander katholiek. De één resideert in het statige stadhuis, de ander heeft zijn vaste stek in de machtige Sint-Pieterskerk aan de overkant. Water en vuur, zou je denken, kerk en staat. En toch.

'Louis is mijn vriend', zegt 'de Carre', zoals hij in Leuven beter bekend staat. 'En we zijn beiden nogal gesteld op orde en tucht. En van onrecht gaan onze tenen krullen.'

De Carre is vijfentachtig jaar, zestig jaar getrouwd met

Jeanneke, en woont in Kessel-Lo, op de Predikherenberg. Met
zijn zware, witte bakkebaarden is hij de lookalike van de Oostenrijkse keizer Franz Jozef (1830-1916). Maar op zaterdag is hij
een Zwitser, een 'suisse'.

Ook op 11 november, het Te Deum, Onze Lieve Vrouw
Lichtmis en de opening van het academische jaar trekt hij naar
de Sint-Pieterskerk en haalt hij uit de sacristie zijn steek, helle-
baard en een bandelier met het opschrift 'SANCTI PETRI'. Met
dat uniform aan stelt hij zich op in de kerk en moet hij de orde
bewaren. 'In de praktijk betekent dat tegenwoordig dat ik
vooral toeristen buiten moet houden tijdens de mis.'

In België is hij een van de laatste 'suissen' of kerkelijke
ordebewakers. Naar het model van de Zwitserse Wachten van
het Vaticaan, de huurlingen of buitenwippers van de Heilige
Stoel. Het uniform werd ontworpen in de zestiende eeuw door
niemand minder dan Michelangelo. De Carre kreeg voor zijn
inzet voor de kerk uit handen van kardinaal Godfried Danneels
het Zilveren Sint-Romboutskruis. En hij droomt stilletjes van
Goud, want hij wil suisse blijven tot zijn negentigste. Niet dat
de Carre een kwezel is. 'Ik ben gelovig, maar ik loop er niet
mee te koop. Ik kan niet tegen onrecht. En ook niet tegen
kwakzalverij. Wat mij de jongste jaren fel gestoord heeft, is hoe
mensen van de ene partij naar de andere overlopen, van links
naar rechts. Als je een gedacht hebt, moet je erbij blijven. Zoals
Louis.'

De Carre houdt van goed eten – spek en *osso buco* – en drinken – St. Emilion Grand Cru. En verstering is ook op andere
gebieden niet zijn sterkste kant, weet Jeanneke. Op de foto's uit
zijn atheneumjaren laat hij zich zichtbaar het gezelschap van
jonge meisjes, leerlingen, welgevallen. 'Hij heeft ook veertig
jaar Sinterklaas gespeeld', zegt Jeanneke. 'In de Inno. En hij
keek meer naar de jonge moedertjes dan naar de kindjes. Ai ai,
Carleerke, waar heb ik u toch uitgehaald, jongen.'

'Zestig jaar huwelijk is genoeg', bromt Carleer. Maar dat
meent hij niet écht. Daarvoor is zijn hart te groot. 'We liflaffen
niet, Jeanneke en ik, maar we zijn er altijd voor elkaar. Ik heb
veel gereisd, met de scouts. Jamborees in Japan, Canada, Amerika, Australië en Indonesië. Dat mocht van Jeanneke, ik mocht
de hele wereld zien. Soms miste ik haar wel. Als ik dan eens een

magnifiek landschap zag, wou ik toch dat ze erbij kon zijn. Straks is het Ronde van Frankrijk, en dan zitten wij iedere dag samen naar de televisie te kijken. Niet voor de koers, maar voor de landschappen.'

'Ik heb drie oorlogen meegemaakt. De Eerste, de Tweede en die tussen Griekenland en Turkije. Ik was met vakantie in Turkije, toen ik daar met mijn wagen tussen de troepen terechtkwam. Ik heb toen drieduizend kilometer rondgereden.'

De Carre maakt zich nog op een andere manier dienstig voor de kerk. Zijn overburen zijn de zusters clarissen. 'Jeanneke brengt hun elke zondag pistolets. En om de twee maanden rij ik naar de Makro. Ik stop dan het reclameboekje in de bus bij de zusters en zij *kruisen* aan wat ze nodig hebben. Nu en dan krijgen wij iets van hen. Ze verhuren een stuk grond aan een boer en die betaalt hun met een kar mest. Die delen ze dan met mij voor de tuin.'

'Dus', zegt Jeanneke, 'Carleer mag zeker naar de hemel. En op die reis wil ik wél mee.'

Aarschot

PRIOR

De dwazen krijgen soms gelijk. Dat is een hele geruststelling. Zo ook de dwaas F., postbode in Aarschot en een van de tweeëntwintig postbodes die te horen kreeg dat hij na vele jaren dienst een nieuwe ronde zou krijgen. En *stoemelings*. Zoveel huizen en dus brievenbussen meer, in zoveel minder tijd. Beslissing van 'bovenaf': Tante Post, Brussel, chronometer in de hand.

Hetzelfde *time management tool* dat eerder uitmaakte dat voor de uitbetaling van een pensioen vier minuten moeten volstaan, voor het bestellen van een aangetekende brief een halve minuut. Met de bestelling van gewone brieven, kranten en drukwerk erbij alles om- en verrekend tot een gemiddelde van zeven seconden per bus.

'Ze zijn de werkdruk komen meten, in een dalperiode', vertelt F. ons, op de derde van vier stakingsdagen. In een achterkeuken in Aarschot, samen met zijn collega's M. en R. 'Daar hebben ze dan het hele dienstrooster op afgestemd. Want niet iedereen werkte even hard, zeiden ze. Jonge postbodes, vervangers zonder vaste ronde, zijn altijd sneller klaar dan postbodes met een langere staat van dienst. Daar zit een logica achter, maar dat is niet die van de chronometer. Wel die van de mens. Hoe langer je dit werk doet, hoe meer contacten je hebt. Laat die jonge nieuwkomers een jaartje meedraaien en ze zullen ook langer over hun ronde doen.'

'De chronometer houdt evenmin rekening met de fysiek', zegt R. 'Je wordt vijftig, je krijgt een buikje.' 'Kijk', zegt postbode M., en hij laat zijn handen zien. 'Eelt. Ga jij maar eens op zo'n volgeladen fiets zitten. In Vlaanderen dan nog, een land waar de brievenbussen alle maten en vormen hebben en je ze overal moet gaan zoeken. Als het regent, komen we na onze ronde binnengewaggeld als eenden.'

'Procenten', snuift postbode R., 'geen mensen.' Alles moet sneller, efficiënter, *performanter*, *prior prior*!

'Eigenlijk mogen we niet met jou praten', zegt F. 'Daarmee riskeren we disciplinaire sancties. We hebben daar een document voor moeten ondertekenen.'

De publieke opinie wordt verondersteld om klakkeloos het beeld te slikken van de ontspannen, vriendelijk glimlachende modelpostbode die de folders van De Post siert. De Pravda, de goednieuwsshow, de prentjes uit het jaarverslag, in vierkleurendruk.'Zoals in Oost-Europa. De minister brengt een bezoek aan een postkantoor, en alles is er pico bello. Maar: minister weg, stress terug. Vraag het aan K.,' zegt F., 'geen uitzondering. Vijfentwintig jaar zijn vaste ronde. En nu, met een vingerknip, ervan afgehaald. Vaste klanten kwijt, mensen die rekenen op K., K. depressief thuis. Iedereen in zijn omgeving ziet het. Daar gaan ongelukken gebeuren. Ik hoop dat ze hier in Aarschot bij De Post hun berekeningen overdoen en met een propere lei herbeginnen.'

'Dwaas', zeggen F.'s collega's M. en R. eensgezind en meewarig. Ze bedoelen daarmee het tegendeel. Ze bedoelen dat F. maar al te wijs en al te menselijk is, maar dat juist dát zijn handicap is. Het is niet de nieuwe, privaat-economische wind die door De Post waait op zich die hun zorgen baart. 'Ook wij willen verandering. Elke postbode weet dat er vroeger bij De Post, zoals bij elk overheidsbedrijf, onwijze dingen gebeurden. Maar niet op de laagste ladder, niet bij de postbodes. Die worden nu wel als eersten de dupe van de hervormingen. Wij zijn ook voor *performantie*, maar het is toch de logica zelve dat je dat niet bereikt door de ruggengraat van je bedrijf te kraken.'

'Er wordt met ons gelachen', zegt M. 'Daar heeft de pers mee schuld aan. Wat lees je over De Post? Ofwel gaat het over de jaarresultaten, ofwel over het management, ofwel over de priorzegel. Zelden over de postbodes. Ja, dat ze het rustig aan doen. Altijd tijd voor een pintje en bij de mensen blijven hangen voor drinkgeld. Wat onzin is. Je leest zelden over de postbode die een uitslaande brand ontdekt, of die mensen uit hun isolement haalt, gewoon door even bij het OCMW te gaan signaleren dat er in Dorpsstraat 57 een mensje zit te verkommeren en van niets weet.'

'Een van de oudjes bij wie ik het pensioen ging uitbetalen op de twintigste van de maand kookte altijd soep voor mij', zegt F. 'En wat doe je als een van je klanten in een rolstoel zit en vraagt of hij je een brief mag meegeven? Moeten wij dan nee zeggen? We zijn geen maatschappelijk assistenten, zegt De

Post. Dat begrijpen we wel. Maar we zijn ook geen robotten. Onze hele werkvreugde – en we hebben ons werk altijd graag gedaan – putten we uit dat contact met de mensen.'

R. toont ons zijn loonbriefje. Voor het dubbele ervan doet uw dienaar zijn 'Buurtpatrouilles', journalistiek verantwoord toerisme in Vlaanderen. 'Natuurlijk klussen de meesten van ons nog bij', zegt R. 'We hebben in het verleden al vaker stakingen meegemaakt', zegt M. 'Maar je voelt dat het nu anders is. Dat er een grens overschreden wordt. Niet alleen bij ons, hier in Aarschot. Het zit dieper. Er breekt iets.'

Op de vierde stakingsdag krijgt F. gelijk. De Post laat weten dat ze de eerder genomen maatregelen opschort en 'alles zal herbekijken'.Leve de dwazen! Leve tante Post, die alvast in Aarschot toch nog één keer goed geluisterd heeft en haar hart liet zien. Maar voor hoe lang? Hier, en elders? Het schijnt overigens dat de moeder van de minister van Overheidsbedrijven, Rik Daems, woonachtig te Aarschot en wijnbouwer van beroep, het ook niet leuk vindt dat ze voortaan 's morgens háár postbode na al die jaren zal moeten missen. En dat ze Rik een boze brief heeft gestuurd, met een priorzegel.

'Er zijn postbodes onder ons', zegt M. nog, 'die door vader Jos Daems bij De Post zijn begonnen en er door zijn zoon Rik straks uit zullen worden gebonjourd.'

SENNE

Senne Van Gelder is vijf jaar en woont in Rillaar, slaapdorpje van Aarschot. Senne is een mentaal perfect normale kleuter. Zo pienter zelfs dat hij meteen een klasje hoger mocht in de kleuterschool. Senne is slim en speels, lief en nukkig. Maar zijn lichaam wil niet mee. Met ongemeen prachtige grote ogen kijkt hij uit zijn gevangenis, zijn onwillige verpakking. Senne heeft sinds zijn geboorte geen zeggenschap over zijn ledematen. En ook toen hij samen met zijn elf maanden oudere broer de taal ontdekte, weigerden tong en strottenhoofd om te doen wat moet: de klanken produceren die je wilt, de woorden die je bedoelt.

'Het komt wel, dachten we. Kruipen, rechtop zitten. Het ene kind is er sneller mee dan het andere, dat weet toch iedereen', zegt moeder Betty. 'Maar Senne werd zes, zeven, acht maanden en het kwam niet. Toen viel het verdict. *Celebral palsy.* Hersenverlamming door een tijdelijk tekort aan zuurstof bij de geboorte. Hij wilde de wereld niet op, zat geklemd in mijn bekken. Toen lieten ze hem komen, met de zuiger. De navelstreng zat rond zijn nek. Het gebeurt vaak, maar de gevolgen zijn zelden zo dramatisch. Meestal leidt het tot een gedeeltelijke verlamming, maar bij Senne was het zijn hele lichaam. Niets zou ooit optimaal functioneren. Het was verschrikkelijk toen we het te horen kregen. Mijn man wilde of kon er niet over praten. Het leidde tot spanningen. Maar we moesten voortdoen. Nu weet je dat het voor de rest van je leven is. Dat er niets anders opzit dan elke dag proberen om een normaal leven een stukje dichterbij te brengen. En dat die strijd nooit ophoudt.'

Sinds Sennes derde verjaardag zijn de dagen van Betty en haar man Dimitri niet langer enkel gekleurd door ontgoocheling. Dankzij een Amerikaanse professor, Petrosky. Hij is directeur van het Norton Neural Centrum voor Revalidatie in Californië.

'We lazen in de krant dat hij in België was en namen contact met hem op', zegt Betty. 'Professor Petrosky onderzocht Senne en besloot hem in zijn centrum op te nemen. Op 13 oktober 2001 zijn we naar Amerika vertrokken. Hij was er tien weken in behandeling, kreeg er dagelijks therapiesessies van vier tot zeven uur. Met elektrische impulsen zette hij zijn eerste passen, leerde hij zijn eerste verstaanbare klanken te produceren.'

Wat voor elke andere ouder normaal is, was voor Betty en Dimitri een ware revolutie. 'Na Amerika kon Senne voor het eerst recht blijven zitten in de zetel. Hij kreeg zijn hoofdje beter onder controle, en ook zijn linkerarm.'

Stap voor stap boekt Senne overwinningen op de verschrikkelijke toer die de natuur hem lapte. Weer een minuutje langer rechtgezeten vandaag, weer iets verder geraakt met zijn loopfietsje, weer iets duidelijker gemaakt dat hij liever, zoals zijn broer Brian, een boterham met ham en kaas en ketchup – véél ketchup – lust dan een met choco. En dat hij *Piratenplaneet* wil zien, terwijl Brian *Peter Pan* verkiest en mondiger is om dat ook te zeggen.

Zien we jaloezie in Sennes mooie ogen, of beelden we het

ons in? Indringend kijkt hij naar Brian, die zoals alle kleuters van vijf zijn *beyblade* met een venijnige spin laat tollen. Iets wat Senne nooit zal kunnen.

'Brian neemt het wel op voor zijn broertje', zegt Betty. Zeker sinds hij ervan gescheiden werd. Eén seizoen lang gingen ze samen naar hetzelfde schooltje in Rillaar. 'Dankzij Thuishulp konden we iemand vinden die de school zou helpen bij de begeleiding van Senne, maar de school kon het niet aan. Dus Senne moest weg naar een gespecialiseerde school in Leuven. Ik hoop dat hij ooit terug naar een gewone school kan, want hij is liever bij "normale" kinderen dan bij soortgenoten. Toen Senne begon te beseffen dat hij anders was dan de anderen, was dat verschrikkelijk. Hoe hij voor het raam stond te kijken naar de buurtkinderen die renden en fietsten. Nu heeft hij een loopfietsje en de kinderen komen hem halen. Ze verstaan zijn taaltje vrij goed, en als het echt niet gaat, komen ze naar mij. Ik ben de enige die hem helemaal begrijpt.'

Elke dag brengt een nieuwe vraag. Zoals: hoe leg je als ouder de discipline aan boord om niet alles voor Senne te willen doen? Want hoe kan hij anders leren? En als hij iets zoekt, en je weet wat, grijp je het nog voor hij de juiste klank er uitgekregen heeft? Of wacht je, en zo ja, hoe lang dan? Hoe lang kun je de aanblik van zijn onmacht verdragen?

'We hebben hem geleerd om zelf zoveel mogelijk keuzes te maken. We proberen hem zoveel mogelijk te behandelen als een gewoon kind. Lukt het, dan maakt dat de dag goed. Bij elk stapje gaat er voor Senne een hele wereld open. Lukt het niet, dan moet je dat leren aanvaarden.'

Binnenkort hopen Betty en Dimitri nog een reuzensprong te kunnen maken, met een vernieuwde sessie in Amerika. De loopbeugels die professor Petrosky in 2001 speciaal voor Senne liet maken, zijn nu te klein geworden. Voor de derde keer houden vrienden en verwanten een benefiet voor Senne. Want de behandeling kost stukken van mensen.

'Op de dag dat je weet dat je leven er nooit meer hetzelfde zal uitzien, ben je totaal hulpeloos', zegt Betty. 'Je weet niet waarnaartoe. Dan komt de solidariteit van de mensen op gang. Die is onvoorstelbaar groot. Ik kan niet meer geloven in harteloosheid.'

Ooit, later, hoopt Betty opnieuw te kunnen gaan werken. Als Sennes gevangenis half openstaat.

KOLF

Het is een prachtig kunstwerk. Een natuurtafereeltje. Bosland-schap met groot wild. Het staat op de kolf van het goedkoopste jachtgeweer van FN Herstal, toch nog goed voor een kwart miljoen oude Belgische franken. Integraal met de hand vervaardigd. Fons wordt er stil van, telkens weer. Bevangen door de schoonheid van het tuig, de perfectie.

'Ik was tegen jagen en ik ben nog altijd tegen de charlatans die de jacht verknallen. Ik schiet enkel op wat ik zelf kan opeten. Ik wil weten welk dier ik omleg en waarom. Drijfjacht strookt niet met mijn visie op jacht. Dat is impulsief schieten op alles wat beweegt. Een goede jager heeft geen wetgeving nodig. Hij weet wat er te veel of te weinig is in de natuur. In de Ardennen beginnen de everzwijnen de dorpen binnen te komen. Ik heb voor een zeug met jongen gestaan en toch niet geschoten. Mocht de Waalse minister van Landbouw José Happart het weten, ik verloor mijn vergunning.'

Fons was twintig jaar flik in Aarschot. Na zijn pensioen begon hij een wapenhandel en een schietstand. Nog elke dag rinkelt zijn telefoon. Politieagenten en gerechtelijke instanties willen van hem het fijne weten over ballistiek en wapenwetgeving. Wat gaat er door een flik heen als hij de trekker overhaalt, mikt om te raken?

'Ik heb in twintig jaar drie keer mijn wapen getrokken en geen enkele keer geschoten', zegt Fons. 'Geen enkele goeie flik kijkt naar de wereld als naar een schietkraam.' Een goede flik doet het in heel zijn leven minder dan een televisieflik in één aflevering.

Elke keer als er in dit land een overval gebeurt met AK47's, de beruchte kalasjnikov, komt Fons op de televisie. Fons heeft in heel zijn leven nooit een stap buiten de wettelijkheid gezet, maar sukkelde ooit toch in het beeldarchief van de televisiezenders. Fons heeft een indrukwekkende collectie wapens en een rottweiler. Hij is lid van de vrijmetselaarsloge en heeft een verdachte snor. Ideaal te typecasten als slechterik. Ware het niet

dat Fons een broertje dood heeft aan onzin en ondeskundig-
heid. Of het nu in eigen land over de P-90 of de riotgun gaat,
over juweliers die zichzelf verdedigen of over familiedrama's.
Over de georganiseerde criminaliteit – 'Slechts een fractie daarvan gebeurt met legaal gekochte wapens' – of oorlogen in Afrika en Irak. 'Over wapens wordt de grootste nonsens verkocht.
Als mensen moord in zich hebben, gebruiken ze eender wat.
De genocide in Rwanda in 1994 gebeurde met machetes.'

Fons heeft het niet begrepen op *cowboys*. 'Mij zul je niet horen zeggen dat iedereen geschikt is om een wapen te dragen.
Wel dat de wapenwet ingewikkeld is, en dat er in het publieke
debat te veel emotie en te weinig objectiviteit is. Al begrijp ik
die emotie evident wel. Voor wie de dood vindt uit de loop van
een geweer, doet het er niet toe of dat geweer nu al dan niet ver-
gund was.'

Minder begrip kan Fons opbrengen als ook in de politiek
de emotie het hoge woord voert. Zo namen nogal wat politici,
onder anderen Stefaan De Clerck (CD&V), het op voor de Ha-
relbeekse juwelier Wouter Tyberghien die een dief dodelijk in
de rug trof. Je zou denken dat een wapenhandelaar dat toe-
juicht. Niet zo Fons. 'Verkeerd voorbeeld. Tyberghien zat fout.
Hij schoot een wegvluchtende overvaller in de rug. De juwelier
in Aalst die onlangs vuurde op overvallers, had het bij het rechte eind. Dat was gewettigde zelfverdediging. Het moet om een
aanval tegen personen gaan, de aanval moet dreigend en on-
middellijk zijn, wederrechtelijk en de verdediging moet even-
redig zijn aan de aanval.'

Maar dood is dood. En waar een wapen in de kast staat,
kunnen ongelukken gebeuren. Dat demonstreerde Michael
Moore met zijn film over het bloedbad op Columbine High
School. Een van de eerste grote, bekende familiedrama's in
Vlaanderen gebeurde in Aarschot, in Fons' achtertuin. 'Maar
niet met een wapen uit mijn winkel', zegt Fons. 'De legale handel verstrengt, zonder dat het iets aan de zwarte markt verandert. Integendeel, vijftien jaar geleden kon je hier en daar een
geweer scheefslaan, vandaag verdwijnen er hele containers.
Wie is verantwoordelijk voor de toename van familiedrama's?
Jullie moeten erover schrijven natuurlijk, maar als er eentje in
de media komt, volgt er prompt een serie. Psychose leidt altijd

tot meer psychose. Ik ben een absolute legalist. En om bevlie-
gingen te vermijden, ben ik voor het inlassen van een bezin-
ningsperiode bij de aanschaf van jacht- en sportwapens. Die
kun je kopen zonder vergunning, maar er is wel een meldings-
plicht. Las twee weken bedenktijd en een onderzoek in, zo ver-
mijd je impulsaankopen en ongelukken. Ik zou ook willen dat
je enkel een wapen kunt kopen als je een brandkast in huis
hebt. Op een dag kwam hier een vrouw binnen. Zichtbaar
overspannen. Ze vroeg een wapen. Mijn vrouw en ik keken
naar elkaar en knikten: nee. Later hoorden we dat ze zich ge-
zelfmoord had met E605. Een sterk insecticide. Het verbrandt
je hele binnenlijf. Een afgrijselijke dood.'

Stilte.

'Dan vraag je je af of je die vrouw toch niet beter dat wapen
had bezorgd? Dat zijn vragen waar niet direct een antwoord op
bestaat. En zeker niet in de wet. Elk geval is anders, zoals elk
schot dat wordt gelost. Juist omdat het om leven en dood gaat,
vind ik veel uitspraken hierover – of ze nu honderd procent pro
of honderd procent contra wapens zijn – zo ondraaglijk licht-
zinnig.'

Leopoldsburg

ZEBRA

Dertig jaar lang had Leopoldsburg een gemeentelijk informatieblaadje dat op colloquia en conferenties over lokale democratie in binnen- en buitenland werd opgediept als voorbeeld van hoe het vooral níét moet. Het was dor en ambtelijk geschreven, een vergaarbak van officiële mededelingen, van het college van burgemeester en schepenen en van de talrijke gemeentelijke verenigingen.

Het gros van dat soort blaadjes in Vlaanderen ziet er inmiddels wel beter uit, de bladzijden kregen een streepje kleur en er staat al eens een kruiswoordraadsel of andere frivoliteit in, maar in se is de inhoud hetzelfde gebleven. Kleur- en reukloos. Tot u spreekt nog altijd de burgemeester.

Leopoldsburg heeft het over een heel andere boeg gegooid. Sinds een jaar schrijven de Leopoldsburgers mee aan het blad en ze geven het zelfs mee vorm. Aflevering na aflevering verandert zo het uitzicht.

Er is nog wel meer veranderd in dit Limburgse stadje dat genoemd werd naar de eerste vorst van België, Leopold I, die hier in 1835 een militair kamp liet bouwen op een uitgestrekt stuk heide.Er is zelfs zoveel veranderd dat de naam Leopoldsburg opnieuw valt op dezelfde colloquia over lokale democratie, maar nu in positieve zin. Als voorbeeld van hoe lokale besturen en burgers met iets meer creativiteit de samenleving kunnen, welja, verbeteren. En hoe de relatie tussen beide méér kan inhouden dan een stem om de zes jaar, of zelfs maar een referendum op gezette tijden.

Het is een gewone burger van Leopoldsburg die voor die *aha-erlebnis* zorgde. Leo Bormans woont in de stad, was er leraar en stichtte het onderwijstijdschrift *Klasse*. In Leopoldsburg richtte hij met een aantal wakkere medeburgers Zebra op, een denk- en vooral doe-tank voor 'actief burgerschap en een positieve samenleving'. Zebra's zijn geen ezels, maar vrije dieren. Elke zebra heeft zijn eigen strepen en leeft toch graag in groep. Zebra's in Leopoldsburg zijn kritisch, maar geen klagers en ze kunnen lachen. Ze weten wat ze willen: samen leven, praten en werken. 'Het zijn grote woorden,' zegt het Zebra-krantje zelf, 'maar ze krijgen elke dag vorm in vele concrete acties van mensen in het dorp.'

Plots doken ze overal op in het straatbeeld. Witte vaten met zwarte strepen. Aan de straatkant tijdens de wielerkoers, bij de kerstboomverbranding of op buurtfeestjes. Wie er zijn afval ingooide, kreeg er iets voor in de plaats. Een idee, bijvoorbeeld. Want die Zebra-vaten mocht je ook lenen als je zelf eens een feestje wilde organiseren voor jezelf en de buurt.

Even later kregen 13.000 Leopoldsburgers, alle inwoners ouder dan vier jaar, een Zebra-pasje aan huis geleverd. Goed voor een gratis zwembeurt, een bezoek aan de bibliotheek, de sporthal of het museum. Dagelijks maken dertig inwoners gebruik van dat aanbod. Velen wippen na hun eerste bezoek sneller over de drempel.

Nodig inwoners uit voor een avondje kletsen over 'actief burgerschap', en je krijgt de spreekwoordelijke drie man en een paardenkop. Zebra slaagt er wel in, maar dan door burgers gewoon een avondje actief te laten zijn. Door ze een podium te geven op de Zebra-Show. Opa's halen er hun accordeon boven, de kleinzoon rapt. Bekende en minder bekende Leopoldsburgers komen er verhalen vertellen. Van de kinderburgemeester tot de voorzitter van de seniorenraad, van een verkeersslachtoffer tot een crisispsycholoog, van een Chileense student tot de Servische tolk van de militairen. Met fanfare en garagerock tussendoor, en straatinterviews en reportages uit het dorp. Kortom, ernst en luim op één podium, zo ondeelbaar als mens en samenleving zelf. Op de troepenbewegingen in de legerbarakken na is de Zebra-Show op een jaar tijd uitgegroeid tot de grootste samenscholing die Leopoldsburg ooit heeft gezien. Deuren open, oogkleppen af, en laat maar waaien. En zie, het woei het gemeentehuis binnen. De in 2000 aangetreden jonge burgemeester, Erwin van Pee, nam de tips van Zebra ter harte. Weg met dat duffe informatieblad. Sinds maart heeft Leopoldsburg een jonge informatieambtenaar. Samen met Zebra levert de gemeente aan wie het maar wil, een 'wijkkit'. Met Sabam-formulieren voor wie een fuif organiseert, administratieve hulp voor wie een wijkkrantje in elkaar wil boksen, logistieke steun voor allerlei buurtfeesten. Van dag tot dag nieuwe vormen van inspraak. Het is een godsgeschenk, want ook als de gemeente sommige wensen van de bevolking niet kan inlossen, vindt ze door die interactieve aanpak op zijn minst meer gehoor en begrip.

'We worden er beide beter van', zegt Erwin van Pee. 'Het is zo eenvoudig, dat je je altijd weer de vraag stelt hoe het komt dat niemand er vroeger is opgekomen. Toch is het blijkbaar ook verschrikkelijk moeilijk. Want het vergt een enorme mentaliteitswijziging, met name van de politiek en van het klassieke verenigingsleven. Ik zit mee in Zebra, maar niet als burgemeester. Andere politici moeten er evengoed hun partijkleur even afleggen, anders haken mensen af.'

Het is een bizarre paradox. Er is iets minder politiek nodig om weer meer politiek te krijgen. Leopoldsburg is een warme stad geworden. Een democratie zonder streepjescode.

TROEP

Wat was er het eerst in Leopoldsburg, het dorp of de kazerne? De kazerne, zo blijkt. Toen Leopold I in 1835 de opdracht gaf om op de heide van het Limburgse Beverlo een legerkamp uit de grond te stampen, was er niets. Behalve ettelijke hectaren ongerepte natuur, waarvoor vandaag, door groene jongens, gevochten zou worden. Vandaag bevinden de ecologisch meest waardevolle natuurgebieden zich overigens vaak op militaire terreinen, omdat het de enige plekken zijn in België waar zo weinig mensen, burgers dan, ooit een voet hebben gezet. Letterlijk witte plekken op de landkaart zijn het.

'Er zijn nu plaatsen op het domein waar wij zelfs niet meer mogen komen', zegt adjudant Joos. 'Het heeft het voordeel dat we veel meer dan vroeger mogen reizen. We oefenen nu in landen als Polen, waar nog meer mogelijk is. Hier, in Leopoldsburg, zijn de herten mee getraind. Als op ons schietterrein de lichten aanfloepen, gaan ze vanzelf in de richel liggen wachten tot het over is.'

Andere dieren hebben het op deze terreinen ooit kwader gehad. In de lente van 1915. Toen probeerde Fritz Haber, directeur van het Kaiser Wilhelm-instituut voor chemie en elektrochemie in Berlijn, zijn uitvinding, chloorgas, uit. Op honden.

Dat lukte niet te best, de wind zat fout. Maar op 22 april 1915 lukte het wel: in de buurt van Ieper crepeerden vijfduizend soldaten in enkele uren tijd. Enkele dagen later beroofde mevrouw Haber zich met hetzelfde gas van het leven, er viel niet te leven met de uitvinding van haar echtgenoot.Het kamp van Beverlo bestond toen tachtig jaar. Altijd ergens een oorlog toen nog, aan deze kant van de wereldbol. In mei 1835 legden soldaten de eerste steen van het kamp, of liever: ze stapelden hun eerste plaggen aarde en legden er riet over. Dicht bij de Nederlandse grens, want Willem I van Oranje-Nassau – in 1830 door Belgische opstandelingen verdreven – zou nog tot 1839 talmen om die grens te erkennen. Vier maanden na de eerste plag verbleven er al 20.000 militairen. Een lust maar ook een last voor Beverlo, en zeven jaar later besloot generaal Hurel dat er naast het kamp een nieuw dorp moest worden gebouwd. Hureldorp, zo zou het gaan heten, ware het niet dat Leopold I liever *Bourg-Léopold* hoorde.

Vandaag zijn er nog zo'n drieduizend militairen over. Niet meer de Nederlandse grens is hun besogne, wel het eigen wel en wee. De afschaffing van de legerdienst en andere hervormingen hebben de troepen gedecimeerd. En nieuwe rekruten vinden, lukt niet al te best.

'Het Belgische leger heeft bij wijze van spreken meer vrachtwagens dan chauffeurs', zegt adjudant Joos. 'In vele eenheden is maar zestig procent van de effectieven ingevuld.'

'Toen de miliciens vertrokken, hadden we geen enkele band meer met de burgermaatschappij', zegt adjudant Cools. 'Daarom houden we sinds enkele jaren een opendeurdag.'

Het leger leert zichzelf nog elke dag te verkopen. Eerst deed het dat volstrekt niet, want de legerdienst was toch verplicht. Daarna begon het dat zo krampachtig te doen, dat de publiciteit averechts werkte. 'We hebben de mensen misschien iets te veel de indruk gegeven dat een job bij het leger van 's morgens tot 's avonds avontuur betekent', erkent officier Luc Vermeulen ootmoedig.

De adjudanten Joos en Cools hebben er zelf altijd zonder morren de vervelende klussen bij gepakt; ze onthouden na bijna een kwarteeuw dienst vooral hun periodieke verblijven in de Balkan. Elf jaar zitten de Belgen daar. Genoeg om ginder vrij goed thuis te zijn, genoeg om de liefde voor ginder mee te brengen naar hier. Zeker als je opdracht erin bestaat om 'sociale buurtpatrouilles' te houden.

'We kwamen toe op Nothing Hill', vertelt adjudant Cools. 'Zo genoemd omdat er niets was. We hebben het gehuurd van de boeren en er containers op gebouwd. Het is niet zo dat we daar met veel machtsontplooiing land zijn gaan inpalmen.'

Cools en Joos maken deel uit van Cimic, Civic Military Cooperation. De bruggenbouwers tussen de militaire VN-arm en de plaatselijke bevolking. De *rules of engagement* gaan soms ver. Joos: 'Als ik zie dat de lokale brandweer niets heeft, zoek ik in België naar een oude wagen en laat die verschepen. We bezoeken hospitalen en scholen. Het is het eerste wat dichtgaat als er oorlog uitbreekt, het eerste wat je weer open moet krijgen. We halen kinderen van straat. En als die oké zijn, zijn de ouders tevreden. Patrouilleren met helmen op hoeft niet langer.'

Ook in Leopoldsburg zelf is de *glasnost* al langer een feit. Op de laatste vrijdag van augustus organiseert de gemeente op de militaire domeinen Buitenbeenpop, een muziekfestival voor mensen met een handicap. En de gemeente kan altijd bij het leger terecht als ze verlegen zit om materiaal.

'Je moet in het leger gaan om oorlog te vermijden. Daar komt het toch op neer', zegt Joos. 'Natuurlijk, als het moet, sta je paraat. Maar daar doe je het niet voor. Ik maak me zorgen over de geweldcultuur. Games en video's. Als ik voor scholen ga spreken, is de eerste vraag altijd hoeveel mensen ik al heb gedood? Geen. Dan wordt het stil. Dan kan ik beginnen te praten over de job zoals hij echt is.'

Beheersing kan ook van pas komen op de opendeurdag, want dit jaar staan er 'Vlaamse artiesten' geprogrammeerd. Dat heeft zoveel succes, meldt luitenant-kolonel stafbrevethouder Lucas Everaerts, dat er dit jaar zelfs twee podia zullen zijn. Ordehandhaving verzekerd.

HOFMAN

Het gebeurde in Leopoldsburg, maar het kon ook bij u om de hoek zijn. Om zes uur 's morgens werden de inwoners van de

Kopslaan brutaal uit hun slaap gewekt door de sloophamer. Mikpunt was een oud fabriekspand midden in de wijk. Even later zagen de mensen in hun achtertuin de betonnen schutting tegen de vlakte gaan en vervangen worden door een tijdelijke afsluiting. Fons kwam buiten, Sandra, Marc en Sonja ook. Hofman bleef achter zijn gordijnen staan kijken, in zijn ogen naar iets dat leek op moord. Niemand bleek ergens van te weten. En de vragen die ze naar de slopers schreeuwden, gingen verloren in het lawaai. Dat bleef zo duren, twee weken lang. Elke dag van zes uur 's morgens tot negen uur 's avonds. Ook op zaterdag. Dat er appartementen in de plaats zouden komen, daar waren ze na enige dagen wel achter. Maar hoeveel, voor wie en wanneer? Pas toen het puin geruimd was, kwam er tekst en uitleg. Zoals dat wel vaker gaat: hoe langer de boosheid wortel heeft kunnen schieten, hoe moeilijker het overreden wordt. Geleden schade wordt bij elke uitleg dramatischer.

Donderdagavond in de raadszaal van het gemeentehuis. Een vijftiental bewoners is opgedaagd voor een infoavond. Achter de tafel zitten bouwheren, architect en aannemer. Ook Jos, de wijkagent, is er. De burgemeester zit tussen de bewoners in de zaal. Enthousiast beginnen de bouwheren, twee sociale-huisvestingsmaatschappijen, hun plannen uiteen te zetten. Zij-, voor- en achteraanzicht van het gebouw, omvattende 24 huur- en 6 koopappartementen, worden in de zaal geprojecteerd. Maar, al luisteren ze beleefd, daar zijn de mensen niet voor gekomen. De burgemeester leest hun lichaamstaal en onderbreekt het stedenbouwkundig betoog. 'Ik wil even herinneren aan de reden van deze avond. Er zijn de afgelopen weken nogal wat klachten over overlast gekomen. Ik zou de mensen achter de tafel willen vragen: Alstublieft, praat met de mensen.'

Daarmee lijkt de kous af. Achter de tafel tonen de werfleider en de bouwheer zich uiterst behulpzaam. Telefoonnummers worden uitgewisseld. Tot iemand met een kuchje over de voorbije sloop begint. Over de barsten in de muur, de schutting, over de ongelikheid van het volkje op de werf ('De arbeiders waren niet ouder dan zestien. En brutaal ook.'), over de politie die geen klachten wou registreren wegens niet bevoegd. Het deksel wordt even gelicht.

'Euh, daar weten wij niet zoveel van', klinkt het achter de

tafel. 'De sloper was een onderaannemer. Maar goed, dat is nu achter de rug, vanaf nu wordt er gebouwd en zijn we altijd tot uw beschikking.'

Bezorgdheid is er ook over de nieuwe buren. 'De Kopslaan is een vrij rustige buurt. Mensen vertellen mij dat mijn huis in waarde zal dalen. Ik heb niets tegen vreemde mensen, maar er zou toch een drempel moeten zijn.'

Delicaat, te meer omdat een van de bouwheren, de Kantonnale Bouwmaatschappij, onder vuur ligt voor een al te restrictief toelatingsbeleid in het nabijgelegen Beringen. 'Ik zou me niet overdreven veel zorgen maken', zegt René, hoofd technische dienst. 'De ervaring leert ons dat het om oudere echtparen gaat, soms een alleenstaande, maar nooit echt heel grote families.'

'Trouwens,' zegt Erik, 'u zult mij nog vaak in de wijk zien. We zijn strenge huisbazen. We doen veel controle bij onze huurders. Stel uzelf gerust en ga eens kijken naar enkele van onze andere projecten.' Erik is een unicum in de sociale-huisvestingssector. Hij is 'wijkcommunicator', in dienst van de Kantonnale Bouwmaatschappij.

Volgt een geniale zet van de burgemeester. 'Ik stel voor dat wie nog vragen heeft, die individueel aankaart.' Meteen betekent het einde van de infoavond het echte begin. Een voor een schuifelen de Leopoldsburgers naar de lange tafel vooraan. Plannen worden opengevouwen, misverstanden opgehelderd, geruchten weerlegd. Alleen Hofman geeft niet af. Zijn huis staat vlak naast de bouwput, de schade is er het grootst. De aannemer twijfelt aan zijn verhaal. Hofman toont foto's, dringt aan. Uiteindelijk wordt Jos erbij gehaald. Hofman krijgt 'een dossier'.

Kopslaan, drie dagen later. De betonmolens draaien. Daar staat het huis van Hofman. 'TE KOOP'. Waakhond aan zijn zij, wapens in huis. Hofman heeft er bijna dertig jaar gewoond. Hij heeft het in zijn hoofd gestoken dat het nooit meer goed komt in de wijk. Hij is op. Zijn klacht is geregistreerd en hij geeft toe dat de gemeente hem goed geïnformeerd heeft. Maar weg is hij toch. 'Als ik een koper vind, want zou u naast een bouwput willen wonen?' Hij zegt het allemaal even schichtig en kortaf, de hand voortdurend aan de klink van de deur. We vragen zijn voornaam. 'Schrijf maar Hofman', gromt hij. De hond blijft aan de lijn, Hofman achter zijn gordijn. De beste informatie en inspraak zijn niet opgewassen tegen de zenuwen van de Hofmans van deze wereld.

Hasselt

NIEUWS

Dagen moeten gevuld, ook in Hasselt. Bezig zijn en blijven. Bussen laten rijden, gratis. Geld verdienen, weer verliezen. Mensen helpen, of niet. Sommigen maken er hun beroep van, voor anderen is het een roeping. De ene houdt het vol, de andere haakt af. Dat heet voortgang, soms vooruitgang, vaker niet dan wel. Clem, Norbert en Hubert zijn drie Hasselaren. Ze kennen elkaar niet, maar proberen er elk op hun manier iets van te maken. Eén denker, twee doeners.

Clem, gepensioneerd economist, richtte in 1998 met een aantal vrienden het denk- en praatgenootschap De Volle Maan op. Ondertitel: Forum voor Maatschappelijke Vernieuwing. Een loge tegen de loge en andere kapelletjes. 'Er zitten mensen van de milieu- en arbeidersbeweging in, opbouwwerkers uit de derde- en vierdewereldbeweging. Wat ons bindt? We waren in de jaren zeventig allemaal vrij actief in de natuurbeweging. We protesteerden tegen de aanleg van een autostrade tussen Hasselt en Eindhoven. Op 23 april 1977 beleefden we ons hoogtepunt. Toen kregen we een betoging van vijfduizend man op de been. We hebben de strijd uiteindelijk verloren. Er kwam een autostrade, zij het maar tot aan de grens.'

Utopisten zouden ze zichzelf niet noemen. 'Dit is mei '68 niet meer. We zijn gewoon een groepje mensen dat bezig wil zijn, en dan kan het net zo goed nuttig wezen. We zijn eerder pessimisten dan optimisten. Al denken we wel dat er af en toe iets ten gunste kan veranderen. Om de drie maanden één mens aan het denken zetten over de wereld, volstaat voor ons.'

Norbert is de drijvende kracht achter het Crutzhof, een ontmoetingscentrum in de Heilig Hartwijk. 'Bij mijn weten de enige wijk in België waar geen café in de buurt van de kerk is. Geen enkel.' Vorig weekend organiseerde Norbert het jaarlijkse buurtfeest. Barbecue, volksspelen en een optreden van volkszanger Jef Van de Put. 'Bij ons geen Vlaamse vedettes. Iedereen doet het, waarom zouden wij ons al die problemen op de hals halen? Temeer omdat het daar volstrekt niet over gaat, almaar minder zelfs.'

Noem Norbert een ervaringsdeskundige in samenleven. En wat hij merkt, de jongste jaren, is dat de mensen naar buiten willen. 'Ze hebben genoeg van de televisie. Ze hebben genoeg van Sis-kaarten, telefoon- en internetbankieren. Ze willen ook weg van de tafel thuis of op restaurant waar ze een hele avond met vier of zes tot elkaar veroordeeld zijn. Mensen willen weer flaneren, fladderen. Een pint pakken, een boterham met kip-kap eten, een praatje maken links, wat *zwanzen* rechts. Meer moet het echt niet zijn. Ik voel dat heel sterk, die behoefte aan meer plezier door meer soberheid, de vlucht in het een-voudige.'

'Journalist?!' Hubert veert op, diept van onder stapels mappen een pak krantenknipsels op. Begint er vluchtig in te bladeren. Zucht, kijkt ons aan, zucht opnieuw. We zijn gewoon zijn bu-reau aan de stationsbuurt binnengestapt. Hij moet iets kwijt, hier en nu.

'Media! Neem het niet persoonlijk, maar wat jullie soms schrijven over allochtonen en over de samenleving tout court is er vaak zo náást. Dertig jaar sta ik er middenin, dertig jaar be-leef ik elke dag iets anders dan wat ik lees, hoor of zie. Ik weet wel: tijd en plaats zijn beperkt, en ik zou niet in jullie schoenen willen staan. Want probéér maar eens een bevattelijk beeld te geven van de complexe werkelijkheid, zonder dat de mensen zeggen: *Foert, te moeilijk.* Te veel intellectualisme deugt niet, te veel simplisme evenmin.'

Hubert begon als arbeider aan de band bij Ford Genk, is gepokt en gemazeld in de christelijke arbeidersbeweging en staat sinds acht jaar aan het hoofd van een koepel die advies en steun verleent aan een zestigtal Limburgse verenigingen van allochtonen, asielzoekers en andere aangelanden. Bijna met pensioen. *Been there, done that,* ouder, wijzer en een beetje moede-lozer, al ligt dat laatste misschien aan het ontbreken van airco in zijn kantoortje.

'Vergeet de grote woorden!' Weer duikt hij in de berg rond zijn bureau, bladert driftig in paperassen. 'De hoofddoeken! Eenvoudig, hé, van buitenaf? Er is geen regel, er kan geen regel zijn. Ik ken allochtonen die ertegen zijn enkel en alleen omdat ze door hun soms persoonlijk tragisch levensverhaal een bloed-

hekel hebben aan alles wat met hun vroegere cultuur te maken
heeft. En zo is iedere mens anders. Dat we dat maar niet breder
geduid krijgen! Wij niet. U ook niet.'

Zevenentwintig graden in de schaduw. We wuiven onszelf
koelte toe met een krant, of was het een vooruitgangsrapport?
'Mijn zoon studeert criminologie. "Papa," zegt hij, "ge krijgt
het nooit opgelost."'

Stilte. 'Ach, het is zaak om van dag tot dag te werken, en je
op te trekken aan de kleine stapjes vooruit. Vandaag is het een
Italiaanse weduwe die je de zorgverzekering leert kennen, morgen een Portugese die in haar gemeente wil deelnemen aan het
schooloverleg. Maar daarvoor bent u wellicht niet gekomen. U
wilt nieuws, niet?'

Welja, *merci* Hubert.

WILLY

Eén gebouw, drie gevels. Bekleed met veertienduizend vijfhonderd achtenzestig Vlaamse leeuwtjes. Zelfs gewezen minister-president Luc Van den Brande (CD&V), toch niet vies van
enige Vlaamse exuberantie, zou er even bij geslikt hebben. Er
zijn grenzen aan de potsierlijkheid. Op 29 november 2001 legden de Limburgers Patrick Dewael (VLD) en Steve Stevaert
(SP.A) hier in Hasselt de eerste steen van het Vlaams Administratief Centrum, kortweg Vlaams Huis. Alle Vlaamse over-
heidsdiensten, nu nog verspreid over de hele provincie Limburg, krijgen hier onderdak. Vierhonderd vijftig ambtenaren.
Op 24.500 vierkante meter, voor een totale kostprijs van 1,2
miljard Belgische frank. Dertig miljoen euro. Omgerekend is
dat ruim 65.000 euro per ambtenaar. En, als extralegaal nadeel,
32 leeuwtjes.

Ruim een decennium geleden al droomde de toenmalige
Vlaamse regering ervan om in elke provincie zo'n Huis neer te
poten. Ter wille van de efficiëntie, maar ook om het 'merk'
Vlaanderen bekender te maken. Minister, en ook al Limburger,
Johan Sauwens (toen nog Volksunie) toog op zoek naar een fij-
ne locatie in zijn achtertuin, maar in 1995 nam minister Wivina
Demeester (CVP) het dossier over, er kwam een architectuur-
wedstrijd en het ontwerp werd toegewezen aan de latere

Vlaamse bouwmeester bOb van Reeth. In 1999 kwam het dossier weer op de tafel van Johan Sauwens. De oorspronkelijke prijs werd gedrukt door het project te vereenvoudigen. De kelders werden minder diep, staal werd aluminium, en er kwam minder glas.

Eerst zou het begin 1999 klaar zijn, dan medio 2002, nu wordt het januari 2004. Zonder Sauwens. Het gebouw staat er, nog zonder interieur. Twee blokken, vier verdiepingen, bezet met felrode baksteen. Het lijkt op de 'boten' van Lernout & Hauspie. Tussen de blokken loopt een 'straat', want zoals het Vlaams Parlement in Brussel moet ook het Vlaams Huis in Hasselt voor een stukje open zijn naar de bevolking toe. Hasselaren mogen vrij in en uit de 'straat' lopen. Nergens heen weliswaar, want voorlopig verbindt de 'straat' niets waar een mens iets te zoeken zou hebben. Kijken hoe de ambtenaren eten in hun restaurant op de benedenverdieping mag, er zelf gaan eten niet.

De kantoorruimten zijn revolutionair. Gewoon: muren, zonder aparte hokjes. Het bespaart stenen wellicht, maar volgens de webstek van de Vlaamse overheid, zit er ook een filosofie achter. Wat we zagen, zijn '*wisselwerkplekken*'.

'*Medewerkers kiezen de plek die hun het best geschikt lijkt voor de taak die ze op een bepaald moment verrichten. Wie samenwerkt met collega's uit het team neemt plaats in de open werkplekken. (...) Flexibiliteit is de gemeenschappelijke noemer, communicatievaardigheid een basisvoorwaarde. Uiteraard wordt een stuk privacy ingeleverd. Het persoonlijke territorium valt voor een groot deel weg.*'

Vernuftig, ware het niet dat in Hasselt enkele chefs van de ruim twintig administratieve diensten die er onderdak moeten krijgen nu al hebben laten weten dat ze toch een apart hokje believen. Vooruitgang moet je leren.

'Vindt u 't mooi?' vraagt Benny, na een privé-rondleiding door het gebouw. Eerlijk: nee. 'Tja, sommigen zeggen dat het op een kazerne lijkt. Maar het is wél uiterst functioneel.' Benny is geen estheet, maar een ingenieur. Een uur lang onderhoudt hij ons over de vele technische vondsten in het gebouw. Nuttig, bovenal nuttig. Of zoals bOb van Reeth over zijn concept zei: '*Architecten moeten geen verhalen willen vertellen via hun gebouwen. Gebouwen moeten rustig zijn en ook over tien jaar hun plaats waard zijn.*'

Wat is tien jaar in het leven van een stad? Nu nog staat het

Vlaams Huis een beetje verloren in de stationsbuurt van Hasselt. Plannen zijn er genoeg. Daaraan heeft het nooit ontbroken sinds Hasselt uitgroeide van provincienest tot *'kleine grootstad'*, zoals het in een vergeelde brochure van 1973 staat. Toen al was Hasselt *'ruim twintig jaar een grote werf'*. Zozeer zelfs dat Hasselaren er flauwe grapjes over maakten: *'Parijs is de stad van de verleiding, Hasselt de stad van de omleiding.'*

Een fotopagina toont de bouwwoede van die dagen. Het modernisme trok als een sloopkogel door de stad, en met de hoogbouw die verrees, zitten urbanisten vandaag een beetje verveeld. Vandaag pas?

Nee hoor. Al in 1976 toonde een jonge socialist – Willy Claes was zijn naam – zich geschokt door zoveel foeilelijks. Hij weet het, in een striemend pamflet getiteld *'Nieuw Hasselt, Een Uitdaging'*, aan de wansmaak van de katholieken, toen nog twee keer zo sterk als de Belgische Socialistische Partij.

Ach, wat is nieuw? Of het nu over architectuur of politiek gaat. Wist u overigens dat Willy Claes op z'n vierendertigste al minister was? En een jaar later, zo vinden we op de achterflap van het Pink Floyd-achtig vormgegeven pamflet, 'man van het jaar'. Eigenlijk is die andere Limburgse excellentie, Marino Keulen (VLD)*, een laatbloeier. Wat zou een jonge, aanstormende socialist in Hasselt vandaag van die veertienduizend vijfhonderd achtenzestig leeuwtjes denken?

* Deze liberaal werd in 2003 onverwacht met twee andere leeftijdgenoten – late dertigers – minister in de Vlaamse regering. De operatie werd voorgesteld als een proeve van 'vernieuwing en verjonging'.

BISMILLAHIRRAHMAMIRRAHIM

Ze dwalen, de moslims die menen dat wie Mohammed niet volgt, van de aarde of uit de lucht moet worden geblazen. Hetzelfde geldt voor de christenen die vinden dat hun waarden niet te verzoenen zijn met die van de islam. En die zich om die reden bijvoorbeeld verzetten tegen de toetreding van Turkije tot de Europese Unie.

'Niet de gelovigen zijn het probleem, niet de bewust ongelovigen. Wel diegenen die hun eigen geloof niet begrijpen. En

zo zijn er velen. Christenen en moslims die niet beseffen wat ze
gemeen hebben, wat de bijbel en de koran delen aan waarden.'
   Dat is, in een notendop, de stelling van Koçak Bahattin.
Van Turkse origine, afkomstig van Beringen, godsdienstleraar.
Hij leidt in Hasselt het in 1999 opgerichte Islamitische Dia-
loog- en Informatiecentrum. Samen met katholieken, sikhs en
discipelen van Bahà'i, de jongste wereldreligie op deze aardkloot, in België vertegenwoordigd in Hasselt, organiseert hij
gezamenlijke gebedsdiensten en andere contacten.
   'Eigenlijk is het onvoorstelbaar,' verwondert Bahattin zichzelf, 'dat veertig jaar na de komst van de eerste moslims naar
België, de wederzijdse onwetendheid nog altijd zo groot is. Je
komt moslims overal tegen op straat, op school of werk. Het is
dus logisch dat de maatschappij zich vragen stelt over die mensen. Die vragen worden dan meestal niet aan die mensen zelf
gesteld, maar aan geleerden, veelal niet-moslims. De antwoor-
den zijn navenant, meestal gebrekkig.'
   Nog altijd, na veertig jaar, vinden zowel allochtonen als au-
tochtonen het dialoogcentrum een beetje verdacht. 'Belgen
denken dat het ons te doen is om bekering. Op financiële steun
hoeven we dus ook niet direct te rekenen. In mijn eigen gemeenschap begrijpen velen het ook verkeerd. *"Rond de tafel met
katholieken? Ben je gek?"* Dan zeg ik hun dat ze hun eigen godsdienst niet goed kennen.'
   Het is geen vrijblijvende uitspraak, die laatste. Bahattin
weet ze perfect te onderbouwen. Jonge allochtonen die de islam vandaag eerder om politieke en maatschappelijke dan
puur godsdienstige redenen omarmen, hebben de onwetendheid over hun godsdienst meegekregen van thuis. 'De eerste
generatie migranten, mensen zoals mijn vader, zijn in hun
thuisland amper naar school geweest. Ze arriveerden hier in
België met een povere culturele bagage. Hun vaak gebrekkige
kijk op wat in de koran staat, leeft voort in de straatwaarheden
die de jongeren er vandaag over hun geloof op nahouden. Dat
proberen we recht te zetten. Hoe meer we ons verdiepen in bijbel en koran, hoe meer gelijkenissen we zien, hoe meer bruggen.'
   Twee jaar al timmerde Bahattin aan de weg toen in New
York, in de naam van Bahattins god, een bende mafkezen zich

met twee vliegtuigen in het WTC boorde. 'Gelukkig dat we toen al twee jaar bezig waren, anders zou het met heel andere ogen bekeken zijn. Kijk maar naar Nederland, hoe de gemoederen daar verhit raakten na 9/11.'

Geen maand na de aanslag hielden Bahattin en Leon Lemmens, vicaris-generaal van het bisdom Hasselt, zij aan zij een toespraak met de titel 'Moslims en christenen voor de vrede'. Daarin verketterden ze elke daad van geweld die haar rechtvaardiging zegt te putten uit de Heilige Boeken. *"Een moslim is iemand die een ander mens geen kwaad berokkent,"'* citeert Bahattin de profeet Mohammed, '"noch met de tong, noch met de hand". En er staat wel degelijk: *mens,* niet: *moslim.'* *Bismillahirrahmanirrahim.* Zo luidt de formule die elke goede daad van een moslim vooraf hoort te gaan. Het betekent: *"In de naam van God-Allah, de Genadevolle-er-Rahman, de Vergevingsgezinde-er-Rahim".* Of waarom de islam evenzeer als de kerk Kaïn, zoon van Adam, veroordeelt voor de moord op zijn broeder. Of nog: waarom een terrorist geen moslim kan zijn en een moslim geen terrorist. Idealiter dus. De dag waarop Bahattin en Lemmens hun toespraak hielden, blies in Jeruzalem alweer een 'soldaat van God' zichzelf op.

'Het is een lange weg,' zucht Bahattin, 'maar het is de enige. En nee, het gaat er niet om dat we mensen willen bekeren tot een geloof. Nogmaals, niet de atheïsten zijn het probleem, niet de goede gelovigen, wel de goedgelovigen, degenen die hun religie niet kennen. Ik wil niet dat elke allochtone jongere morgen naar de moskee gaat. We proberen vooral jongeren terug te winnen voor de maatschappij. Zo is het met mezelf trouwens ook gegaan. Toen ik twaalf was, stuurde mijn vader mij met mijn broer naar Turkije. We moesten daar schoolgaan. Hij wilde ons "beschermen" tegen de vermeende Westerse zedenverloedering. Mijn broer hield het snel voor bekeken, ik ben tot mijn negentiende in Turkije gebleven.'

Piringen (Tongeren)

DODEMAN

Sikhs en ander mooi, bruin gebrand volk staan in de rij voor
een oude caravan aan de rand van een veld. Het is donderdag,
de laatste dag van de aardbeienpluk in het Limburgse Piringen. Betaaldag. In de caravan zit de boer gebogen over een
rekenmachine.

'Vijf weken van 's morgens tot 's avonds, twintig ton aardbeien per hectare per week. Dertig jaar doe ik dit al', zegt de
boer. 'Volgende week kunnen we dan rustig voortdoen met de
doordragers.' Dat zijn andere rassen van aardbeien. Ze luisteren naar prachtige namen als Everest, Everglade, Evita, Selva,
Mara des Bois, Rapella, Ostarra.

'De pluk is minder intensief dan bij de junidragers', zegt de
boer. 'Doordragers worden geoogst over een periode van vier à
vijf maanden. Tot het vriest. Meestal tot Allerheiligen, doden-
dag.'

Piringen is een deelgemeente van Tongeren, maar de stad is
desondanks ver weg. Het dorp telt enkele honderden zielen en
ligt tussen de plooien van de Haspengouwse heuvels. Het is er
doorgaans rustig, behalve in mei en juni. Dan ziet het zwart
van het volk in de Dodemanstraat, die van het dorp het bos en
de velden in slingert. Als de laatste junidragers geveild zijn,
doet de straat haar naam weer eer aan. Het wordt er dan weer
doods, op de fietsende en wandelende weekendtoeristen na.

Maar de zomer van 1996 vergeten ze in Piringen nooit meer. De
aardbeienpluk was achter de rug, toen in augustus het vakkundig versneden lijk van een veertigjarige vrouw gevonden werd.
Stukken ervan, in een vuilniszak. Een arm, een been met voet,
geen hoofd. In de Dodemanstraat.

Augustus 1996? Wacht eens even. Was het niet ook in die
uiterst broeierige zomermaand dat in de buurt van Bergen
stukken van mensen, vrouwen, in vuilniszakken werden gevonden? Versneden met een griezelige precisie? Dat was in Wallonië, maar Piringen ligt niet ver van de taalgrens. En de modus
operandi leek opvallend dezelfde: ook de zogenaamde serie-

moordenaar van Bergen dumpte zijn prooien op locaties met lugubere namen. Aan de oevers van een riviertje dat La Haine (de haat) heette bijvoorbeeld, of in de Chemin de l'Inquiètude. Zo belandde het anders zo rustige Piringen met zijn Dodeman-straat mee in het dossier van de seriemoordenaar van Bergen. En het verhuisde van Tongeren naar Luik, want nadere analyse van de stoffelijke overschotten had uitgewezen dat de vrouw uit het Luikse afkomstig was. Dat bleek uit de flarden van een T-shirt die bij het overschot werden gevonden.

'Ik was in de buurt aan het spitten,' zegt Piringenaar Guis-son, 'toen mijn hond plots heel vreemd begon te doen. Hij woelde in de aarde. En toen zag ik plots een arm zonder hand. En vervolgens nog een been. Ik keerde terug naar het dorp en klampte daar een vriend, een rijkswachter, aan. Het dorp stond op stelten.'

Camera's kwamen en vertrokken weer. Naar Neufchâteau, waar in die zomer van 1996 nog meer luguber nieuws te rapen viel. Piringen leefde voort. Jaren later liep het spoor dood in Luik. De *dépeceur* of versnijder werd nooit gevat. En het lijk in de Dodemanstraat was bij nader inzien eerder met een botte bijl dan een chirurgische scalpel – het keurmerk van de Bergen-se moordenaar – bewerkt. De politie kwam de compagnon van de vermoorde vrouw op het spoor. Een aardbeienplukker. Hij ontkende in alle talen, behalve het Nederlands, want dat was hij niet machtig. Ook het motief van de symbolische plaats-naam viel daarmee weg. 'Waarom de Dodemanstraat?' zegt Guisson. 'Het was puur toeval. De dader kwam daar al enkele jaren aardbeien plukken. Het was de enige plek die hij kende in de buurt. Het was een passioneel drama, naar verluidt.' In ja-nuari jongstleden werd de man officieel veroordeeld voor de moord.

Het gebeuren heeft geen sporen nagelaten in het dorp. Ook niet bij Guisson, die de gruwelijke ontdekking deed. 'Ik heb er geen minuut mijn slaap voor gelaten. Dat komt, denk ik, omdat het hoofd ontbrak. Als er geen gezicht is, is er geen mens. Dan zijn er geen ogen die je kunt herkennen.'

Guisson stokt. 'De ene dood is de andere niet.' Hij heeft zo-net de ogen van iemand anders gezien die er niet meer is. Pirin-gen werd drie jaar geleden veel dieper getroffen door een sterfgeval, in het hart van de gemeenschap. Geen thriller, geen ontknoping, eerder een dood waarover het doek nooit valt.

MENINGOKOK

In sommige steden tellen de kleuterklasjes tot dertig leerlingen. Op het Vlaamse platteland komen sommige scholen niet eens aan dertig in totaal. En voor zoveel onderwijs op mensenmaat heeft Vlaanderen geld tekort. Het gemeenteschooltje van de Tongerse deelgemeente Overepen bijvoorbeeld moest vorig jaar de deuren sluiten omdat er nog maar een twintigtal leerlingen was. In het aangrenzende Piringen blijven ze met vijftig leerlingen voor drie graden boven de kritische drempel.

'Het is druk vandaag', zegt een juf. De vakantie nadert en er heerst opgewondenheid in de klasjes, maar het is er nog altijd rustiger dan op een doordeweekse schooldag in een stadsschool. 'Het is een schooltje waar iedereen iedereen kent. Je speelt samen, je deelt samen, op de speelplaats en in de klas, en ook daarbuiten. Want Piringen is niet groot.'

Als er feest is, feest iedereen mee. Als het tegenslaat, heeft iedereen het ook geweten. Enkele jaren geleden, na de zomervakantie, op 19 september, werd de school in een diepe rouw gedompeld. Op een maandag ontbrak een van de schoolkameraadjes. Aaron, een kerngezonde jongen van tien jaar. Hij was die ochtend opgestaan met hoofdpijn. Zo erg zelfs dat zijn ouders hem naar een ziekenhuis in Tongeren brachten. Omdat zijn toestand uur na uur zorgwekkender werd, brachten de dokters hem met spoed over naar het ziekenhuis van Luik. De volgende dag overleed hij. Diagnose: besmetting met de meningokokbacterie, hersenvliesontsteking.

Het hele dorp in schok. Drie jaar later is in Vlaanderen de strijd met de verschrikkelijke ziekte volop aangebonden, maar in Piringen blijft de schaduw hangen.

'Nooit ging er in Piringen meer volk naar de kerk dan op de dag van de begrafenis', vertelt Lisy. Huisvrouw, vijftig, nergens anders gewoond dan in Piringen 'omdat er geen betere, geen mooiere plaats op deze aardkloot is'. 'Ik kon het niet. Ik bleef thuis die dag, aan de jongen denken. Ik heb thuis voor hem zitten wenen, de hele dag. Ook op de jaarlijkse herdenkingsmissen blijft de kerk te klein. Iedereen kende Aaron. Zoiets krijg je nooit verwerkt. Vooral omdat het een kerngezond kind was. De ene dag speelde hij nog zijn hart uit zijn lijf, de volgende dag was hij er niet meer. Je staat ermee op en je gaat ermee slapen.'

'In zowat elk huis van Piringen staat zijn foto nog op de kast. Ook bij mij', zegt Guisson, een andere Piringenaar. 'Omstreeks Allerheiligen komt het altijd weer naar boven. Zo jong, zo bruusk, zo verdomd onrechtvaardig.'

Het verschrikkelijke aan de ziekte is dat ze geen tijd laat voor afscheid. Meningokok slaat toe, om het even waar en bij om het even wie. De bacterie waarde in 2000 vooral in de provincie Antwerpen rond, met zeven gerapporteerde sterfgevallen, maar bereikte zijn hoogtepunt pas een jaar later. Meningokokken van serogroep C kostten in 2000 aan 52 Vlamingen het leven, in 2001 waren er dat 134.

Voor de leerlingen van de gemeenteschool van Piringen gaat dit drama nooit meer over. Omdat het zo'n kleine school is, is de impact ook zoveel groter. Maar de kleine schaal is tegelijkertijd 'beter' voor de verwerking. Er is tijd en ruimte om te praten. Bijna dagelijks valt de naam van de jongen nog. In de klas of tijdens het spel. 'Vaak brengen de kinderen een bezoekje aan het kerkhof. Het gaat niet over, zelfs niet als er nieuwe kinderen komen. De jongen blijft hier overal aanwezig.'

'Natuurlijk slijt het niet,' zegt Guisson, 'maar het dorp verandert wel. Tot voor enkele jaren leefde iedereen mee met iedereen. Het was een boerendorp. Als er ergens een beest moest kalveren, kwam het hele dorp helpen. Sindsdien zijn er veel inwijkelingen komen wonen. Ik ben hier geboren, maar sinds tien jaar ontmoet ik hier voor het eerst mensen die ik niet ken. Ze hebben weinig contact met de rest van het dorp. Ze komen hier wonen en slapen, maar werken en leven doen ze elders.'

Vooral op de hellingen waar de kleine dorpsstraatjes van Piringen de velden in lopen, verrijzen nog elk jaar nieuwe villa's. De nieuwe kinderen gaan elders naar school. Hun ouders hebben het druk. Afleiding is er niet in het dorp. Vreemd kijken ze wellicht op als er op een zondag in september meer volk rond de kerk van Piringen samentroept dan op Pasen of Kerstmis.

Voor Aaron en andere kinderen kwam het te laat, maar tegenwoordig is klein Vlaanderen vrij goed beschermd tegen de meningokokbacterie. In november 2001 startte de Vlaamse overheid met een grootschalige gratis inentingscampagne in de Vlaamse scholen.

GAUGUIN

In 1958 sloot het stationnetje van Piringen zijn deuren. Dertig jaar stond het te verkommeren, tot twee vrouwen er hun oog lieten op vallen. Juliette Baillien en Coco Meesen, twee kunstenaressen, de een keramiste en de ander schilderes. Maar ook: moeder (80) en dochter (50). En bovenal: vriendinnen. 'Geen mannen, geen relaties, geen gezin', zegt Coco op het kleurrijke terras achter het station, precies op de plaats waar vroeger het spoor liep. 'Ik hoef het niet. Kunst is m'n hele leven. Ook voor jou, hé, mama?' Mama Juliette beaamt.

'We woonden jarenlang samen in het Begijnhof in Tongeren,' zegt Coco, 'waar ik ook sinds 1976 les geef aan de academie. Gáf, want ik ben al twee jaar op non-actief. Te oud, te lastig voor de school, buitengepest eigenlijk.' Ze haalt haar schouders op. 'Het Begijnhof werd ons ook te eng. Ik droomde letterlijk van holle wegen door het landschap. Ik moest terug naar de buiten. En in 1991 vonden we dan dit stationnetje. Een bouwval. We hebben het direct gekocht en volledig verbouwd. Eerst zouden we in Tongeren blijven wonen en hier gewoon een galerie en een atelier inrichten, maar we werden uiteindelijk zodanig verliefd op deze plek, dat we er zijn gebleven. Nu werk ik aan een grote beeldentuin.'

Twee vrouwen die het leven vonden dat ze zochten. Asceten, op hun kunsthonger na. 'En jazz', zegt Juliette. 'Coco houdt van jazz.' Nu en dan werkt Coco voor de poen, reclamemuurschilderingen, om vrije tijd te kopen. 'Mijn ouders hadden een winkel in Tongeren', vertelt Juliette. 'Een bazaartje. Ik mocht mee de reclameaffiches helpen schilderen. Dat vond ik geweldig. En ik was gefascineerd door mijn peter. Hij was kunstenaar in het Brusselse, ontwierp theaterdecors. Maar ik mocht pas later naar de academie. Grafiek en schilderen, tot ik kennismaakte met keramiek. Een wonderlijke wereld is dat, van klei tot vorm.'

Door erover te praten, hoort Juliette de klei roepen. Ze trekt zich terug in haar atelier, rommelt met mesjes en vormen, neemt af en toe iets tussen haar vingers en voelt, kneedt. Ze streelt het huis. 'Je kunt er hele dagen mee bezig zijn', zegt ze. 'Je hebt niets of niemand anders nodig. Ik voel me goed bij de materie.'

Er is rust nodig om naar de onrust in jezelf te luisteren. Dat weten kunstenaars. Daarom zoeken ze ook zo vaak het platteland op. Om de ruis te elimineren. Te schrappen wat niet past, wat afleidt en vervreemdt van de materie. Ook de rust van dit stationnetje in Piringen dient juist het tegendeel: er moet onrust uit, bij Coco vooral. Ondanks de prachtige, Haspengouwse omgeving schildert ze geen landschappen. Hoogstens een close-up, van struikgewas dan vooral.

Boven in het atelier hangt een tweeluik van Coco. '9/11'. 'Ik had New York al zo'n vier keer geschilderd. Blokken, torens. Onder andere dat tweeluik met de WTC-torens. Na 9/11 heb ik het bewerkt, ben ik mijn eigen doek als een razende te lijf gegaan.'

Maar de *prima materia* van Coco's werk is het lichaam. Het mannentorso in beweging. Zwemmers, dansers, lopers. Ze vullen de vroegere loketruimte. Hun gespierde lijven zweven over het doek, ze ontdubbelen, buitelen uit zichzelf. Met felle kleuren brengt Coco beweging in de figuren. 'Zet eens een stap achteruit', zegt ze. 'Zie je het bewegen? Zie je het? Zie je die loper daar uit het doek springen?'

Inderdaad, kolkende stilstand. Leven in dode materie. Zoals het leven hier in Piringen.

'We hebben tijd tekort en ideeën te veel', zucht Juliette. 'Coco ook. Ze heeft altijd zeven doeken tegelijkertijd in haar hoofd. En we moeten dit nog zien, en we moeten dat nog zien. Geen tijd om ons hoofd te leggen.' Coco kocht twee ticketjes voor de Biënnale in Venetië. Ze trekken er nog eens op uit, moeder en dochter. Al vertraagt Juliennes pas. Ze gaat er even bij zitten. 'Ik hoop dat ik honderd jaar mag worden. Wat zou ik bij de gepensioneerden moeten gaan zoeken? Koffie drinken en nog eens koffie drinken, en een stukje taart erbij. Ga weg, zo'n tijdverlies toch?'

'Bewegen,' zegt Coco, 'blijven bewegen. Dat probeer ik op doek. *D'où venons-nous? Qui sommes-nous? Où allons-nous?* Paul Gauguin.'

Waar kun je beter wonen dan in een in onbruik geraakt
treinstation om dáár te geraken waar Gauguin precies honderd
jaar geleden heenging. Kunst tot in het graf, om sporen na te
laten.

Lanaken

GOUDKUST

'Zoete of zure mayonaise?' vraagt de frietverkoopster. 'Doe
maar Belgisch.' 'Zuur dus.' Het kraam staat in Lanaken aan de
invalsweg van wat hier in de volksmond de Goudkust wordt genoemd. Een wijk waarvan de straten luisteren naar vogelna-
men. Meesjes en sijsjes, alles in het klein. Het kan niet worden
gezegd van de huizen. Zelfs het woord 'villa' klinkt te krenterig
voor de optrekjes die tot anderhalf miljoen euro, en soms meer,
gaan. Standenverschil lees je hier af aan de beveiliging van het
onroerend goed. Op de muurbrede poorten van het gros van
de woningen waarschuwt een bordje: hier waakt Group 4 Securitas. Minder gegoeden hebben een gewoon huisalarm.

De Goudkust wordt exclusief bevolkt door zogenaamde
Nederbelgen, Nederlanders die aan de Belgische kant van de
Maas rust komen zoeken. En bouwgrond, ruim beschikbaar en
goedkoop, en weinig of geen belastingen. Lanaken heeft verder
nog een Zilver- en een Ivoorkust. Op een bevolking van 24.277
telt de gemeente 5.252 Nederbelgen. Het aantal Belgen neemt
al enkele jaren af, het aantal Nederlanders toe. Demografie en
vastgoed, het is een ingewikkelde matrix.

'Hé, je neemt er toch wel voldoende marge op?' roept Luc
in de telefoon. 'Koest, áf. Nee, natuurlijk heb ik het niet tegen
jou.' Luc heeft een snipperdag. In *leisure wear* laat hij hond en
kind uit. Hond aan de lijn, kind op de ene arm, mobieltje tussen kin en schouder. Want klanten nemen nooit vrijaf, beurzen
blijven bezig. Luc is een late dertiger, doet 'iets' in consultancy.
'Ik heb een stuk of wat bedrijven in België. Daarom ben ik hier
zelf vijf jaar geleden ook komen wonen.'

Luc en de andere Nederbelgen krijgen binnenkort belas-
tinggeld terug. Jarenlang hoefden ze de gemeentekas niet te
spekken. Tot de gemeente een creatieve zijweg vond. Lanaken
verving zijn zeventien verschillende heffingen door één algemene belasting. Als basis werd het kadastraal inkomen genomen, zo geraakte de gemeente toch aan Nederlands geld. 'We
zagen het als een sociale correctie', vertelt Fons Kerkhofs,
hoofd financiële dienst. 'Wie klein woont, is doorgaans minder

kapitaalkrachtig dan wie groot woont.' Even was Lanaken de koning te rijk, want de modale Lanakenaar betaalde zo'n 80 euro per jaar, de rijkere Nederbelg tot 2500 euro. Onwettelijk, zo oordeelde de Raad van State, en nu moet de gemeente de van 1995 tot 1997 geïnde belastingen terugstorten. 8,2 miljoen euro in totaal. Alle Lanakenaars krijgen op eenvoudig verzoek hun geld terug, maar de gemeente kauwt inmiddels op een alternatief. 'Je kunt ook taxeren op de bewoonde oppervlakte', oppert Kerkhofs.

'Het zou wel eens kunnen dat sommigen hier in de Goudkust nu nog meer zullen moeten betalen', zegt Luc. Welja, in de meeste woningen passen vier à vijf rijtjeshuizen. 'Maar, hé, dat geld maakt m'n zaak niet hoor. Dat is niet de reden waarom ik hier ben komen wonen. Iedereen moet gewoon belastingen betalen, vind ik.'

Meneer Tulkens woont al vijfendertig jaar op de Goudkust. 'Va en moe hebben altijd op een kilometer van de grens gewoond, ik ben erover getrokken. Er is hier de laatste vijftien jaar behoorlijk overdreven door de Nederlanders. Elkaar de loef afsteken, met knoerten van villa's voor twee personen. Er kon hier tot voor kort dan ook zoveel meer dan in Nederland. De bouwregels waren een stuk minder streng dan bij ons. Probeer maar eens een losstaand huis in Nederlands Limburg te versieren. Het kost je een kwart meer dan hier. En op een bedrag van één miljoen euro kan dat tellen natuurlijk.'

Op de Goudkust zijn geen horecazaken. En ook vrije beroepen zijn er op één hand te tellen. Er is wel een psycholoog, want rijk zijn is geen pretje. Als je overdag beweging ziet op de Goudkust, gaat het meestal om vrouwen die tussen het shoppen door even binnenwaaien. Poort open, auto binnen, poort dicht. Nog vaker beperkt het leven zich tot de bedrijvigheid van tuinpersoneel.

Maar er strijken in Lanaken ook nederige Nederbelgen neer. Aan de rand van de Goudkust, in de Van Kerckemstraat, rijdt Frank kruiwagentjes grind op en af. Voor het huis van zijn dochter en schoonzoon. De gevel van de pas opgeleverde woning, een écht bescheiden optrekje, is versierd met een ooievaar die een roze bordje met de naam Danaë draagt. 'Mijn eerste kleindochter', zegt de gepensioneerde bompa fier. 'Het leven lacht ons toe. Als m'n vrouw nu ook maar die verrekte Maas zou willen oversteken. Ik heb een zoon in Maaseik en nu komt m'n dochter naar Lanaken. Ze konden er nog net bij, want dat in Vlaanderen álles kan, is inmiddels ook wel een fabeltje. De bouwgrond wordt onbetaalbaar voor jullie Belgen. Meer en meer trekken Nederlanders naar Duitsland, ook vlakbij.'

Plots trekt een vreemde verschijning onze aandacht. Een hoogbejaarde man fietst voorbij. Stuur en bagagerek beladen met zakken. Hij rijdt het hoekje om, parkeert de fiets tegen een container, klimt erin en begint te scharrelen tussen de rommel. Weg van de Goudkust, honderd meter verder de vierde wereld in. Zure mayonaise.

BIDONVILLE

Neerharen, deelgemeente van Lanaken. Aan de rand van de wijk Goudkust ligt een *bidonville*. Zo lijkt het althans. In de Van Kerckemstraat zijn van op de rijweg enkele schamele houten chaletjes zichtbaar. De weg ernaartoe wordt aangegeven met een bescheiden houten plakkaat. Tele Bouworde De Sleutel, zo heet het. Aan de ingang ervan staat een container vol hout. Nu en dan komen Lanakenaren die het met een leefloon moeten stellen in de container snuisteren. Of in de chaletjes zelf. Die zitten volgestouwd met allerlei tweedehandsgoederen. Schoenen, kleren, speelgoed, meubels. Centraal in de houten optrekjes ligt een bedompte huiskamer.

'Het wordt hier binnen nooit warm', zegt de huishoudster. Zelfs al is het buiten 30 graden, binnen moet 's morgens elke ochtend de kachel even aan. Het is een stoof in het midden van de kamer. De ruimte zelf is gevuld met oude meubels, 'dressoirs' vol kitsch, veel kruisbeelden en Mariabeeldjes vooral. Armoe, soberheid, afdragertjes. Dat zijn de gebouwen zelf ook. Het zijn barakken van het Belgische leger die in 1980 uit Duitsland werden overgebracht.

'Het is puur toeval dat we hier aan de rand van een van de rijkste wijken van Vlaanderen liggen', zegt Julien Beckers. Hij is diaken van Neerharen, een geestelijke die altijd al vond dat het geloof niets is zonder de werken. 'De Sleutel was hier vóór de villa's. Begin jaren tachtig waren er wel al veel rijken, maar de echte toestroom en de bouw van de grootste kastelen in de Goudkust is pas veel later gekomen. Het is inderdaad wel ironisch dat de mensen die naar De Sleutel komen – leefloners meestal – altijd op een boogscheut van die gigantische rijkdom moeten passeren. Een treffender illustratie van hoe duaal onze samenleving is, is wellicht moeilijk te vinden. Hoewel ik denk dat de meesten van onze mensen zich niet eens bewust zijn van de riante woonsten enkele straten verderop.'

De Bouworde werd opgericht in 1953 door de eerder dit jaar overleden Norbertijn Werenfried van Straaten, beter bekend onder zijn spot- of geuzennaam (het eerste voor de tegenstanders, het tweede voor hemzelf): *de Spekpater*. Oprichter van Oostpriesterhulp, Kerk in Nood. Omstreden, want zijn direct na de oorlog opgerichte organisatie richtte zich op het lenigen van de nood in het naoorlogse Duitsland. Geloof en sociaal werk met een politieke missie: het katholicisme voeden, het communisme op een afstand houden. Niet alleen naar het stenen tijdperk gebombardeerde Duitsers, ook uit België gevluchte Vlamingen die het deksel van de door de Nieuwe Orde aangerichte wanorde op hun neus kregen, beschouwde de Spekpater als zijn 'schapen'.

'Ze kregen van de Duitse overheid materialen en geld om iets te bouwen, maar ze moesten het wel zelf doen', zegt Julien. 'En dat was nogal problematisch, want het ging veelal om eenoudergezinnen en weduwen. Zo is de Spekpater in Vlaanderen begonnen met het ronselen van vooral priester-studenten om op bouwkamp naar Duitsland te gaan. Dat was de aanzet van de Bouworde.'

Is de ideologie er zestig jaar na de oorlog en veertien jaar na de val van de Muur inmiddels uit? Ja en nee. 'Vrij snel was niet langer alleen Duitsland het doelgebied, maar ook de grote industriële gebieden in Wallonië. Ook in de regio van Charleroi werden bouwkampen georganiseerd.'

Tegenwoordig bouwt De Sleutel mee aan leefhuizen voor gehandicapten van in het Antwerpse tot het Gentse. Rond Genk, de mijnstreek, bouwden ze lokalen voor migrantenjongeren, en in Hoboken klommen ze mee op de steigers van een moskee. En dan zijn er de vele, dagelijkse klusjes voor particulieren, schilderen of behangen. Zonder onderscheid des persoons.

Niets is natuurlijk meer ideologisch dan dat. 'We zijn nog altijd een christelijke beweging, maar we respecteren wel de vrijheid van eenieder. De kern van ons werk is evangelisch, maar ik heb nooit zomaar willen preken. Vaak schuilt achter de materiële vraag de schreeuw om een luisterend oor. Het gaat niet alleen om het dak boven het hoofd.'

Contact tussen De Sleutel en de rijke buurtbewoners is er amper. Maar soms knaagt het geweten blijkbaar wel. 'Nu en dan krijgen we een telefoontje en mogen we in de een of andere villa een meubelstuk komen halen. We gaan er ook papier ophalen en heel regelmatig krijgen we kleren. De Nederlanders zijn overigens wel degelijk geïntegreerd. Veel van hun kinderen lopen school in Neerharen, ze volgen er zelfs catechese, de ouders zitten in het oudercomité. Staar je niet blind op de ongastvrijheid van de gevels. Staar je nooit blind op gevels.'

OOSTWAARTS

Marcel is bierhandelaar, al achtenveertig jaar. Zijn camion kan niet veel jonger zijn, te oordelen aan het model. Ronde vormen, stompe neus. De directe opvolger van paard en kar. Tuft en puft, maar rijdt nog altijd. Elke week doet Marcel zijn ronde in Lanaken. Daar zitten goede klanten, weet hij, rijke Nederlanders. Liefhebbers van alle Belgische bieren, maar toch vooral die van hoge goesting. Stille drinkers, goeie betalers. Dat telt voor Marcel. De middenstand erkent grens noch stand. En zo dus, op een donderdagnamiddag, komt Marcel uit het residentiële miljoenenkwartier van Lanaken – de Goudkust der Nederlanders – gereden, kruist hij de rijksweg en rijdt de dorpskern van Neerharen in. Hier geen villa's die net zo goed in Hollywood, Bombay, Ukkel of Bommerskonte kunnen staan, wel échte Nederlandse huisjes. Bewijs dat deze grond ooit twee moeders had, de Noord- en Zuidnederlanden. Hier, zoals in het nabijgelegen Zutendaal, waar Nederlander Jeroen Brouwers woont, is de Nederlandse aanwezigheid geen kwestie van berekening. Hier gaat het niet om de queeste naar goedkope bouwgrond en lage belastingen. De Nederlanders hier zijn niet in België komen wonen. Dit zijn de echte Nederbelgen. Ze hebben gewoon de grens in zich. Aan de kerk van Neerharen staat een monument voor de gesneuvelden van 1914-1918. Een vergulde leeuw brult de Duitsers de grens over. En achter zijn manen wappert weliswaar een tricolore vlag, maar ook Oranje had zo'n leeuw. En Jeroen Brouwers, de eerste Nederlander die de Orde van de Vlaamse Leeuw kreeg, *'ter erkenning van verdiensten in verband met een consequente en kordate houding in de sociale culturele ontvoogding van de Vlaamse gemeenschap, prestaties die de integratie van de Nederlanden bevorderen en acties en initiatieven met het oog op de uitstraling van de Nederlandse taal en cultuur'*.

Ach, *rij maar an ossewa'*. Marcels eindbestemming ligt verder. Dieper de zachte grens in, oostwaarts over de Zuid-Willemsvaart. Vanaf dit punt is er maar één mogelijke weg meer: de Geulerweg, die zich in de brede bocht van de Maas heeft genesteld. En zo komt Marcel in een laatste stukje België. Een stukje dat zich, zo leert een blik op de kaart, als per abuis in Nederlands grondgebied heeft geboord. De Maas blind achterna.

Daar, in de laatste straat – Herbricht genaamd – staat een handvol huizen en een boerderij. Maar vooral: een tiental stacaravans. Woonwagens. Weekendverblijven, maar niet echt. Daarvoor is de aanblik te bewoond, zijn de koterijen te talrijk.

In het perkje van Joseph Jolly zit de familie de tijd te doden rond een mica tafeltje. Het regent in Wimbledon, meldt de televisie. Het duel tussen Justine Henin en Serena Williams laat op zich wachten.

Joseph is een gewezen arbeider van wapenfabrikant FN Herstal. Zevendertig jaar al heeft hij hier zijn plek. 'Vroeger kwam ik hier enkel tijdens het weekend. Toen ik met pensioen ging, heb ik dat omgekeerd: nu ben ik hier tijdens de week en ga ik voor het weekend naar 'huis' in Wallonië.' In de winter is er altijd extra proviand in huis, want als de Maas buiten zijn oevers treedt, staat het hier blank. 'Dat deert me niet', zegt Joseph. 'Je moet er gewoon op voorzien zijn. Mijn caravan staat op een plateau van beton. Je moet wel gek zijn om daar niet aan te denken. Ik heb in al die jaren veel caravans zien voorbijdrijven. En als het water wegtrekt, zie je ze als schroot liggen in de maïsvelden. *L'eau, c'est magnifique*. Vuur kun je stoppen, water niet.'

Van hier tot de laatste halte. Einde, einder. Helemaal alleen in de velden staat een houten chalet. Er waait een tricolore aan

een mast. Daar woont Jozef Vanees, de laatste Belg. Hij hád
een caravan op Herbricht, maar die eindigde inderdaad in de
maïs. Jozef komt van Genk, oud-mijnwerker. Hij woont er met
zijn hond Bobby, een Jack Russel. In het dorp komt hij zelden.
'Enkel voor iets speciaals, voor paperassen. Ik heb op een ap-
partementje in Genk gewoond. Twee jaar geleden kwam dit
huisje vrij, ik heb het meteen gekocht. Geen buren, geen ru-
zies.' Voor zijn huisje loopt een smal aarden padje. Van de boer
kreeg Jozef gratis en voor niets een stukje van de weide aan de
overkant. 'Voor de auto, als er bezoek komt. Zo kan de tractor
passeren. Iedereen tevree.'

   Carpe diem. Ook tijdens de wintermaanden. 'Dan is het wachten op het water. Als het echt te hoog komt, stap je het gewoon
af. Bootje in en op naar het café verderop. Als ze daar drie centimeter hebben, kunnen ze nog tappen. In 1995 was het slechter. Toen hadden ze ook in het café een halve meter. Alles
moest toen vervangen worden, meubels en tap.'

   Als ze in Herbricht écht droog staan, duikt Marcel wel weer
op. Klein België of Groot Nederland, rijk of arm, ook de dorst
erkent grens noch stand.

Dilsen-Stokkem

WATERHEUVEL

Van Dilsen-Stokkem is het tweede deel de gezelligste helft. Het meest Nederlandse dorpje ook op de Limburgse grens, tegen de Maas. Bebloemd en proper. En toch was er tot diep in de jaren tachtig een stil ressentiment ten aanzien van Oranje. Want vóór de Franse Revolutie droeg Stokkem de titel van stad. Het Hollandse bewind maakte dat ongedaan. Met een wet van 1985 nam België stille wraak. In het Belgisch Staatsblad verscheen een lijst van gemeenten die zich voortaan stad mochten noemen. Ook Stokkem was daarbij, dankzij de welwillendheid van buur Dilsen. Sinds 1985 staat het fusiedorp – pardon, stad – dan ook bekend onder zijn dubbelnaam.

Wellicht had geen enkele stad in Vlaanderen verhoudingsgewijs zoveel boeren als deze uithoek. Op de Boyen, op de linkeroever van de Maas. Van de 'nieuwe' Maas tenminste. Want links van de Boyen ligt nog een afgesneden arm van de oorspronkelijke Maas. De Boyen was dan ook lange tijd grond van Oranje. Het is de enige glooiing waar het water nooit kwam. In vorige eeuwen al werd het vee er samengetroept, telkens als het water begon te wassen. In streken waar rivieren grenzen zijn, is elke meter hoogteverschil van strategisch belang. In het land der vlakten is de molshoop koning. Zo ontstond Stokkem ook. De graven van Loon bouwden er een versterkte burcht, om mogelijke belagers van over de Maas, van het graafschap Gelderland, op een afstand te houden. Rond de burcht groeide in de dertiende eeuw een nederzetting, die meteen stadsrechten verwierf. Tot 1789 dus.

De Maas is inmiddels getemd. Er kwam een hoge dijk, schitterende fietsroute trouwens. De boeren stierven uit of lieten zich in de jaren zeventig uitkopen voor de grindwinning. Gronden werden omgeploegd en uitgegraven, tonnen kiezel werden en worden onafgebroken met vrachtwagens afgevoerd. Water vulde de putten. Paul bleef. Hij is de laatste boer op de Boyen.

'Vroeger had je op dertig huizen twintig boerderijen. Nu zijn er wel nog hobbyboeren, maar ik ben de laatste beroeps.'

Hij speelde er als kind, hielp er later zijn vader, en blijft er nu zelf boeren in een tijd die voor de stiel zowat het *herfsttij der Middeleeuwen* moet zijn.

Paul is een boer die zijn plaats kent, hij klaagt niet. 'De grindwinning zou eind 2005 moeten stoppen', zegt hij. 'Maar dat geloof ik niet. Ze gaan wellicht door tot 2012. Logisch ook, kiezel is nodig. Er moet gebouwd worden, wegen worden aangelegd. De Maas zal worden uitgediept en de oevers verbreed. Ik vermoed wel dat ze minder vernielingen zullen aanrichten in het landschap dan in de jaren zeventig. Vruchtbare weiden werden toen watergrond. Toen werd je als burger gewoonweg niet geïnformeerd, je had geen enkele inspraak. Waar nu de grindplassen zijn, stonden de twee prachtigste boerderijen van de streek, met zeventig hectare goede landbouwgrond eromheen.'

Landschappen leven. De mens grijpt in, geniet ervan, exploiteert, dolt ermee, vernietigt en herstelt. In een eeuwige eb en vloed golven natuur en economie over de vlakten. Na de grindwinning zal de mens – zeg maar: de Administratie Milieu-, Natuur-, Landbouw- en Waterbeheer (Aminal) – de natuur weer gecontroleerd greep laten krijgen op het landschap. Gedurende drie jaar loopt in Stokkem een proefproject *'voor een meer natuurlijke inrichting van de Grensmaasvallei'*. Drie jaar lang zal worden bestudeerd welke planten zich op de oevers ontwikkelen en hoe het contact tussen de Maas en het natuurlijke 'winterbed' kan worden hersteld.

'Als het water komt, gebeurt het razendsnel', zegt Paul. 'Het is indrukwekkend. Metersbreed komt het op je af, in de nacht meestal. Maar daar ben ik mee opgegroeid. In mijn kindertijd overstroomde de Maas tweemaal per jaar. Elk jaar was de winterpret verzekerd, op het grondwater ontstonden eindeloze ijspistes. Wie hier woonde, was een waterrat. In de bocht van de Maas lag 't Zandheuveltje, een zandstrand. Wij hoefden niet naar zee.'

Als kind wilde Paul niet weg van de Boyen, nu kan hij niet meer. 'Boeren wordt elk jaar moeilijker. Mijn ouders deden wat ze wilden. Wou je met melkvee beginnen, dan deed je dat maar. Nu zijn er veel regels. De lasten zijn hoger, de verdiensten kleiner. Er uitstappen kan niet, want dan krijg je je lasten niet meer terugbetaald. Je moet gewoon verder werken, rennen om de marge groot genoeg te houden, zoals voor het water vroeger. Werken, en hopen dat het beter wordt.'

PUTMENSEN

De oorlog was voorbij, het land moest worden heropgebouwd. Geld was niets meer waard, maar België beschikte wel nog altijd over grote reserves aan zwart goud. Steenkool. Achille – *Charbon* – Van Acker ronselde gastarbeiders in het buitenland. Polen, Tsjechen en Italianen vooral. In 1946 sloten Brussel en Rome een samenwerkingsakkoord. Voor elke Italiaan een zak gratis steenkool, *per un sacco di carbone*. En de Italianen zelf werd melk en honing beloofd.

Tussen 1948 en 1955 vertrokken ze uit de meest afgelegen Italiaanse bergdorpjes in kolonnes naar de Belgische putten. En voor velen naar het graf. Al lang voor de grote mijnramp op 8 augustus 1956 in Marcinelle, waar 136 Italianen in bleven, kwamen vele Italiaanse kompels om. Veiligheid was geen prioriteit. Er kwam een fikse diplomatieke rel met Rome van, over de mensonwaardige manier waarop België zijn gastarbeiders behandelde. Pas ná Marcinelle werden de *spaghetti's* mensen. En toen later de Maghrebijnse gastarbeiders kwamen, werden de Italianen helemaal 'van ons'.

Sommigen konden niet aarden en keerden terug naar de zon, anderen verbeten en bleven. 'De vaders kwamen eerst, de familie volgde', vertelt Gina. Ze woont in de wijk Noteborn in Lanklaar, deelgemeente van Dilsen-Stokkem, waar de nakomelingen van de 'putmensen' van Eisden wonen.

'Nu is er televisie, dus je weet iets van de wereld buiten je dorp. Wij wisten toen enkel dat het hier altijd regende, maar we konden het niet geloven. Wij kenden alleen de zon. Ik was vijftien toen ik naar België moest, ik had een liefje in Italië, grootouders, nonkels en tantes. Het afscheid was pijnlijk. Eind augustus 1966 kwam ik hier toe. En ja hoor, grijs weer, dag na dag. Die eerste dagen heb ik enkel geweend. Verschrikkelijk. Op 1 september moest ik naar school zonder dat ik de taal begreep. Alles was nieuw. Groene soep, bloemkool, nooit gezien. En elke dag honderd dingen om te missen. *Panini*, waar blijft het brood bij het eten, dacht ik de eerste dag in de schoolrefter. Maar het brood kwam niet meer. In die eerste winter dachten we dat we niet zouden overleven. In Italië vallen er soms dikke vlokken, maar ze zijn snel weer weg. Hier begon het te miezeren en overal was er ijs. *"Mama, wat doen we hier toch in Siberië?"* zei ik.'

Buiten schroeit de zon, maar rond de tafel van Gina's vriendin Maria is het winter 1966. Het effect van vrieskou op mediterrane huiden. Maria zelf is nu vijftig, ze was vier jaar toen ze in 1957 met haar hoogzwangere moeder haar vader achterna reisde. Samen met de andere Italianen kregen ze in Lanklaar een plaats toegewezen in het 'Russische Kamp', houten barakken waar de Duitsers tijdens de oorlog Russen krijgsgevangen hielden.

'Onze generatie was ruwer dan die van Gina', zegt Maria. 'We waren er al tien jaar langer, en het was nog vóór Marcinelle. Als we op een schoolfeest aangegaapt werden, want wij waren *"die van het kamp"*, zetten we de boel op stelten. En toch, ik heb het gemakkelijker gehad dan Gina. Op je vierde draag je geen pijnlijke herinneringen mee. Gina kende Italiaans, ik als kleuter amper. In het kamp sprak iedereen zijn dialect. Vandaag heb ik meer problemen met m'n Italiaans dan met m'n Nederlands. Het leven in het kamp was hard. Je moest een kwartier stappen om naar het toilet te gaan. En toch was het een fijne kindertijd. Er was één televisie in het kamp en daar gingen we allemaal naar kijken. *Zorro*, *Bonanza* en *The Flintstones*.'

De vaders zouden terugkeren als het werk gedaan was. Zoals later de Maghrebijnen. Maar de meesten bleven. Ze trouwden, kregen kinderen. Het integratieverhaal begint pas later. 'Bizar, maar toen wij arriveerden, werd van ons niet verwacht dat we Nederlands leerden. Integendeel, de Vlamingen leerden Italiaans. De omgekeerde wereld. België stak ons in getto's. Dezelfde fout die later met Turken en Marokkanen werd begaan.'

'Ach, de Turken', zegt Maria. 'Toen zij kwamen, zat de schrik er goed in. *"De Turken komen!"* Het ging als een lopend vuurtje door het kamp. Alle meisjes moesten binnenblijven. Maar het waren zulke lieve mensen.'

De mijnen zijn dicht, maar de gebleven Italianen boeren

goed. 'De kruidenier van het kamp werd een groothandelaar', zegt Gina, 'en de man die de fietsen repareerde, verdeelt nu Lancia en Alfa Romeo. We blijven Italianen. Ook op onze identiteitskaart. Als we in Italië komen, zijn we daar vreemden. Ook hier blijven we dat, behalve voor de belastingen.'

Een oude Italiaanse mama doet in Noteborn haar namiddagwandeling. Zwarte jurk, grijs dotje in het haar, gegroefd gelaat. Denk de typisch Vlaamse bloemenwijk rond haar weg, en ze wandelt weer door de dorpsstraat van Abruzzes of een ander bergdorp. Ze glimlacht breed als ze Gina, Maria en haar zus met de Italiaanse driekleur over straat ziet lopen voor de foto. Meisjes van vijftig. Ze vergeten ons, halen herinneringen op, neuriën Italiaanse liedjes. Het rood in de vlag staat voor het Italiaanse bloed van 1914-1918, het wit voor de sneeuw op de Alpen, het groen voor de valleien van Piemonte. Een maatje groter en poëtischer dan de Belgische driekleur. Die heeft zijn kleuren van de gesabelde en brullende leeuw in de vlag van het hertogdom Brabant: het geel van de manen, zwart van de sabel en rood van de keel.

BLADSPIEGEL

Een huiskamer in Stokkem. René Venken, gepensioneerd onderwijzer, zit in zijn onderlijfje naar de Tour te kijken. Joseph Beloki gaat tegen de vlakte. Zie dat lichaam, die pijn, de smart. René zoekt woorden voor wat hij ziet. Hij kan het niet laten. For-mu-le-ren, ver-talen, ver-dichten. Alles moet woord worden in dit huis. Het is opgetrokken uit steen en taal. Het bevat boekenplanken vol eigen werk. Van René en zijn vrouw Marie-Louise Bergers, zeventigers. En van het honderdtal leden dat hun nu twintigjarige 'poëzie-vriendenkring 't Kandelaartje' telt. Honderd Vlamingen, twaalf Nederlanders en één Zuid-Afrikaan. De meesten hebben een armlang oeuvre op de planken staan, eigen beheer, u zult het vruchteloos zoeken in de betere boekhandel. De *zogenaamde* betere boekhandel, zouden René en Marie-Louise daar graag aan toevoegen.

Vlaanderen dicht! In de wereld van de kunsten is er een smalle, spitse top. Vervolgens een flessenhals vol tweede- en derdeklassers. En daaronder schuilt een breed uitwaaierende berg van zogenaamde 'amateurs'. Hun aantal valt niet bij benadering te schatten. Nu en dan breekt er eentje uit het peloton en fietst zich in de subtop. Ze beleven hun artisticiteit in kleine kringetjes. Ze dichten in de catacomben. Het is een gedwongen isolement, want 'de top' – het wereldje, zoals ze het misprijzend noemen – wil niet van hen weten. Die top, dat zijn voor René en Marie-Louise altijd dezelfde gezichten. Het geeft elkaar prijzen, publiceert elkaars werk, likt elkaar af in de media, hoort zichzelf graag bezig. De catacomben zijn ook zelfgewild. Zo gedoemd zijn ze, deze dichters, zo vaak hooghartig afgewezen, dat ze nergens anders zouden kunnen wonen dan in hun eigen woorden.

En zo krijgt die doorsneehuiskamer in het zomerse Dilsen-Stokkem plots de allure van een verzetshol. We zitten amper neer, of op tafel verschijnen boeken, brochures, boterbriefjes en wat zich verder nog leent als bladspiegel. Getypt, gekopieerd, geniet, gelijmd. Het wordt een onophoudelijk geritsel van papier, herinneringen in eigen beheer. René en Marie-Louise bladeren door hun leven en vergeten bij momenten onze aanwezigheid. Het gemoed raakt beduimeld.

'Toen we verkering kregen, zagen we elkaar één keer per week', zegt Marie-Louise. 'We hadden een poëziealbum. De ene week schreef René er een vers in, de volgende week ik.' 'We konden niet zonder', zegt René. 'Daarna verminderde dat. We trouwden, kregen negen kinderen en ik gaf les in het eerste klasje van het bijzonder lager onderwijs.'

'Maar de poëzie gaat nooit weg', zegt Marie-Louise. 'Toen eind de jaren zeventig mijn tweelingzus stierf, kon ik mijn verdriet nergens kwijt. Ik kreeg het niet gezegd, enkel geschreven. En zo spatte het weer open.'

'Het is een verslaving, dichten', weet René. 'Marie-Louise is de jongste tijd vooral met haiku's bezig geweest. Dag en nacht.'

'Drie regels. Zeven, vijf, zeven lettergrepen. Ik sta er 's nachts voor op. Het is begonnen met kruiswoordraadsels oplossen. Zo ontwikkel je taalgevoel. Ik had geen tijd om boeken te lezen, ik had negen kinderen.'

Maar wat had Marie-Louise ook in boeken moeten zoeken, met de Maas aan haar achterdeur. Ettelijke gedichten schreef ze over de rivier. Over haar lieflijkheid, haar geweld. Over de *'tijd tussen wis en rietstengel'*. Als Marie-Louise dicht over de Maas, ís ze die rivier. 'Ik voel me heel nietig naast die grote stroom. Donker, breed, immer rimpelend.'

'Ze is alweer bezig', zucht René. 'Die Maas, altijd weer die Maas.'

Ze gaat rechtstaan en declameert. Een gedicht over de teloorgang, de vervuiling van de Maas.

'en in haar razen braakt ze een brei van
cadmium olie zincum en plastiek fladders
in de versperdraad van haar tochten'

'Het landschap is vernield. Er waren hele rijen canada's. Allemaal weg.'

'Wolken boetseren hun glorie.'

Zucht. 'Vroeger kenden we al onze gedichten uit het hoofd.'

Stilte. René is Marie-Louise, Marie-Louise René. Eén. Nog enkele jaren en ze zullen zichzelf wegschrijven. Schrappen. In het jongste nummer van het tijdschrift van 't Kandelaartje schreef René een artikel over doodsprentjes, kerkhofblommen. 'Ten paradijze', heet het.

Aan de voet van de Parnassus, waar de 'amateurs' huizen, heerst veel ongeluk. Weliswaar niet bij René en Marie-Louise, want ze hebben elkaar, maar ze kennen ze wel: de écht gedoemde dichters. Ver van de door de media en prijzen verlichte top. 'Onze vriendenkring heeft overal leden. We hebben gewerkt met blinden, gingen lezen in ouderentehuizen. Vroeger bezochten we zelfs vaak de gevangenis. Een van onze betere dichters zat daar.'

Mol

ATOOM

'Lekkende vaten, haha! Daar hebben we hier hartelijk mee gelachen. Er zit geeneens vloeistof in die vaten, hoe zou het dan kunnen lekken?' Paul is ingenieur bij het Studiecentrum voor Kernenergie in Mol. Hij is het gewoon om in de media, euh, hoe zal hij dat beleefd uitdrukken tegen een journalist, welja niet helemaal juiste dingen te lezen over zijn vak.

'Honderden vaten kernafval roesten, zwellen en lekken', zo titelde *De Morgen* op 1 februari 2003. Bericht dat de signatuur droeg van uw dienaar. Vanzelfsprekend hadden we dat niet met eigen ogen gezien en toenmalig staatssecretaris voor Energie Olivier Deleuze (Ecolo), die het ons influisterde, evenmin.

Hij had het gelezen in een vakblad, en vervolgens in een brief die hij had opgevraagd bij de Nationale instelling voor radioactief afval en verrijkte splijtstoffen (Niras). Tip van een gezaghebbende bron, zeg maar. Die brief was omzwachteld genoeg om onheilspellend te klinken. Eigenlijk was het een gecodeerde boodschap voor de Wetstraat: *'Politici, beslis nu eindelijk eens wat er met het kernafval in ons land moet gebeuren, want jullie verplichten ons al drie decennia om het voorlopig te stockeren. Niet moeilijk dus dat de verpakking begint af te takelen.'*

'Geen kat hier in Mol schrikt op van dat soort onheilsberichten. Veel erger dan een kantoorbrandje hebben we nog nooit meegemaakt. Ach, ik begrijp het wel,' zegt Paul, 'de sector waarin ik werk, heeft om veiligheidsredenen altijd een beetje in de luwte moeten opereren. En voor die geslotenheid betalen we de prijs. Dat wil ik de pers niet eens aanwrijven. De eerste verantwoordelijken zijn de politici. We hebben er hier zelden over de vloer gehad. Ja, Deleuze, nádat hij over die lekkende vaten was begonnen. Hij kwam praten met de bevolking, en dat was best moedig, want de meesten werken op de nucleaire site of hebben er familie. Als tante Louise nonkel Charel 's avonds ziet thuiskomen en hij ziet er nog altijd fris uit na een hele dag *atoompjes kappen*, zal het wel niet zo slecht zijn, zeker? Begrijp me niet verkeerd, we moeten het toonbeeld van voorzichtigheid zijn.'

'Ik ben groener dan de Groenen', zegt Paul beslist. 'Ik vraag niets liever dan dat er alternatieve energiebronnen zouden worden aangeboord. Maar zelfs als we zuiniger met energie omspringen, komen we met zon, wind en biomassa nog niet aan dertien procent van wat er vandaag verbruikt wordt.'

Paul werkt al dertig jaar bij het Studiecentrum voor Kernenergie in Mol, het SCK, sinds zes jaar op het in 1974 gestarte Europese onderzoek naar de geschiktheid van kleigrond voor de berging van radioactief afval. Onderzoek dat naar schatting tegen 2020 afgerond zal zijn. 'Er is in dit land nog geen grammetje gestockeerd', zegt Paul. 'Wij kijken enkel wat mogelijk is. En dat doen we in het midden van een kleilaag, tweehonderd vijftig meter onder de grond.'

In het begin van de jaren vijftig draaiden de steenkoolmijnen nog op volle toeren. Duizenden gastarbeiders werden naar België gehaald om in de putten af te dalen. Maar tegelijkertijd lonkten enkele witte raven al naar de energiemarkt van de toekomst. Toenmalig minister van Wederopbouw en Economische Zaken Jean Rey installeerde de Nationale Raadgevende Commissie voor de Ontwikkeling van Kernenergie.

Op de Kempense heide, even buiten de dorpskom van Mol, werd op een voormalig koninklijk domein van 600 hectare de eerste steen gelegd van wat een nucleair onderzoekspark zou worden. De toekomst van gisteren. Wie in Mol atomen 'kapt', kreeg er ook goedkope logies. Later kwam er ook nog ontspanning bij. Tennissen, golfen, varen, surfen of voetballen. En zwemmen aan het hagelwitte strand van Nucleabad. Aan de ingang hangt een bord met richtlijnen in geval van nood. *'Wat te doen bij Alarm Besmetting?'* staat er. Gewoon: je kleren bij elkaar grissen en naar huis gaan. Het alarm ging tot nu toe enkel af bij de maandelijkse test. Maar gevaarlijker wordt het volgens Paul als België dubbelzinnig blijft doen over wat het met de kernenergie wil aanvangen. Als je er uitstapt, moet je het ook correct afbouwen. En dus moet er ook een knoop worden doorgehakt over wat er met het 'historische' afval moet gebeuren.

'Wil je het afval niet in de grond stoppen? Prima. Maar investeer dan wel verder in technologieën waarmee we het afval onschadelijker kunnen maken. Dat is de bedoeling van het MIRA-project. Kernafval te lijf gaan met kernenergie. Isotopen hebben een halfwaardetijd, dat is de tijd die nodig is om hun radioactiviteit te halveren. Als je zuivere isotopen bombardeert met neutronen, krijg je andere isotopen met een veel lagere halfwaardetijd. Zo maak je het afval versneld minder schadelijk. Het zou ook in de geneeskunde veel leed verhelpen, want je kunt er de schade van bestraling mee beperken. Maar we zijn tegen kernenergie, dus worden ook deze toepassingen niet meer gefinancierd. Dat zijn bijna ethische vragen. In Japan noemen ze die technologie niet toevallig Omega. De laatste letter van het alfabet. Dát is de echte, gecontroleerde uitstap uit kernenergie. De rest zijn, welja, fabeltjes.'

ZILVERSTRAND

'Op 23 augustus huldigen we de Koning-Visser. We halen hem thuis op met muziekkapel de Oelewappers uit Lommel. Mijn eigen idee.' Jos, gewezen plaatbewerker bij DAF Trucks, is sinds zes jaar viswachter op camping Zilverstrand, Mol. Op de visvijvers is de wekelijkse wedstrijd voor heren aan de gang. Voor de dames en de jongeren zijn er aparte hengeldagen. Op zaterdag zijn er soms koppelviswedstrijden. En twee keer in het seizoen is er een nachtwedstrijd. Jos is altijd op zoek naar nieuwigheden. 'Voor het eerst hebben we dit jaar ook een mixkoppelwedstrijd. Iedereen mag dan eens vreemdgaan, om er de spanning wat in te houden.'

Als het kwik stijgt aan zee, doet het dat in de Kempen een graadje of twee meer. Mol pufte de afgelopen dagen. Gelukkig is er veel lover en water. Op de kaart ziet de noordelijke helft van de gemeente er uit als een kaas met blauwe en groene gaten. Een kwart verboden nucleair terrein, een kwart natuurgebied en voorts veel recreatie.

Dagjestoeristen uit de provincies Antwerpen en Limburg, en uit het naburige Nederland. Moe van files naar zee en Ardennen, gewoon honkvast of armlastig.

'Mijn auto kon de reis naar de Ardennen niet meer aan', zegt André. 'De laatste keer zijn we halfweg blijven steken. En geld voor vervanging is er niet. Dus zitten we sinds vier jaar hier op camping Zilverstrand.' André zoekt met Jos beschutting tegen de zon onder het afdak van de barak, die al te flatterend de cafetaria van de visvijvers wordt genoemd.

De metamorfose van de campings in Vlaanderen is bijna compleet. Tien jaar na het campingdecreet zijn de meest schabouwelijke oorden ervantussen gevallen. Gedaan met de open beerputten, met de oneigenlijke fauna en flora in de cafetaria's en de onreglementair opgeslagen flessen butaan- en propaangas. Geen comfort of veiligheid betekent geen vergunning. De randgevallen hebben zich beetje bij beetje aangepast. Ook op Zilverstrand is de metamorfose nog aan de gang.

Caravans en auto's zijn nu netjes herschikt in vaste clusters. Er worden nog volop riolen bijgelegd en een aantal afgeleefde houten chaletjes staat te wachten op de sloopkogel. In het caravanpark heeft de baas gemarkeerd wie mag blijven en wie eraf moet. Campinguitbaters hebben samen met hun klanten jarenlang gesakkerd op de vele regeltjes. Schuld van de groenen, hoor je ook nu nog altijd, al heeft Groen! nooit iets te maken gehad met de sanering van de Vlaamse campings. Maar nu het eenmaal netjes is geworden, vergeten de sakkeraars hun klachten. Ze vinden wel weer iets anders.

Omdat de regels overal dezelfde zijn, beginnen de campings ook allemaal op elkaar te lijken. Allemaal even clean, geprogrammeerd gezellig. Nu vragen velen zich dus af hoe ze het verschil nog kunnen maken. Nu komen de aangedikte verhalen boven over hoe gezellig het vroeger wel was, hoe familiaal en joviaal. Proper sanitair en frietvet op de juiste temperatuur, goed en wel, maar het draagt niets bij tot de ambiance.

'Hiervoor doe ik het', zegt Jos. Hij schuift een zelfgemaakt bedankingskaartje onder onze neus. Een foto van Jos en zijn vrouw met een hartje eromheen. *'Voor de ambiance en de gezelligheid, één adres: bij Joske de viswachter.'* Het komt van een eenarmige man. 'De beste visser van allemaal', weet Jos. 'Hij doet alles met zijn ene arm. En hij knutselt zelf zijn hulpstukken bij elkaar. Met een oude Singer-naaimachine maakte hij een toestel om het aas weg te schieten. Arm verloren door een bulldozer. Je ziet hier veel moois, veel ellende ook. Huwelijksproblemen, geldnood.'

Jolige maskers, ook bij Jos zelf. Maar de neus is rood van het vele troost zoeken. Er zit kanker in de familie.

'Verder langs de weg ligt Sunparks. Soms komen mensen van ginder hier een pint pakken. Ze vinden het in Sunparks te

saai en te kaal, zeggen ze. Ook op Zilvermeer ontbreekt die familiale warmte. Het is er te groot.' Zilvermeer is de provinciale
concurrent, duizend achthonderd plaatsen, professioneel ge-
rund. Op Zilverstrand tikt de ook al gepensioneerde arbeider
Louis het animatieprogramma op een pc'tje in zijn eigen caravan. 'Op Zilvermeer hebben ze een kantoor en een zestal com-
puters. En daar roepen ze hun boodschappen om via de luid-
spreker: *"Morgen bosspel."* Hier kent iedereen u persoonlijk.'
Louis kijkt naar de spelende kinderen. 'Die pagadders noemen
mij Louike. Ik ben er verdorie 66. Met de opbrengst van het
bingo geven we in de kerstvakantie een sinterklaasfeestje, en
met Pasen mogen ze eieren rapen.'

De radio meldt bomaanslagen in Benidorm en Alicante.
'Het is hier nog zo slecht niet', prevelt Louis. Hij zit aan een tafeltje in de cafetaria, te wachten op inschrijvingen voor het
nachtactiespel. De hamburger die we zonet bestelden, smaakte
verschrikkelijk. Hij kwam nochtans uit een smetteloos witte
keuken. Goed zo, gezellig.

GINDERBUITEN

De huidige burgemeester en de eerste schepen van Mol zijn
beiden afkomstig van het gehucht Ginderbuiten. Dat mag historisch heten, want Ginderbuiten is wat de naam zegt. Een van
die vele kleine deelgemeenten – naast onder andere Rauw,
Heidehuizen en Achterbos – die samen Mol vormen. Stuk voor
stuk namen die verwijzen naar een tijd dat de heide nog niet
dooraderd was met asfaltwegen.

Naar de tijd van plaggenhutten en *russendorpen*. Ruig volkje,
messentrekkers, bezem- en mandenmakers. Voer voor schrij-
vers van heimatromans uit de negentiende en vroegtwintigste
eeuw. Vaste ingrediënten: hard labeur, de rode haan, beestige
stallenliefde.

Ook Ginderbuiten was zo'n ondergeschoven lapje grond,
een uithoek tegen de heide aan. 'Kempenvolk, heikneuters.
Dat was het volkje inderdaad dat hier woonde', zegt Carlo
Berghmans. Carlo is een gepensioneerd leraar wiskunde die bij
leven en welzijn al een huldigingsplakkaat kreeg op een pleintje in Ginderbuiten omdat hij drie jaar werkte aan een lijvig
boek over het gehucht.

'Voor de oorlog had de grootste boer hier twee hectare grond en een drietal koeien. Net genoeg voor het eigen onderhoud. En er waren schapen, veel schapen, het zag wit van hier tot in Lommel.'

In 1935 lichtte de hoop om vooruit te komen in het leven even op. Een Brusselse baron, Frederik de Brugmann de Walzin, had in Parijs een conferentie over de petroleumwinning bijgewoond, kwam dolenthousiast terug en legde prompt vijf miljoen toenmalige franken op tafel om in de Kempen op zoek te gaan naar olie. In Ginderbuiten verscheen een boortoren van vijftig meter, de grootste ter wereld op dat moment. Tot 2030 meter diep werd er geboord in de Kempense grond. Na de eerste acht meter kiezel botsten de boorders op vele soorten klei, krijt, ijzererts en kalksteen. Maar zelfs op een diepte van 1070 meter bleven ze hopen op goud.

'Wonderbaarlijke Kempen', zo jubelde een weekblad voorbarig. *'Ge bezit nu reeds het radium-monopolie, ge schijnt een prachtige voedingsbodem te zijn voor de glasblazerij en voor de cementindustrie... Zoudt ge nu ook nog petroleum in uw schatkamers bergen?'*

Niet dus. Toen men ook op 2028 meter nog altijd niets edelers gevonden had dan leisteen, werden de werken stilgelegd. Na twee jaar werd de toren afgebroken, en werd Ginderbuiten weer gewoon wat zijn naam zei. Een lap arm Vlaanderen. Met een diep ressentiment. Want de achterdochtige heikneuters zagen achter alles complotten. Tot diep in de twintigste eeuw deed het gerucht de ronde dat ergens op een ministerie in Brussel wel degelijk een monstertje olie uit de Kempense grond werd bewaard. Maar dat het de Kempenaars niet werd gegund.

'Ik ben door en door een Ginderbuitenaar', zegt Carlo. 'Mol was Mol. Daar woonden de heren, hier de keuterboertjes. Was je van Ginderbuiten, dan moest je in de kerk van Mol achteraan gaan zitten. Ik ben hier geboren en keerde in 1956 na enige omzwervingen terug. Ook toen was dit nog altijd een gehucht waar niemand wou komen wonen. Dit was bos. Hier voor de deur liep een karrenspoor. Nu is het een van de duurdere wijken van Mol. Nu wil iedereen veel geld neerleggen om hier nog te kunnen komen wonen. Bouwgrond is er amper nog, want Ginderbuiten is vooral veel natuur en recreatie. Ook de scholingsgraad was hier lange tijd opvallend lager dan in de omgeving. Ik was een van de eerste Ginderbuitenaars die hun humaniora hebben afgemaakt. Zo werd ik als vanzelf een beetje de schatbewaarder van de parochie.'

Achterlijk was Ginderbuiten evenwel niet. Het *Annoncenblad* van oktober 1928 maakt in een verslag van de kermis melding van een bijzonder evenement: de komst van een *'elftal neger-voet-ballisten'*.

'Er werd hartelijk kennis gemaakt tussen de blanken en de zwarten en alle mogelijke taal werd aangewend om elkander verstaanbaar te maken. Die internationale optocht, die intercontinentale voetbalmatch had heel wat bekijks in de groene weide.'

Er waren evenwel grenzen aan de wereldsheid. Nog vele decennia later verbood de pastoor tijdens een van de befaamde lichtstoeten op Ginderbuiten de doortocht van een wagen die de fameuze *'Marilyn Monroe met opwaaiende jurk boven rooster'*-pose persifleerde.

'Mol was lange tijd een wat stug, gesloten en conservatief Kempens dorp', zegt Carlo. 'Ik ben geen socialist, maar er waren socialisten nodig om Mol zuurstof te geven. Decennialang was dit een CVP-bastion. Niets mocht, niets kon. En toen kwam Jos Cools en later vooral Sus Luyten. Sus was achttien jaar burgemeester. Hij heeft Mol gemaakt, opengebroken.'

In de jaren vijftig, met de komst van de kernenergie, trok Mol zich uit de klei. In 1959 werd de gemeente, met de komst van de Europese School, een beetje meer wereld. Maar de geest van het plaggenvolk is gebleven. 'We voelen ons hier Antwerpenaren, maar dan wel provinciaal. Met de stadsmentaliteit van de Scheldestad hebben we niets op, en voor de Antwerpenaren zelf zijn en blijven wij wellicht de boeren van de buiten.'

Heist-op-den-Berg

SPEELBUS

Vier straten in Wiekevorst, Heist-op-den-Berg. Winter-, Zomer-, Lente- en Herfststraat. Vier seizoenen en toch hebben de gevels maar één kleur: grijs. Zelfs halfweg de broeierige zomervakantie ademt deze wijk herfst.

Waarom hebben zovele straten in sociale wijken in Vlaanderen zo vaak zulke lieflijke namen? Wie verzint ze? Achter welk bureau? Is het een cynische grap? Of erger, een instinker? Zoals die droevige grasperkjes die je overal in het midden van zulke wijken ziet. Daar ingeplant met een doel. Twee bankjes en wat speeltuig ter verfraaiing van de leefomgeving van 'kansarmen'. Het soort welzijn dat wee maakt. Wat doe je als je in een straat woont waarvan de naam je zintuigen beledigt? Waar beklede spaanderplaat zich uitgeeft voor eik? Wat doe je onder de zachte dwang die je naar dat bankje in het midden van de wijk trekt? Let op, hier wordt uw sociale aangepastheid getest! Sla een praatje, nú! Wat doe je? Ga je dan niet uit balorigheid tegen de stenen trappen, tegen dat bankje?

Het is niet omdat je inkomen te laag is, dat je niet zou weten dat dit handvol kavels een gevangenis is. Een gedwongen verblijf, een reservaatje waarvoor je dankbaar moet zijn, de dag dat je van de wachtlijst geraakt. Dat is niemands schuld, geen verwijt aan wie er woont, geen verwijt aan wie sociale kavels inkleurt op de gewestplannen.

Dit is gewoon een feit. Ongelijkheid *is*. Je meet de beschaving van een gemeenschap aan de mate waarin ze de ongelijkheid balsemt, de littekens wegmasseert. Door gevangenissen mooie namen te geven bijvoorbeeld.

'Er was een speeltuintje in de wijk, maar de gemeente heeft het afgebroken', zegt Lisa, moeder van vier. 'Te veel vandalisme van de grote kinderen. En daarom moest de hele wijk op straf.' Nu staat er op het enige pleintje van deze vierseizoenswijk nog één bankje, waar Lisa over waakt. En een zandbak voor de kleintjes. Moeilijk te vernielen, vier planken en wat zand.

Het is donderdagmiddag en de zon twijfelt tussen komen

en gaan. Uitgerekend vandaag, hoogdag voor de kinderen van
de wijk. De speelbus komt. 'Ze kijken er dagen op voorhand
naar uit', zegt Lisa. 'Er is niets te beleven voor de kinderen hier.
En nu moet u mij maar eens vertellen hoe je die pagadders twee
maanden zoet houdt? Weet u hoeveel een kaartje voor Plopsa-
land kost?'

Eenentwintig euro en vijfennegentig eurocent. Maal vier.
Dat is een flinke hap uit het gezinsbudget, als dat budget ge-
schraagd wordt door een PWA-loon, een uitkering of een leefloon zoals die cynisch heet.

'Komaan zon, laat ons niet in de steek. Vandaag niet.'

Om één uur draait de speelbus de hoek om, de nog lege
straat in. Een tractor met een kleurrijke trekker. Uit kieren en
spleten komen kinderen gekropen. Het lijkt een prentje uit een
Jommekes-album. Ziedaar de Miekes. En Filiberke en Pekkie.
En Choco. Het is een ontlading van jewelste. Potvolkoffie. Het
is de derde zomer dat de bus uitrijdt. Hij stopt in wijken waar
de kinderen enkel zichzelf en elkaar hebben om mee te spelen.
In straten waar Lisa moet berekenen wat ze in de winkel kan
uitsparen om een échte *beyblade* – de *electronic launcher*, *dragoon
shooter*, 30 euro – te kopen. De speelbus kende in de vierseizoenswijk zo'n succes dat hij nu twee keer komt. Twee luttele
namiddagen op de godganse vakantie, maar toch, het is dát.

De deuren van de bus gaan open, in zonnig oranje geklede
jongens en meisjes slepen go-karts en ander speelgoed aan. Op
het pleintje staan in een mum van tijd twee receptietentjes
recht. Aan een van de tafeltjes vormt zich meteen een rij voor
de schminksessie. Aan een ander tafeltje zitten de mama's bij te
praten. Ja, het is een hoogdag. Op het pleintje verrijst een
springkasteel. Naast het pleintje, tussen twee rijen garage-
boxen, improviseren de monitoren met witte tuinstoelen en
rood-wit gestreepte linten een racecircuit voor de go-karts.

De speelbus is een vondst. Naar verluidt uniek in Vlaanderen. In zijn eerste jaar bereikte de bus negenhonderd kinderen,
het tweede jaar was dat al dubbel zo veel. Heel discreet wordt
op een sandwichbord reclame gemaakt voor de chiro. De speelbus kan een opstapje zijn naar een jeugdvereniging, want ook
dat is voor vele kinderen van deze wijken ver weg. 'Maar het is
niet het eerste doel', zegt monitrice Evy. 'Hier moet niets, hier
mag gespeeld worden.' Even de herfst vergeten.

Vier kinderen van buiten de wijk komen aangefietst. 'Hier staat-ie! Hier staat-ie!' Sommige kinderen volgen de speelbus de hele zomer van wijk tot wijk. Maar de tijd vliegt. Het gordijntje gaat zo weer dicht. Vier uur, en alles gaat opnieuw de speelbus in. De Winterstraat wordt weer de Winterstraat. De zon gaat met verlof.

WOUTJE

Ze zitten op een bankje in de zon. Sonja en haar dochter van zestien. Er is niets te zien, zou je denken. Maar voor Sonja wel. Ze ziet de zon, de zomer. Die is haar vorig jaar volledig ontgaan. Het werd winter op 7 juli 2002. Woutje was zes maanden en veertien dagen toen zijn vader hem meenam, de deur achter zich dichttrok en niet meer weerkeerde. Twee jaar woonden hij en Sonja samen.

Er zijn vele maanden nodig om na zo'n slag weer recht te krabbelen. Vooral als er nog vijf andere monden moeten worden gevoed. Als er naar geld moet worden gezocht. Als je boven op de emotionele ravage ook nog puur materieel moet zien te overleven. Sonja werkt nu twee en een halve dag per week als PWA'er. Nu pas, een jaar later, kan ze zichzelf weer in de spiegel kijken. Sta op en vecht. Scheidingen schaden het zelfbeeld van de partners. *'Daardoor is de kans groot dat ze zich gaan fixeren op het hoederecht over de kinderen',* zo lezen we op de website van de Onafhankelijke Ziekenfondsen. *'"Ze zijn beter af bij mij", is een ideale gedachte om het gehavende zelfvertrouwen weer wat op te krikken. Kinderen moeten bij een scheiding hun beide ouders behouden. Hoe vaak ze elkaar zien, doet er niet zoveel toe. Cruciaal is dat ze niet de idee krijgen dat ze door de ene graag te zien, de andere niét graag zouden zien.'*

Lees opnieuw: *'Hoe vaak ze elkaar zien, doet er niet zoveel toe.'* Dat kunnen psychologen en gezinstherapeuten allerlei wel zeggen, en wellicht ook bewijzen jaren na de scheiding, het doet niets af aan het gevoel *hic et nunc* dat er een rib uit je lijf wordt gerukt. Dat er een vuistgroot gat in je leven is geslagen. Elke dag zijn er in Vlaanderen ettelijke stille gevechten aan de gang om het hoederecht. Overal zijn er Sonja's, en partners van Sonja's die ook denken dat Woutje beter af is bij hen. 'Mijn ex verweet mij dat ik naar de rechter ben gestapt', zegt Sonja. '"Dat konden we toch beter onder elkaar regelen?" zei hij. Maar dat geloofde ik niet. Als ik niet naar de rechter gestapt was, had ik Woutje vandaag misschien helemaal niet meer gezien.'

'*Liefste Woutje.*' Sonja troont ons mee naar de gezellig rommelige, doorleefde huiskamer. Foto's van zes kinderen, speelgoed overal. Sonja diept een mapje vol brieven op. Ze zijn gericht aan Woutje. Om het verdriet te temperen. Sonja gooide de antidepressiva de deur uit. Er zijn nog vijf andere kinderen die op haar rekenen. En die hebben het ook niet gemakkelijk. Bijzonder onderwijs, tiener- en puberjaren, het is veel om dragen voor één ouder. De kinderen zijn van verschillende vaders, maar dat doet er niet toe. Sonja is de moeder van alle zes. Alle zes houden ze van haar. Woutje mag dat niet meer.

'Het is gruwelijk om je kind te moeten missen. Om het slechts nu en dan te mogen zien, zijn eerste stapjes niet te kunnen meebeleven. Ik spreek elke dag met hem, ik schrijf hem brieven. Voor later, als hij kan lezen. Ik wil dat hij later weet dat ik er was, en dat hij altijd in mijn gedachten was, maar dat ik niet bij hem mocht zijn.'

Soms laat ze Woutje een denkbeeldige brief terugschrijven. Over het gevecht dat ze samen geleverd hebben om hem in leven te houden. '*Weet dat ik voor je blijf kiezen*', 'schrijft' Woutje. '*Je liet me niet in de steek in de ambulance.*' Woutje werd te vroeg geboren, 27 weken oud, 970 gram en 36 centimeter. Reeksen van cijfers en data, elk detail in dat geheugen geprent. Zoals elk woord van de tegenpartij. 'Kinderverwaarlozing, dat wordt mij verweten.' Ze huivert.

Haar kinderen zijn op haar verzoek al gehoord. 'Ik ben achttien jaar moeder. Ik heb veel mannen gehad, dat klopt. Maar kun je daaraan aflezen of ik al dan niet een goede moeder ben? Daarvoor is de enige graadmeter toch het welzijn van de kinderen? Voor alle zes ben ik de enige moeder. En ik hou van alle zes evenveel.'

Schrijven helpt. Sonja schreef een brief naar het enige medium dat ze kent. *Blik.* Op zoek naar lotgenoten. De brief verscheen, maar er kwam geen enkele reactie op. In Sonja's mapje zitten bij de brieven van en naar Woutje enkele persknipsels. 'Deze hier, ene Monique, zegt dat ze kanker kreeg van het verdriet. *"Ik mag al zeven jaar geen echte moeder meer zijn voor mijn kind."*

Ook ik ben half gek geworden. Maar dat is over. Ik heb het weggeschreven. Het enige wat ik vandaag nog slik, zijn slaappilletjes. Want dat hart blijft elke dag bloeden.'

Terug naar het bankje in de zon. Sonja kan zo stilaan opnieuw kinderen zien spelen. Haar dochter begint straks aan haar eerste vakantiejob en haar oudste zoon is eindelijk van de dop en leert nu een stiel, als voeger. Van niets naar iets, het is al een hele weg. En ooit schrijft Woutje terug.

SCHRIEK

'NA EEN JAAR VOL VERLANGEN: WELKOM THUIS, HANNE. VAN GANS DE BUURT.' Een spandoek aan de gevel van een huis in, Schriek, Heist-op-den-Berg. De genoemde Hanne is deze nacht geland op Zaventem, terug van Argentinië, waar ze gedurende een jaar school liep. Ze is terug thuis, maar nog niet bekomen. Heist-Buenos Aires, van een kreuk in een zakdoekland naar een rijk dat de helft van Zuid-Amerika bestrijkt: het doet wat met een mens. Toen Vlaanderen in 1978 het Jaar van het Dorp vierde, en Hanne nog niet geboren was, was het dorp nog het dorp. Het venster op de wereld dat televisie heet, liet nog niet veel meer zien dan Hilversum en Rijsel. Zwart-wit meestal nog. En internet was er nog niet. Meer nog dan het dorp is een kwarteeuw later de bril veranderd waardoor Vlamingen naar het dorp kijken. Je kijkt er anders tegen aan als je nooit veel verder bent geweest dan de dichtstbijzijnde stad. Het houdt een dorp groot, de kerktoren blijft de maat der dingen.

Er is de jongste jaren nog een andere verschuiving in het perspectief opgetreden. Werk in eigen dorp of thuis werd vervangen door werk op verplaatsing, het dorp werd een plek die gevuld diende te worden tussen de kantooruren. Hannes vader, Bart, liet enkele jaren geleden zijn job bij de bank staan voor een bestaan als huisman. Hij leerde zijn buren kennen. 'Enkele jaren geleden zijn we heel spontaan met de buren samen dingen gaan doen', vertelt hij. 'In de meeste dorpen of wijken ontstaan comités uit acute problemen. Bij ons was dat niet het geval. Toen onlangs de straat werd afgesloten voor het verkeer omdat er een rotonde werd aangelegd, hebben we een straatfeestje georganiseerd. Ook het spandoek voor Hanne was een spontaan ideetje van de buren.'

Een dag later en uitgeslapen treffen we Hanne voor de pc. Chattend met Argentinië. Sinds internet is ook elk afscheid minder definitief.

'Het kost tijd om een plek te leren kennen', vertelt Hanne. 'Ik kwam in Argentinië toe in een zeer Europese omgeving. De wereld van mijn gastgezin. Er was internet, er waren grote en rijke tuinen. Ik zag er zelfs meer rijkdom dan hier in Schriek. Dat veranderde toen ik samen met een vriend naar de film *Cida-de de Deus*, Stad van God, ging kijken, over de sloppenwijken in Brazilië. "Dat hebben we hier ook", zei die vriend. Ik geloofde hem niet. Tot hij me op sleeptouw nam. We zijn naar het einde van de wereld geweest. Zo arm, zo rijk. Want je hebt er eindeloze vlakten met koeien, rijst, tarwe en soja. En spookdorpen waar vroeger de trein passeerde. Trein en post zijn er geprivatiseerd. Hoe moet dat in België, denk je dan. Ik was er niet op 18 mei. Ik was graag gaan stemmen, maar ik heb mijn brief te laat gekregen.'

'Ik zag in Argentinië zaken die er in België ook zijn, maar waar ik tot nu toe weinig oog voor had. Ginder zijn de dorpen meer verspreid. Je dorp is je dorp, je gemeenschap. Een van de eerste vragen die ze je stellen, is hoeveel inwoners het dorp telt waar je vandaan komt. Ik stond met de mond vol tanden. Daar keken ze raar van op. *"Je weet toch waar je vandaan komt?"* lachten ze. Ik weet het nu. Ik vertrok op lichte voet. *"Ach, een jaartje weg, dat maakt het verschil toch niet. En ga nou niet sentimenteel doen."* In Argentinië is alles expressiever, ik zag daar pas hoe koel wij hier in Vlaanderen soms met elkaar omgaan. Vreemd. Dat je duizenden kilometers moet reizen om je vriend of je moeder te kunnen vastpakken en te zeggen: Ik zie u graag.'

Maar neerkijken op Schriek doet Hanne niet na haar grote trek. Het 'averechts provincialisme' van de stedeling en de wereldburger, waar Walter van den Broeck het over had, is de internet-jongeren vreemd. 'Ik wil niet elke dag met het vingertje gaan zwaaien tegen mijn huisgenoten: *"In Argentinië deden we het zus en zo."* Nee hoor. We gaan er, heel gewoon, proberen iets van te maken. En zodra ik geld heb, neem ik het vliegtuig terug naar Argentinië. Gisteren zag ik vanuit het vliegtuig Mechelen en het meer van Rotselaar. En ik dacht: Ik zal mijn huis zien. Maar het vliegtuig zwenkte weg. En plots zat ik terug in de tweede kleuterklas bij meester Jos. *"De vliegtuigen draaien boven onze school"*, zei hij altijd. Mijn gemoed schoot gewoon vol. Thuis! Thuis! In Grootlo heb ik gespeeld. Mijn boom staat er nog.'

Plekken om te blijven en bij te houden. En daarom moet je nu en dan vertrekken. Overal in het straatbeeld van Heist-op-den-Berg staan sinds kort gedichten op panelen. Gedichten gekozen door de bewoners van rustoorden en scholen, of door de bezoekers van de dorpsbibliotheken. Dit is het favoriete gedicht van de bezoekers van de bibliotheek in Schriek, van Rutger Kopland:

'Ga nu maar liggen liefste in de tuin,
de lege plekken in het hoge gras, ik heb
altijd gewild dat ik dat was, een lege
plek voor iemand, om te blijven.'

Mechelen

HONDSDAGEN

Op tafel ligt iets wat lijkt op een marteltuig. Twee houten planken in kruisvorm geslagen, geperforeerd met lange roestige
nagels. Het is het wapen van een burenruzie ergens in het
Mechelse. Het begon met een kat. Ze sprong van het muurtje
de naburige tuin in. En ze had het daar zo naar haar zin dat ze
elke dag terugkwam. De godganse dag zat ze te staren naar de
vogels in een kooi op de veranda. Zo verlekkerd dat ze er eten
en drinken bij vergat. Baasje vond dat beestje ook bij de buren
eten moest krijgen, maar die weigerden dat. En dus sloop baasje zelf door een gat in de haag met een schoteltje kattenvoer in
de ene hand, een bordje melk in de andere. Buren zo boos dat
ze een bedje van roestige nagels onder de haag schoven. Om de
stilaan neurotisch geworden vogels te beschermen. Eigen dier
eerst. Het doet vele dierenliefhebbers naar elkaar klauwen.

'Iedereen noemt zich een grote dierenvriend', zeggen Karel
en Grietje. 'Maar het is niet omdat je je eigen beestje vertroetelt, dat je daarom goed bent voor dieren.'

Ze staan hoofdschuddend naar het marteltuig te kijken. In
beslag genomen, voor het welzijn van de dieren. Want baasjes
kunnen dikke zolen dragen, poezen en honden hebben zachte
kussentjes. Vooral voor honden zijn die kussentjes cruciaal in
de heetste dagen van augustus, de zogenaamde hondsdagen.
Honden zweten niet, maar hijgen. Terwijl bij de mens het
zweet langs alle kanten en wegen het lijf verlaat, heeft de hond
alleen zweetklieren onder de voetzolen.

Van 's morgens tot 's avonds, geblaf en gehijg, maar het
klinkt als muziek in de oren van Karel en Grietje, man en
vrouw, drijvende krachten achter het Mechelse dierenasiel.
Bijna dertig jaar al ontfermen ze zich over wel en wee van huis-
dieren in het Mechelse. Bij Grietje begon de dierenliefde heel
vroeg. Toen ze als kind in het park jongens vogeltjes zag vangen, kocht ze die af om ze weer vrij te laten.

Ze kunnen honderduit vertellen over hoe dieren die gewoon zichzelf zijn mensen tot beestachtigheden drijven. Erger
dan pitbulls soms, mensen. 'Er zijn zogezegd dertien gevaarlij-

ke hondenrassen', zegt Karel. 'Dat is onzin. Niet de hond is gevaarlijk, wel het baasje. We hebben ze hier alle dertien al gehad
en als we gebeten worden, is het vaker door een kleintje. De
mens maakt de hond. Hier gaat geen hond buiten zonder dat
we vooraf zeker zijn van de ernst waarmee de toekomstige eigenaar het beest zal houden. Honden moeten vrij in de tuin kunnen lopen, maar die tuin moet perfect afgesloten zijn. Sommige mensen houden honden altijd in de ren en denken dat ze zo
'veilig' zijn. Ook dat is larie. Een hond is een sociaal wezen, hij
moet onder de mensen komen. Als hij altijd alleen zit, wordt hij
vals. Zo kweek je dieren met gedragsstoornissen.'

Een hond waarvan de halsketting in de huid van het dier
was gegroeid. Een rottweiler die permanent in een kelder onder
een Mechels restaurant verbleef. Elk jaar worden er uit Ierland
een duizendtal windhonden geëxporteerd naar Spanje voor
wedrennen. Daarvan overleven jaarlijks slechts een zeventigtal
het spektakel. Ze leven in op elkaar gestapelde kooien en drinken elkaars urine. Van honden die niet meer snel genoeg zijn,
worden de poten gebroken. Het zijn enkele verhalen uit het
grote mensenbeestenboek van Karel en Grietje.

Gruwel verkoopt het best. Karel heeft de afgelopen dertig
jaar de houding van de mens tegenover het dier toch zien verbeteren. Dat is mee de verdienste van zijn vriend Michel Van-
denbosch, van Gaia. 'Ik ken Michel al vijfentwintig jaar. Hij
was toen nog actief met enkele Nederlanders in de strijd tegen
bont. We zitten nu samen in de Raad voor het Dierenwelzijn,
waar overleg wordt gepleegd met de overheid. Gaia geeft nu en
dan een schok en dat is nodig. Wij werken meer in de schaduw:
opsporen, aanklagen, politie uitsturen, opvangen. Maar het besef van dierenwelzijn is inderdaad aan de beterhand. Er zijn
minder wreedheden tegenover dieren en ook het aantal verloren gezette dieren neemt af.'

Het mag dan al de goede kant opgaan met het dierenwelzijn, lokale overheden wenden soms nog altijd oude, barbaarse
methoden aan om dierenoverlast aan te pakken. Zo bijvoorbeeld het vangen en vergassen van duiven die de stadsmonu-
menten ontsieren en de terrasjesgangers voor de voeten lopen.
'Twaalf jaar geleden stelde ik al een alternatief voor', zegt
Karel. 'Plaats grote duiventillen. Neem de eieren weg en zet de

zieke duiven gevangen. Het probleem is zo opgelost. Ook Michel stelt dat al jaren voor. De methode wordt met succes toegepast in Bazel en Parijs.'

Het thema van de euthanasie in asielen staat op de agenda van de Raad voor het Dierenwelzijn. Jaarlijks wordt in kennels in Vlaanderen ruim een kwart van de honden gedood. Slechts een vijfde van de honden die in asielen terechtkomen, keert terug naar het baasje. De helft wordt geplaatst bij nieuwe baasjes.

ANATOMIE

'Moet de vuilniswagen nu echt zo vroeg uitrijden? Ik kan nooit uitslapen.'
'Moet het geluid bij de reclamespots in de cinema nu echt zo luid staan?'
'Er zit een muis in huis en de politie wil niet komen om ze te vangen.'
'Mag ik elektriciteit op mijn brievenbus zetten?'
*'Wanneer begint de wintertijd?'**

Landerigheid.

'Kan ik u helpen?' vraagt Marleen. Stresstherapeute, werk-gerelateerd stressmanagement staat er op haar visitekaartje. Marleen verlaagt de drempel, ontdoet het onlekker-gevoel van het stigma dat geestelijke gezondheidszorg heet. 'Stress is vrij van dat stigma. Ik hou nochtans niet van het woord, het is te modieus. Het suggereert dat het enkel om omgevingsfactoren gaat. Om de stad. Last van de treinen? Stress! Ik zie het ruimer. Er is de spanning tussen wie je bent, wat je kunt en wat je om-geving je dwingt te zijn en te kunnen. Mensen zitten vaak vast in een stramien. Ze durven of kunnen er niet uitstappen. Ze krijgen hoofdpijn, maag- en darmklachten. Ze lopen naar de huisarts, die geeft een pilletje. Maar het gaat niet weg. Het zit dieper. Het komt voort uit een verkrampt leven.'

'Mensen wandelen binnen en ze stellen een vraag. En ach-ter die vraag schuilt vaak meer. Het hart moet eens gelucht', zegt een medewerkster van de Mechelse ombudsman. De lan-derigheid is niet eigen aan deze stad. En toch. Tussen het sta-tion en de Brusselse Poort lijkt Mechelen één grote zieken-boeg. Om de twee huizen hangt een bordje van bladgoud. Een hyperconcentratie aan huisartsen en specialisten, tandartsen en zielenknijpers.

Leg je lichaam over het stadsplan. Kies je orgaan en prik een afspraak. Wij noteren: kinderziekten, longziekten, allergie, neus-, keel- en oorziekten, nier- en blaasziekten, orthodontie, osteopathie, kaakchirurgie, mond- en tandziekten, oraalchirurgie, huidziekten, oogheelkunde, esthetische tandprothetiek. Zoveel ziekte, zoveel oplapwerk, en dat uitgerekend achter gevels die er gezonder uitzien dan het gros van het woningenpark in Mechelen.

'Dit was de meest residentiële wijk van de stad', zegt een apothekeres. 'Daardoor krijg je hier vanouds een concentratie van vrije beroepen. Maar het is de jongste tien jaar fel verminderd. Door het overaanbod, en omdat in de stationsbuurt huis na huis vervangen is door horecazaken. Het maakt een stad gezonder wellicht.'

In 1916 begon een chirurg, dokter Peeters, in zijn herenhuis met een ziekenboeg. 'Met tien bedden. Dat deinde verder uit tot een heus ziekenhuis. Sint-Jozef, later Sint-Maarten', zegt Nico Garmyn van het gelijknamige ziekenhuis. Ze hebben er dezer dagen hun handen vol met oudjes, bevangen door de hitte. Het ziekenhuis barst uit zijn voegen, zit muurvast in de stad, een bloedklonter in een te nauwe ader. 'Al jaren proberen we de overheid te overtuigen van de noodzaak om ons naar een campus aan de rand van de stad te verhuizen', zegt Nico. 'In ons dossier zit een bevolkingsprognose. Tot 2010 zal de bevolking aangroeien met 2,8 procent. En de veroudering zal de zorgvraag nog vergroten.'

Is Mechelen zoveel zieker dan een andere stad? Amper. Ja, de Vlaamse gezondheidsindicatoren leren dat deze stad in 1999 een 'significant verhoogde gestandaardiseerde mortaliteitsratio' kende, vooral bij vrouwen. Het wil zeggen dat het sterftecijfer onder vrouwen boven het Vlaamse gemiddelde lag. En ook de opnameratio was en is er relatief hoog.

Dertig graden in de schaduw. We wandelen en wandelen, door de straten van Mechelen. Vinger aan de pols, loom stroomt het bloed. Ingebeelde ziektes. De stad is de mens, de mens de stad. In Mechelen is een straatje dat *Leegheid* heet. De stad werd ziek in de jaren zestig. In de historische kuip onder

de Sint-Romboutstoren werken stadschirurgen al jaren koorts-
achtig aan de revalidatie. Links en rechts herstellen ondernemende particulieren de wonden van de slepende ziekte die
stadsvlucht heette. Begonnen in de jaren zestig, en meteen dieper en massaler in Mechelen dan elders. Tot halfweg de jaren
tachtig ging het zo door.

Een schotschrift op een oud, verkrot pand in de Hans-
wijkstraat.

'Hier wordt gepleegd een culturele en een woningmoord, / iets wat de Me-
chelaar niet bekoort! / Reeds jaren had hier een gezin kunnen wonen / nu zijn
het alleen de regen en de vogels die er komen. / Het dak werd geopend en het
raam volgde hetzelfde lot, / opdat het steeds sneller zou worden een krot.'

Aan de overkant van de straat ligt 't Arsenaal. Opgekale-
faterd, *place to be.* De patiënt was comateus, maar de vaalste plekken krijgen weer kleur. Met paardenmiddelen soms. Er is nog
voor jaren werk. Het maakt de stad de moeite waard. Het
lichaam herstelt, wordt een ander. Niet langer een stad tussen
Brussel en Antwerpen, appendix van twee provincies, maar
Mechelen.

'Kan ik u helpen?' vraagt Marleen.

'Wanneer begint de wintertijd a.u.b.?'

* Bloemlezing van vragen uit het Jaarverslag 2001 van de Ombudsman
Mechelen.

REMAKE

Niet ver van de Sint-Romboutstoren prijst een 'studiebureau
vastgoed' zichzelf over de hele lengte van de gevel aan met de
slogan: 'UW WONING VERKOPEN OF VERHUREN IS ONS VAK'.
Ironisch, want bij nader inzien blijkt het huis waarin het studiebureau gevestigd is zélf te koop te staan. Twee soorten bordjes
wisselen elkaar af in zowat elke straat in Mechelen. 'TE KOOP',
en 'BESCHERMD MONUMENT'. Dat laatste veelal op gevels die
gestut moeten worden, op panden die jarenlang stonden te
wachten op of de sloophamer, of een nieuwe bestemming. 'Een
kwarteeuw geleden was Mechelen een ruïne', zegt architect en
Mechelaar Karel Beeck. 'Er werd niet geleefd en er was dus
geen toekomst. En ook het verleden stond te verkommeren.

Monumentenzorg was er nauwelijks. Enkel de Sint-Romboutstoren werd gekoesterd.'

Daar, rond de toren, sloopten de aan de macht zijnde socialisten – om goed te doen – decennialang oude panden voor sociale woningen. En wie het beter had, vluchtte naar het groene ommeland, van Bonheiden tot Keerbergen. 'Beeld je in dat al die stedelingen het geld dat ze spenderen aan huizen in Brasschaat of Bonheiden in stadspanden zouden steken', mijmert Karel. 'Wat een pracht van een stad zou je dan krijgen!'

'Overal in Vlaanderen werd het platteland te grabbel gegooid. Het was goedkoper om buiten de stad iets te bouwen dan in de stad te renoveren. In Mechelen gebeurde dat alles in verhevigde mate. Ik behoor tot de eerste generatie kinderen van uitgeweken stedelingen. En na ons kwam er nog een generatie. Die haal je niet terug met de heraanleg van enkele pleinen alleen. Je moet een alternatief kunnen aanbieden, creatief omspringen met de beperkte ruimte om de stad toch leefbaar te maken voor gezinnen met kinderen. Want ondertussen heeft het platteland alles wat stedelingen wilden, tot delicatessenzaken toe. En appartementsgebouwen in de dorpskom. Elk dorp is een stad in het klein geworden.'

Karel keerde terug naar de stad. Naar een huisje in de Sint-Katelijnestraat dat samen met de rest van de straat al twintig jaar leegstond. Gered bij toeval. Het verhaal van zovele steden. Waar het leven samen met de esthetiek verdwijnt, blijft 'een koude stad' over, om het met de Nederlandse stadsfilosoof Thaddeus Müller te zeggen. Het publieke domein verliest zijn aantrekkingskracht op mensen om erin te verblijven. '...the city goes soft; it awaits the imprint of an identity', citeert Müller een Engelstalige collega. 'For better or worse, it invites you to remake it, to consolidate it into a shape you can live in.'

Mechelen, de remake. Dat is precies wat Bart Somers (VLD) met zijn bestuursploeg op het oog had toen hij in 2000 aantrad als burgemeester. 'Nieuw Mechelen!', zo heet het in de stadspropaganda. U ziet het niet als u door de stad flaneert? Wel, u zúlt het zien. 'Het nieuwe Mechelen is inderdaad al in de maak', schreeuwt de propaganda. 'Enkel de beste architecten waren goed genoeg. Onze marktpleinen zullen model staan voor Vlaanderen.' En wat het cultuurhistorische erfgoed betreft: 'Zeker Mechelen heeft op dit stuk heel wat te bieden, meer dan Brugge zelfs.'

Aanmatigend? 'Niet helemaal', zegt Karel. 'In de zestiende
eeuw was Mechelen inderdaad gewaagd aan Brugge als hoofdstad van de Nederlanden. Brugge is intact gebleven omdat het
in de negentiende eeuw was ingedommeld, *Bruges La Morte*. Mechelen daarentegen betaalde de prijs voor wat toen als vooruitgang werd beschouwd. Er was geld om ertegenaan te gaan.
Vlieten werden gedempt, historische panden gesloopt.'

De stad heeft veel plannen om zichzelf weer op te warmen.
Om te bewijzen dat het geen maanlandschap is voor wie er wil
wonen, werken en ontspannen. De plannen lijken soms een tikkeltje te groots. Ook de modernistische bouwheren van de
jaren zestig waren voluntaristen. Met plezier en overtuiging
werd in Mechelen een prachtige vleeshal gesloopt voor de
blokkendoos die Euroshopping heet en een flop werd. 'Het is
een kolos die de hele buurt naar beneden drukt',zegt Karel. In
2004 gaat het gedrocht tegen de vlakte. De stad belooft een
nieuwe bestemming op 'Mechelse maat'. 'Wat er ook in de
plaats komt, het zal beter zijn.'

En zo ligt de stad er vandaag bij. Tussen slapen en ontwa-
ken. Tussen de schittering van het gerestaureerde waar het leven terugkeert, zoals op de Vismarkt, en om de hoek de grijs-
heid van het afgestorvene. Nog niet veel gewonnen, maar het
verlies is gekeerd. Zet twee stappen buiten de Grote Markt en
je botst op verkrotting, nog altijd. Op de Grote Markt werkt
ondertussen een leger kasseileggers naarstig voort. Eén miljoen
tachtigduizend stuks moeten ze gelegd krijgen voor het zomer-
festival Maanrock hier losbarst. Het zal dan donker zijn. Wie
op de markt staat, de ogen half dichtknijpt en zich laat beroe-
zen door het klank- en lichtspel, krijgt misschien een visioen
van de stad die Mechelen graag wil worden.

Nijlen

BIST

Nog even en de gewestplannen behoren definitief tot het verleden. U weet wel, die kleurrijke kaarten die sinds de jaren zeventig het landschap in Vlaanderen netjes – nou ja – verkavelden.
Aan de kleur op de kaart kon je normaliter het ruimtelijk gebruik in het echte landschap aflezen: wonen, werken, landbouw, groen en recreatie. Al zat daar veel speling op. In stad-
en gemeentehuizen sloeg vaak de kleurenblindheid toe als het
werkelijke landschap niet bleek te stroken met de kaart. Altijd
voer voor discussie, die plannen. Munitie ook voor menige
dorpsruzie. Over enkele vierkante meters te veel of te weinig
achter deze of gene haag.

Die gewestplannen zijn nu dood, leve de ruimtelijke structuurplannen. In zowat elke Vlaamse gemeente naderen ze hun
voltooiing. Leg ze allemaal samen en je krijgt hét Ruimtelijk
Structuurplan Vlaanderen. Een monumentaal landschappelijk
bouwwerk is dat. De ruimtelijke ordening heet er een stuk logi-
scher op geworden te zijn. Moderner ook, met meer oog voor
evenwichten waarbij vooral de meest kwetsbare, want minst
lucratieve ruimte, de natuur, ontzien en zelfs versterkt wordt.
Al blijft het knokken, getuige de strijd van het Groene Gordel
Front in het Brugse en op de ingebeelde (want louter taal-)
grens van de Vlaamse Ardennen en het Waalse Pays des
Collines.

Hoe verder gevorderd de gemeentelijke structuurplannen,
hoe meer burgers wakker schieten. Want eerst waren die plannen niets meer dan een inventaris van het bestaande. Dat was
niet bedreigend. Daarna kwam er een 'gewenste' ruimtelijke
structuur en die nadert nu de fase van de uitvoering. En dan
gaat het erom spannen. Want waar komen de extra woningen
nu precies, waar het groen en waar de bedrijfsruimte? Niets
blijkt de afgelopen jaren een meer mobiliserend effect op de bevolking te hebben gehad dan ruimtelijke ordening. Logisch
ook, want het gaat om eigendom. Indien al niet om de eigen
grond, dan toch om het landschap. Niet dat al die protesteren-
de burgers daarom egoïsten zijn. Verre van. Dichte en verre

buren ontmoeten elkaar en zetten een boom op over méér dan
het groen achter hun huis.

'*Laat ons nog een restje groen*'. Staat op een bordje voor een gerestaureerde hoeve in de Katerstraat in Nijlen. Van alle borden
die de jongste maanden in deze wijk, de Bist, zijn verschenen,
is dit het meest melige. Een relict van een al veel oudere politieke strijd, de beginjaren van de 'groene jongens'. De Vlaamse
kleinkunst leverde toen nog de soundtrack. '*Vergeet voor één keer
hoeveel geld een miljoen is.*' Zéér onder de indruk waren ze daarvan,
de politici en grondbezitters.

De strijd om het landschap vandaag is de naïviteit ver voorbij. De eigenaar van de hoeve, getrouwd in een boerenfamilie
met een stamboom van honderd jaar, is meer dan mee met zijn
tijd. 'Eerder en stoemelings vernam de buurt dat het gemeentebestuur zijn oog had laten vallen op onze achtertuin voor de in-
planting van een KMO-zone', vertelt Geert. De zone komt in
een omgeving met drie scholen en smalle toegangswegen. 'Er
komt wel een nieuwe invalsweg. Maar dat weten al die met GPS
uitgeruste vrachtwagens en auto's niet en dus zal het verkeer
toch door de Schoolstraat sluipen.'

Op enkele maanden tijd stampten Geert en enkele buren
een comité uit de grond. *Red de Bist*. Professioneel geleid, met
Power Point-presentaties en communicatiestrategie incluis. En
een hyperverzorgde website, waarmee het comité al snel een
heel netwerk bestreek en zichzelf omdoopte tot buurtvereni-
ging. 'Ervaring met het organiseren van zulke dingen?' Geert
haalt de schouders op. 'Nee, dat leer je toch zo. Er bestaat goede software voor.'

Het is zo professioneel en krachtig dat de lokale politici de
website druk bezoeken. En dat de oppositie al op de dorpel
heeft gestaan met warme steunbetuigingen. In één week tijd
werd de Bist zwart bevlagd en beplant met grote, zwarte pro-
testborden. Elk bord zijn eigen boodschap. '*Emma 6 jaar. Fietsen
wordt een gevaar.*' '*Eén twee drie, mensenkloterij.*' '*Vier vijf zes, industrie
ander adres.*' '*Zeven acht negen, gemeente zijt ge niet verlegen.*'

'Het is ons te doen om de bedreigde landbouw en de ver-
keersveiligheid in de buurt. En om het groen. Als ik even persoonlijk mag worden – ik weet dat het niet hoort, want dan ben
je zogezegd een egoïstische burger – maar toch: ik heb ook liever weiden dan betonblokken achter mijn rug.'

Heel snel ging het om meer dan die KMO-zone. 'Mensen van buiten de wijk spreken je aan, want iedereen is bezig met het ruimtelijk structuurplan. Zo wordt het een vehikel voor méér. We beseffen perfect dat de Bist maar een deeltje is van een groter geheel.'

Sinds de strijd begon, mist Geert geen enkele gemeenteraad meer. O ironie. De burgemeester heeft 'gedreigd' met een referendum. Slim gezien, want daar zijn al die kritische – sommigen zeggen: mopperende – burgers toch voor? 'Ja en nee', zegt Geert. 'Het is maar hoe je de vraag stelt, en wat de intentie is.'

FELIX

Van welke krant, zeg je? *De Morgen.* 'Hé, da's die rare krant die rond de MIX* zit.' Hoezo, raar? 'Welja, moeilijk joh. Intellectueel.' 'Ik heb eens in jouw krant gestaan. Fijne foto. Het ging over jongeren en gsm's.' Enige weken van roem, tot het krantenpapier aan de muur begon te vergelen.

Vijftien tieners in Nijlen, een dorp waar, zo zegt de website, één op de drie inwoners tot 'de jeugd' moet worden gerekend. Jelle, Rob, Nele en de anderen troepen om me heen. Ze willen allemaal iets kwijt, het liefst tegelijk. Tot plots. Plets. Een waterballon spat open tegen mijn kuiten. Robocop test mijn reactiesnelheid. 'Het is een slome, jongens.' Startsignaal voor meer. Dolle pret.

Elke dinsdagnamiddag komen ze hier samen tijdens de zomervakantie. In en rond het jeugdhuis Kroenkel. Van twaalf tot zestien jaar. Ze hangen achter het jeugdhuis rond, spelen spelletjes, maar zijn vooral heel goed in het zomaar wat dollen met elkaar. En als het begint te vervelen, duiken ze binnen in de zetels. Alcohol en sigaretten zijn uit den boze. Ze zouden het eens moeten wagen. De Kroenkel huist in een aanpalend gebouw van het politiekantoor. Het jeugdhuis bestaat zeven jaar. Sinds vijf jaar heeft de gemeente een 'tienerwerking', De Joeng genaamd. TW De Joeng, zo korten de bakvissen het zelf af. Klinkt toch iets flitsender dan dat stadhuis- en krantenwoord.

Vlaanderen vertroetelt zijn jongeren. Vlaanderen is een en al progressiviteit. *'De jeugd heeft een specifieke maatschappelijke in-*

breng', zo luidt het in een beleidsbrief van de Vlaamse minister van Cultuur. *'Zij is een permanente bron van kritische reflectie en uitdagende creativiteit. Bijgevolg is werken met en voor de jeugd werken aan de samenleving en de democratie van morgen, maar evenzeer aan die van vandaag.'*

Plets. Die zat.

Elk dorp heeft zijn jeugdbeleidsplan, zijn jeugdbeleidscoördinator, zijn Grabbelpas. *Keinijg!* Je moet al goed sociaal gestoord zijn, wil je je tegenwoordig als tiener nog vervelen in dit land. Zou het?

Alles wat overheid heet, wil tegenwoordig een goede opvoeder zijn. Een héél toffe paps en mams, niet te strikt, niet te los. Zo tof dat het eigenlijk een beetje saai wordt.

'We worden altijd beziggehouden', zegt Jelle met een fijne glimlach. 'We komen niets te kort. Echt niet.' We vertalen zijn glimlach voor hem: de grens tussen in de watten leggen en controleren, tussen animeren en doodknuffelen, is soms dun. Skaten op het pleintje achter het jeugdhuis is verboden. Nu en dan is er ambras met de politie. 'Kunnen niet tegen een geintje. Onlangs hadden we afgesproken met de bakker dat we zijn winkel zouden overvallen. Met "BB-guns". Die zien er griezelig echt uit, maar schieten gewoon plastic balletjes weg. We deden het zelfs zonder munitie. Maar we kregen onze ouders en de politie over ons heen. Rob moest zijn pas tonen. En je gelooft het niet, maar die agent schreef het serienummer van onze BB-gun op. Moet je weten dat die geweren allemaal hetzelfde nummer hebben.'

Etterbakken!

Het hele jaar door biedt De Joeng activiteiten aan. Sport, spel, uitstappen, vakantiekampen. Alles onder het waakzame oog van monitoren.

Ze doen allemaal mee, en graag. Echt waar. 'Er is veel te doen,' zegt Rob, 'maar er wordt ook altijd op je gelet. Dit is een dorp, weet je wel.'

Nu en dan werken ze op hun manier *'aan de samenleving en de democratie van morgen'*. Te gek vonden ze hun Fristi-cantus. Wie kon het meeste van dat zoete, roze spul ophouden? En er zijn de tussendoortjes. Elkaar een *wedgy* stoven, of een *bire*. Of met zijn allen een *felix* doen. Stop! Dat zijn te veel moeilijke woorden in één zin. Er lezen ook oudere intellectuelen mee. Een *wedgy* wil zeggen dat je een heel harde ruk aan iemands slip geeft. Ook wel 'billen flossen' genoemd. Een *bire* is een variant en staat voor 'broek in reet'. Makkelijk met de tienermode van tegenwoordig. Uw dienaar staat er een beetje lullig bij, met de slip ver onder de broekriem. Geen lol aan. Een *felix* wil zeggen dat je je met zijn allen op elkaar gooit, een menselijke giantburger vormt.

Uit de nieuwsbrief van de gemeente:

'Er is goed nieuws voor de groot-Nijlense skaters. Het gemeentebestuur koopt immers een skate-infrastructuur aan. Skaters kunnen daar hun hobby op een veilige manier beoefenen. De skate-infrastructuur komt aan De Putting in Kessel. De levering van de toestellen kost 12.395 euro. De gemeenteraad keurde de aankoop alvast goed. Bedoeling is ook om overlast door skatende jongeren elders te beperken.'

Op 28 augustus trekt De Joeng met een bus naar Wevelgem. Daar gaan ze skaten. 'Fijn hoor, daar in Kessel. Maar het is te klein. Meer een speeltuin dan een skatepark.' Ondankbare rotjochies. Maar ze hebben wél lol.

Als ze zich met zijn allen op een *felix* gooien, voor de foto, krijg ik het even benauwd. De onderste krijgt al snel een Fristikleur en kan zelfs geen stop meer roepen. 'Stop!' roep ik dan maar. Ze kijken me verdwaasd aan. Hé, daar heb je weer zo'n verrekt verantwoorde ouder!

* MIX: jongerenbijlage van de krant *De Morgen.*

AARDS

Nooit terug naar Antwerpen! Diana zegt het met veel overtuiging. Zij en haar man, Paul, verruilden jaren geleden Deurne voor het platteland. Kessel, Nijlen. En nog vonden ze hun juiste draai niet. Nog hadden ze het gevoel dat er iets ontbrak. Paul maakte tegelkachels. Hij stopte ermee en verkocht de hele zaak. Ging halftijds werken in een school voor autistische kinderen in Antwerpen. En hij schildert mandala's. Dat zijn boeddhistische tantrische diagrammen. Het woord is Sanskriet en betekent cirkel, polygoon, gemeenschap, verbondenheid. Met een middelpunt, en dat ben je zelf. Van daar begint het zoeken.

Samen met Diana, die op haar vijftigste onthaalmoeder

werd, startte Paul een vzw op. Tussen Hemel en Aarde, centrum voor levenskunst, ontspanning en therapie. Maar zoek er vooral niet te veel achter. 'Het spirituele telt, ja,' zegt Diana, 'maar het gaat ook over de aarde. Op zondagnamiddag houden we hier meditatie. Maar na afloop eten we verse pistolets en zitten we gewoon wat te kletsen.'

Zinzoekers, dat zijn Paul en Diana. Leven zonder krant, computer of gsm.

'Mensen volgen te weinig hun intuïtie. Er staan altijd praktische bezwaren tussen droom en daad', zegt Diana. Het is rustig in huis. Boven slapen vier kindjes. 'Maar wat is er nu zo moeilijk aan? Als je je werk niet graag doet, stop er dan toch gewoon mee. We hebben het niet te breed, Paul en ik, maar we hoeven ook niet veel meer. Dit hier doen we al zes jaar. Misschien doen we straks wel weer iets helemaal anders.'

Of het geen sleur wordt, om de zoveel jaar alles omgooien? Een vermoeiende verplichting, altijd weer dat 'luisteren naar jezelf'? Sta je ermee op, ga je ermee slapen? Met de vraag: hé, ben ik mezelf onderweg niet ergens verloren? Kwam ik mezelf zopas niet tegen? Was dat de man met de hamer die daar voor de deur stond, of gewoon de postbode? Wordt het geen dwanggedachte zo?

'Nee hoor', zegt ze rustig. En denkt wellicht: die jongen kan best een goede voetreflexmassage gebruiken of eens langskomen op een van de antistressavonden. 'Dertig jaar hetzelfde werk doen, zou ik veel vermoeiender vinden. Het gaat gewoon vanzelf.'

Diana en Paul werkten ook jarenlang op een boerderij in Kessel voor kinderen met een mentale handicap. En daar werkten ook Adelgunde en haar vriendin, Saskia. Ook zinzoekers. Nog dichter bij de aarde. In Bevel kochten ze een oude boerderij in de vrijwel onbevolkte wijk Hollands Kamp. Naam die verwijst naar de godsdienstoorlogen van de zeventiende eeuw, toen hier in de bossen Hollandse huurlingen hun kamp opsloegen.

Dat deden ook Adelgunde en Saskia in het begin van de zomer. Adelgunde is Duits, Saskia Nederlands. Bezitten doen ze weinig en de boerderij, de Emiliushoeve, behoeft nog een grondige restauratie, maar plannen hebben ze genoeg. 'We hebben nu twee schapen, één geit, een paard en een veulentje', zegt Adelgunde. 'We willen hier boerderijkampen organiseren voor gehandicapte kinderen. "Goed idee", vertelden ze ons bij het ziekenfonds. Naar verluidt is er in Vlaanderen een schrijnend gebrek aan vakantiemogelijkheden voor gehandicapte kinderen. Maar dit hier moet meer worden. Integratie staat voorop, en daarom willen we de boerderij ook openstellen voor 'gewone' kinderen.'

Adelgunde en Saskia hebben een vzw opgericht. Baubo. 'De godin van de helende lach', zegt Adelgunde. 'Er is nood aan wat meer optimisme in de samenleving. Nood aan meer samenleving tout court.'

Nijlen is een dorp, Bevel een gat. Als er iets beweegt boven het gras, moet daar een verhaal bij. Sommigen zoeken zin, anderen willen altijd een verhaal. Zoals er stadslegenden bestaan, zijn er ook dorpsmythen. En bizar genoeg zijn ook die in hun petieterigheid universeel. Als er ergens aan de rand van een dorp, bij voorkeur aan een boskant, nieuwelingen hun intrek nemen, gonst het bij bakker en beenhouwer en in kerkportaal van altijd weer dezelfde verhalen. 'Een sekte!', da's de dorpsklassieker. Te veel fantasie, te weinig verbeelding.

'Gelukkig kennen de boeren van de streek mij', lacht Saskia. 'Ik rij hier al twintig jaar rond op de tractor. Ik boer gewoon mee. We willen juist de brug slaan naar de scholen en de gemeente. We willen kinderen laten zien en ervaren waar de landbouw vandaan komt. Met heel eenvoudige ingrediënten kun je een ongelofelijke vakantie beleven. Het is ook voor de ouders. Die denken dat ze naar Eurodisney of andere pretparken móéten. Ik ben zeker dat kinderen het duizend keer leuker vinden om mee te rijden met paard en kar, brood te bakken of koeien te melken.'

Lier

KNOOP

'Waar de drie kronkelende Nethen een zilveren knoop leggen, waar plots het spekbuikige, overvloedhoornige Brabant zich scheidt van 't mijmerend magere Kempenland. Dáár is het.'

Daar, waar Felix Timmermans bedoelde, ligt Lier. Een uit de kluiten gewassen dorp met steedse trekjes. De kleinste broer van het machtige Antwerpen. Een stadje dat nochtans groter had kunnen zijn. In 1425 stelde hertog Jan IV van Brabant de stad voor de keuze: of er kwam een schapenmarkt, of een universiteit. De Lierenaars kozen de wol, Leuven kreeg het geblaat. Lier is goed bewaard. Een stukje Brugge in het Antwerpse. Op de plattegrond heeft het stadje de vorm van een hart. Twee kamers omwald door stadsvesten en omgord door de Nete en een ringvaart, van elkaar gescheiden door een oude arm van diezelfde rivier. In een brede boog loopt rechts van het centrum het Nete-kanaal. Aan al dat water en al die vesten heeft Lier zijn goed bewaarde uitzicht te danken. Het maakte de stad moeilijk inneembaar. Ook stedenbouwkundige megalomanie, die elders in Vlaanderen zulke ravages aanrichtte, kreeg er amper speelruimte.

Maar wat niet is, kan nog komen. Antwerpen ligt op de loer, de haven vooral, dat veelkoppige monster dat immer naar ruimte zoekt. Aan deze zijde van de Scheldestad heet het monster de 'Tweede Havenontsluiting'. Al jarenlang is het communautaire splijtstof. Wat goed is voor de haven is goed voor Vlaanderen. Aldus gebiedt de logica van het Vlaams Economisch Verbond (VEV), die door geen enkele Vlaamse bestuurder wordt tegengesproken. En dus moet Vlaanderen mogen investeren in die spoorweginfrastructuur. Maar dat gaat niet zomaar. De NMBS is Belgisch en van elke tien euro die naar het spoor gaat, mag Wallonië er vier en Vlaanderen zes uitgeven. En zes op tien, dat is te krap om een dubbele goederenlijn te trekken van Antwerpen-Noord naar lijn 16, Lier-Aarschot. Zo hard wordt er in de Wetstraat om gebikkeld dat menig Vlaams politicus al gedreigd heeft met de splitsing van de treinen.

Van de Belgische dimensie liggen ze in Lier niet wakker.

Wel van de treinen zelf, mogelijk 197 per dag. 'Ik bestudeerde de plannen van de NMBS en realiseerde me plots hoe bedreigend ze waren voor Lier', zegt Daniëlla Verwilt. Daniëlla is architecte en columniste van de stadskrant *Ons Lier*. 'We zijn niet tegen de havenuitbreiding. Lier voedt zich aan Antwerpen. Maar het was de manier waarop. De spoorlijn zou dwars door het landschap klieven, over een viaduct boven het noorden van de stad. Zoals in Vilvoorde.'

Toen bleek de kracht van een goede stadskrant. Anderhalf jaar geleden schreef Daniëlla een column tegen de plannen. Ze breide een vervolg aan het in heel Lier bekende Timmermanscitaat.

'Daar is het, dat een goederenspoor het landschap zal doorklieven met bermen en viaducten, tot 19 meter hoog en 50 meter breed. Daar is het, dat de overtollige grond van de tunnels onder kasteelparken en golfterreinen van Antwerpen, bermen en heuvels zal maken tot 20 meter hoog en het vlakke land omtoveren tot een landschap met een bruuske einder.'

Herhaalt de geschiedenis zich? Honderd jaar geleden pakte ook Timmermans' Pallieter zijn valiezen, toen hem ter ore kwam dat de Nete 'recht' zou worden getrokken en dat er een spoorweg overheen kwam. Recht door zijn tuin. *'Boem! 't Is nor de maan!'* vloekte hij.

'Geen enkele Lierenaar bleek te beseffen wat er boven ons hoofd hing', vertelt Daniëlla. 'Iedereen dacht: Wat zou het? Die trein komt toch buiten Lier? De Nete-vallei is een droom voor fietsers en joggers. De grootschalige inbreuk op het landschap zou een verschrikking zijn.'

Daniëlla's column leidde in geen tijd tot de oprichting van een actiecomité: *spoor_onder_weg*. Het wil de treinen niet stoppen, maar ze wel ondergronds laten gaan. Stad, politici en bewoners trokken aan één zeel, tegen het Antwerpse 'havencentrisme'. En ook uit de randgemeenten Ranst, Nijlen en Berlaar kwam steun. Het hielp. Een beetje. Op z'n minst kwam er een onderzoek naar de meerkost van een ondertunneling. En toen kwam ook nog de nieuwe spoorwegbaas, Karel Vinck. Alle rekensommen werden nog eens opnieuw gedaan. Alle lichten op rood. Misschien komt dat spoor er toch niet. Kunnen de Antwerpenaren, vooral dan die van Merksem, weer *reclameren*, want geen tweede havenontsluiting betekent verder zwaar verkeer

op de ring. 197 treinen boven Lier of zeventien vrachtwagens
per minuut op de ring? Het is altijd goed voor de economie en
dus voor elke Vlaming, maar niet voor deze of gene Vlaming in
het bijzonder.

Vlaanderen, immer in de knoop met zichzelf. 'Lier is een
groot dorp,' zegt Daniëlla, 'maar we hoeven Antwerpen niet
over ons heen te laten walsen. Dat spoor komt er sowieso, maar
hoe?'

PRINSES

Op de hoek van de Kluizestraat en de Koepoortstraat zit Jos op
de dorpel. Rennerspetje op zijn knikkebollende hoofd. Jos
komt helemaal van Boechout naar Lier, met de bromfiets. Hij
moet nergens zijn, heeft tijd zat en toch kijkt hij om de haverklap op zijn polshorloge. 'Nog 45 minuten', zegt hij. 'Nee, 44.'
Jos zal niet wijken van de dorpel, schroeiende zon of niet. Passeert er een koers misschien? Of een prinses?

Wel ja, in zekere zin wel. Een prinses. Leen heet ze. Over
44, néé, 43 minuten komt ze met een rinkelende sleutelbos de
straat ingestapt. En dan opent ze het lokaaltje van d'Amandelboom. Enkel op maandag van halfzes tot halfnegen en op
woensdag of donderdag van één tot vier uur. Zoals de gordijntjes van een poppenkast. Het is een vrij kale ruimte op de eerste
verdieping van wat vroeger een dominicanenklooster was en
waarvan elke muur schreeuwt om een likje verf. Nu is het eigendom van de stad. Het biedt onderdak aan allerlei organisaties die zich bekommeren om mensen die het met minder tot
weinig moeten stellen. Mag dat saaie cijfer nog eens in de
krant? Volgens het jaarboek armoede en sociale uitsluiting
2002 valt 7,7 procent van de Belgische huishoudens onder de
relatieve armoedegrens. Zo'n 770.000 mensen dus, een legertje
dat overal en nergens is. Mensen die noodgedwongen op een
andere planeet leven, zo omschrijven ze het bestaan zoals ze
het beleven vaak zelf.

Men noemt deze deelverzameling van de bevolking wel
eens tellerig de vierde wereld. Vanwaar komt die naam eigenlijk? En is er een verband met de derde wereld? En zo ja, wie of
wat bevolkt er dan de eerste en tweede wereld? 'Het heeft niets

met de derde wereld te maken', vertelt een medewerker van de
internationale beweging ATD Vierde Wereld. 'Het begrip komt
van onze eigenste organisatie, ATD, opgericht in 1954 in een
bidonville van Parijs. Op een gegeven moment moest er een
nieuwe naam worden gezocht, en toen vond men in archieven
een uitspraak van een Franse politicus uit de tijd van de Franse
Revolutie. Hij had het over de vierde stand of orde. Vandaar.'

Van die orde dus heeft Lier zijn deel. Dat merk je achter de
gevels van vele zijstraatjes tussen Nete en Zimmertoren. In de
straatjes rond het oude klooster vooral. In de vierhoek van Ha-
zenstraat, Lindenstraat, Lookstraat, Peperstraat. De atmosfeer
in de smalle straatjes is dorps. Stoeltjes voor de deur, kinderen
op straat. Ze hebben het niet breed misschien, maar ze laten er
zich niet door afschrikken. De in het klooster gehuisveste vereniging zonder winstoogmerk die zich in het bijzonder op de
strijd tegen armoede toelegt, heet niet voor niets Ons Gedacht.

In d'Amandelboom, een verdieping hoger, bij Leen, wordt
er geen strijd geleverd. Er moeten geen objectieven worden gehaald. d'Amandelboom is een bijhuis van een psychiatrisch
centrum van de broeders Alexianen uit Boechout. 'Bewust ver
van de context van klinieken en therapieën', zegt Leen, pastoraal werkster. 'Hier mag iedereen eens uitfladderen, zonder su-
pervisie van verpleger of dokter. Het is een aanloopadres. Nee,
geen tussenstap naar een opname in de psychiatrie. Integendeel. Mensen die twee of drie jaar in een psychiatrisch centrum
hebben doorgebracht en vervolgens worden ontslagen, en zelfstandig of beschut alleen gaan wonen, voelen zich vaak verloren. Ze missen de structuur in hun leven. Het samen ontbijten,
een vaste indeling van de dag. Ze gaan zich eenzaam voelen,
worden depressief, belanden in een café. Die cirkel proberen
we met d'Amandelboom te doorbreken.'

Een tafel, enkele stoelen, een zithoek, een ijskast met gratis
frisdrank. Ieder bedient zichzelf. Meer dan een huiskamer is
dit niet.

Jos komt tot rust. En daar is Marc. En Swa. En Stan ook
nog. d'Amandelboom is hier pas sinds mei, maar kreeg in totaal al zo'n tweehonderd gasten over de vloer. Dit is een open
huis. Ook voor buurtbewoners. Activiteiten zijn er doelbewust
níét. 'Mensen doen waar ze zin in hebben. Praatje maken,

kaartje leggen.' En als Leen de deur weer op slot doet tot de volgende keer, blijven de mensen elkaar soms zien. Zo groeit er iets. Marc draagt nu de *kabassen* van Patricia als ze naar de winkel moet.

Marc geraakt niet uitgepraat over het pannenkoekenfeest van deze zomer. Marc kookt graag en goed. 'Er waren 32 mensen ingeschreven en er zijn 57 mensen gekomen!' zegt hij. 'Zeven kilogram bloem, driehonderd pannenkoeken.'

Leen heeft vandaag een cadeautje bij zich. Een vrouw uit Berchem had in het parochieblad een stukje gelezen over d'Amandelboom, onder de mooie titel 'Zalig niets moeten'. Toen ze las over de kale muren bood ze prompt enkele schilderijtjes aan. Natuurtafereeltjes.

'Mooi', knikt Stan geestdriftig. 'Precies Van Gogh.'

Leen lacht haar tanden bloot. Precies een prinses.

BELGICA

Cinema Belgica. Het is niet meer dan een rijhuis in een uiterst smal straatje in Lier. Pettendonk, zo heet het straatje aan de Leuvensevest.

De naam van de cinema staat in de gevel gebeiteld. De verf, ooit vurig rood, is verbleekt. Aan de deurbel hangt een al even versleten handgeschreven kaartje: 'VERMEIRE J., N.V. BELGICA.' Maar achter de grijze gordijnen is geen beweging. Al jaren dicht, dacht ik, toen ik er toevallig passeerde. 'Nee hoor', zei de buurman. Zijn huis, met de deur in de woonkamer, maakt deel uit van de Belgica. 'Ik was acht jaar projecteur', zegt hij een beetje bitter. 'Meneer Vermeire heeft enkele jaren geleden de cinema gemoderniseerd en had mij niet meer nodig. Ik mocht hier wel blijven wonen.'

In een oud knipsel van het *Kempenland-Cinemablad*, – 'meest gelezen in 42.000 huisgezinnen!' – staat hoe de cinema werd omgebouwd tot een 'ultramoderne bioscoop'. En de ondertitel zegt: *'Geen seksfilms meer in vernieuwde Belgica'*.

Een week later, woensdagavond, kwart voor acht. De gordijntjes gaan open. Binnen brengen Jan Vermeire, zesenzeventig jaar, en zijn niet veel jongere hulpje alles in gereedheid voor het begin van de film. Het is een tot café omgebouwde huiskamer. Stoof in de hoek, oude filmaffiches aan de muur. In die muur is een gat: de kassa. Het achterkamertje doet dienst als filmcabine. Daarachter ligt de zaal.

Ja, Jan was met vakantie. 'Het was te warm', verontschuldigt hij zich. 'En tijdens de zomer is er toch geen reclameblaadje. Er is amper passage in deze straat. Ik moet het dus hebben van dat blaadje.'

Jan en zijn maat stallen zakjes snoep uit op de houten toog. Aan de deur hangt een afschrift van een koninklijk besluit van 1953, *'aangaande de arbeidsbescherming wat de schouwspeelzalen betreft'*. Ondertekend door minister van Arbeid Louis Major. 'Toen was de film nog brandbaar', zegt Jan. 'Nu en dan vloog er wel eens een zaal in de fik.'

Eén film op de affiche vanavond: *Bruce Almighty*. Op andere dagen legt Jan om tien uur ook nog de spoel van *Charlie's Angels II* op. 'Als er volk is, evident', zegt hij. 'Komt er niemand, dan sluit ik de tent weer af en ga naar huis.'

De Belgica moet een van de laatste, kleine familiebioscopen in Vlaanderen zijn. Van vader op zoon. 'Mijn vader begon ermee in 1944, mijn zoon heeft nu in het centrum van Lier een eigen bioscoop, de Variétés. Ik stop er binnenkort mee. Mijn vrouw is vijf jaar geleden overleden. Misschien doet mijn dochter voort, ik heb het haar nog niet gevraagd. Als zij het niet doet, gaat hij dicht.'

Cinema Belgica opende in 1908 de deuren. 'Hier op het einde van de straat ligt de Nete. Mijn ouders waren binnenschippers. Toen ze in 1941 Lier binnenvoeren, werd hun schip aangeslagen. Ze stonden aan wal en toen zagen ze deze cinema te koop staan. Waarom niet, dachten ze? Ze kochten hem, maar de andere cinema's van de stad lagen dwars. Je had toen nog de Eldorado, de Roskam en de Rubens in Lier. Pas in 1944 konden mijn ouders echt beginnen. Ik was zeventien en spijbelde van school om films te draaien.'

Tot 1958 was het alle dagen feest. Niet alleen in de Belgica. 'De oorlog was voorbij en er was nog geen televisie. Het café en de cinema waren de plaatsen waar de oorlog werd uitgedreven. De cinema had toen nog genummerde plaatsen. De avond van de vertoning zelf was de zaal al half uitverkocht met abonnees. Tot de nok gevuld, want de mensen hadden vier jaar Ameri-

kaanse films moeten missen. Onze zaal had toen nog zijbal-
kons, met tafels en stoelen. Maar die zaten in de weg toen in
1955 de scoopfilm opkwam. Het kleine vierkante doek moest samen met de balkons weg voor het breedscherm. De Belgica was
in de beginjaren niet alleen een cinema, maar ook een danszaal.
Als er kermis was in de wijk, gaven we hier bals. We hadden de
beste dansvloer van Lier. Spitspijn, zo noemden wij het hout.
Mijn moeder wreef de vloer in met warme paraffine, om de
schoenen nog wat beter te doen schuiven.'

Jan zag televisie en video oprukken en de grote cinemacom-
plexen van de familie Bert. 'In 1978 heeft mijn zoon in de Variétés twee zalen ingericht. Dat was toen nog bijzonder. Daarna
kwamen de complexen, maar we hebben ons altijd goed kunnen verdedigen. Schatten heb ik er niet aan verdiend, het was
mijn hobby. Ach,' zegt hij schouderophalend, 'cinema is cinema.' De films die hij speelt, bekijkt hij zelf niet langer. Jan is
pellicule-moe. Zo goed als *De Tien Geboden*, *De Brug over de Rivier
Kwai* en *The Sound of Music* worden ze toch nooit meer. Hij kijkt
op zijn polshorloge, zo oud als de cinema. Er zit een vijftal
mensen in de zaal. 'Bon, ik ga de film maar eens opstarten.'

Turnhout

ZWART-WIT

Op de Grote Markt van Turnhout strijkt in augustus de jaarlijkse kermis neer. De hele Kempen is dan van de partij. Zelfs
van over de grens komt het volk, uit Baarle-Hertog, naar Turnhout voor oliebol en botsauto. Turnhout is voor de noorderbu-
ren de dichtstbijzijnde stad van dat lapje gemengde Zuid- en
Noord-Nederlandse grond. Eeuwen gaan eroverheen voor vol-
keren, zelfs al zijn de cultuurverschillen minimaal, samen voor
het oliebollenkraam kunnen staan en vergeten dat ze niet uit
hetzelfde land, dezelfde stad of hetzelfde dorp komen.

Van nog verder kwamen sommige kermisgangers op dinsdag 19 augustus 2003. Voor u en mij een dag als een ander, voor
een tiental kinderen op de Grote Markt zal de herinnering aan
deze ene dag als een vreemde vrucht blijven opduiken tussen
beelden van verre landen. Voor een van de frituren laten ze
zich de menukaart spellen. Ze hebben alle kleuren. Zwart vooral, maar ook geel. Ze komen uit het asielcentrum van Arendonk, zijn minderjarig en strandden zonder ouders of andere
volwassen begeleiders in ons land. De Grote Markt is Wonderland, zij zijn Alice. De een neemt een curryworst, de ander een
kaaskroket, een derde een frisdrank, er zijn maar een paar bak-
jes friet voor de hele groep. 'Voor iedereen een bakje kan niet.
Daar hebben we onvoldoende geld voor', zegt de jonge begeleidster van het asielcentrum. 'Eigenlijk hebben we géén geld.'

Maar ze kregen een kaart mee van de stad Turnhout. Daarmee kunnen ze gratis op een beperkt aantal attracties. Ook
OCMW-cliënten kunnen gebruikmaken van zo'n kaart. Bij elke
attractie moet je een hokje op de kaart laten paraferen. Eentje
van het gezelschap kijkt met ogen vol goesting naar het wapen-
tuig in het schietkraam. 'Schieten mag niet. Staat niet op de
kaart. Sorry.'

Tweeëntwintig minderjarigen zitten er in het asielcentrum
van Arendonk. Ze komen uit Guinee, Rwanda, Pakistan, Kongo, Tibet, Nigeria, Kameroen, Afghanistan, Albanië... De wereld is groot. En toch klein, hier zo verdicht op een doordeweekse dag op de Markt van Turnhout. Schichtig kijken ze ons

aan. Een blanke volwassene die vragen stelt. Leeftijd, land van origine, naam. Ze raken er maar niet aan gewend in dit rare landje, aan al die vraagstaarten.

Of ze het leuk vinden hier? Misplaatste vraag. Ik ben inheems. Ik heb als kind alle ballen raak gespeeld, pijpjes geschoten, rondjes gedraaid. En elk jaar kwam de kermis terug. Toekomst was een vrij zinledig begrip. Beeld je het anders in.

'Wat de toekomst brengt, weten deze kinderen niet', zegt hun begeleidster. 'Ze kwamen hier zonder ouders. Sommige ouders zijn dood, andere spoorloos. Waarheen? Niemand weet het. Tot hun achttiende mogen ze in elk geval niet uit het land worden gezet.'

De jongen die pijpjes wou schieten, maar niet mocht, staat nu te mokken langs de kant. Tot zover deze dag in Turnhout, in het paradijselijke België.

'We moeten vooral beleefd blijven, zodat we volgend jaar mogen terugkeren', zegt de begeleidster met een trieste glimlach.

Kleurrijk Vlaanderen? Wie kleur heeft, is en blijft verdacht. Inheemse blikken variëren van nieuwsgierig en taxerend tot wantrouwig en vijandig. Dat voelen ook de vele volwassen zwarten die op de markt rondhangen. Turnhout heeft veel asielzoekers en vluchtelingen. Veel illegalen ook. Dat zegt tenminste de Zwarte Partij. Ze bestookt er de burgemeester en schepenen mee. De stem van het volk? Nee, de stem van de toog. Dat is niet hetzelfde.

Dezelfde dinsdag, gesprek in een café in Turnhout tussen twee oudere heren en een veertiger. Fatsoenlijke mensen. Het kon overal en op elke dag geregistreerd zijn. Het is, in al zijn clichés, een woordelijke registratie. Alle ballen raak.

'Ze hebben geluk met het weer dit jaar, de kermis.'

'Het is toch zoveel plezanter als de zon schijnt.'

'Maar 't is er toch ook veel *ambras*. Gisteren nog heeft een neger iemand een duw gegeven. Iets met een meisje of zo.'

'Ik had er deze week ook weer twee achter mij aan. Ze reden mij bijna omver. Ik stopte en zei: "Hé jongens, gaat het nog?" En ze begonnen moeilijk te doen. Het beste is niets te zeggen en door te lopen.'

'De politie doet er toch niets aan.'

'Het beste is niet buiten te komen 's avonds.'

''s Avonds? Ach, zwijg jong, het was op klaarlichte dag.'

'Het is hier niet meer veilig in Turnhout.'

'Neem nog een *bolleke* van mij.'

Sluit aanhalingstekens en cafés, open de geesten.

De kinderen op de kermis moeten terug naar hun kamer met bed in Arendonk. Ze hebben nog dorst. De begeleidster tast in eigen zak.

Muntjes uit Fort Europa.

JOS

'Soms zie ik het niet meer zitten', zucht Jet Van Mierlo. 'In de jaren tachtig werkte ik als twintiger vijf jaar in Kongo. En je was gebeten en gedreven. Je wilde iets doen aan het onrecht in de wereld. Straks zijn we een kwarteeuw verder en de wereld is niet aan de beterhand. Integendeel.'

Het is een warme namiddag in Turnhout. We zoeken schaduw in de bibliotheek van een pand in de Koning Albertstraat. '*Alfa vzw. Regionaal Centrum voor Wereld- en Vredesopvoeding*', zo lezen we. In de ruimte ernaast staan rieten koffers, vol didactisch materiaal. Elke koffer draagt de naam van een land of continent. Ze worden uitgeleend aan scholen en jeugdverenigingen.

Maar vandaag is het er stil. Tijdens zomerdagen valt er niet veel te verbeteren aan de wereld. Scholen zijn dicht, de politiek is met vakantie. En ook het geweten van degenen die anderen een geweten willen schoppen, ligt ergens op een ver strand. De Vlaamse website van de andersglobalistische beweging Attac is het laatst gewijzigd voor de zomervakantie.

Rondom Jet staan honderden boeken in de kast heel dicht, heel hard te zwijgen. Het zijn praat-, denk- en doeboeken vol geloof in de maakbaarheid van de samenleving. Ze beschrijven de gang van de wereld, de ongelijkheid van Noord en Zuid. Het zijn boeken die niet treuren. Hun positivisme is geduldig. Ze nodigen jonge lezers uit om de handen aan de ploeg te slaan. Om globaal te denken en lokaal te handelen.

'Toch ben ik niet ontgoocheld', herstelt Jet zich. 'Ik werk hier vijftien jaar, Alfa zelf bestaat vijfendertig jaar. Er komen altijd weer nieuwe jongeren die erin willen vliegen, het werk voort willen zetten.'

Ze lijkt het zelf enigszins verrassend te vinden, nu ze er zo aan denkt.

'Ik zit er natuurlijk zelf midden in en zal dus wel niet onbevooroordeeld zijn, maar ik denk toch dat ons centrum ondanks zijn leeftijd nog altijd niet verstard is. Ja, dat denk ik wel.'

Turnhout, vijfendertig jaar na 1968. 'In dat jaar begon Alfa als een echte actiegroep', vertelt Jet. 'Een stelletje onstuimige progressieve jongeren samen in een klein kamertje. Ze organiseerden allerlei straatacties. Jos Geysels was er toen ook al bij.'

Bizar hoe deze provinciestad en het Kempense ommeland een epicentrum werden van alles wat vanaf de jaren zestig hier te lande 'progressief' zou gaan heten. Hoe in zoveel dorp toch zoveel 'beweging' kon groeien. Voor de derde wereld, het milieu, de vrede, de democratie. Hippies, geitenwollen sokken en wakkere burgers, de eerste golf dan.

Het ligt niet aan de klei, het ligt aan de jezuïeten. De paters van het Sint-Jozef College in Turnhout zorgden voor de humus. In die school zaten ze, de wereldverbeteraars, samen in de banken. Jezuïeten zijn, zoals Luc Devoldere schrijft in zijn schitterend boek *De verloren weg, een reisverslag in de sporen van pelgrims van Canterbury naar Rome*, een soort mol in de kerk.

Ze zijn uitgestuurd door Rome om het geloof te stutten met wetenschap. Maar wie zich aan de wetenschap waagt, ziet het geloof al snel wankelen. Jezuïeten die wéten, dragen daarom hun ultieme kennis in stilte. Maar de studenten die ze hebben leren denken, trekken wel de conclusie. Zo groeide in de jaren zestig vanuit het Sint-Jozef College de contestatie. Briljante jonge geesten zagen voorbij de kerktoren een mondiale einder. En aan die einder veel onrecht. Dat móést anders. Stencilmachines draaiden op volle toeren, spandoeken werden uitgerold, het oude Vlaanderen uitgedaagd. Jos had lang haar toen nog. In dezelfde biotoop van Alfa hield ook de volkshogeschool Elcker-Ik zich op. Jarenlang ook deelden Alfa en de Wereldwinkel hetzelfde gebouw. Iedereen doet nu voort het zijne. Het alternatieve van toen is nu erkend, geconsacreerd, gesubsidieerd.

'We zijn braver geworden, ja', zegt Jet. 'Bedaarder. We zijn geen beweging meer, maar een centrum voor dienstverlening. We proberen de wereld uit te leggen, maar we willen niet indoctrineren.'

De boeken blijven positief zwijgen. 'Vroeger benadrukten we altijd het positieve van andere culturen. Maar daar zijn we allemaal iets nuchterder in geworden. Niet alles is rozengeur en maneschijn. Nu proberen we realistisch te blijven, zonder de jongeren te ontmoedigen. Zeker de kinderen moet je behoedzaam en spelenderwijs benaderen. 'Er blijven altijd jongeren komen. Al blijft het dan altijd een zeer beperkte, zeer bewuste groep. Ze zitten meestal in veel verenigingen tegelijkertijd. Mijn dochter zit ook bij de Gidsen. Ze doen heel veel leuke dingen.'

Weer zwijgt Jet, bijt even op haar onderlip. 'Soms, als ik mijn dochter bezig hoor, denk ik: Komaan kind, mag het ook nog 'ns wat meer inhoud hebben. Of: Waarom kom je niet 'ns snuisteren in onze boeken en koffers? Ik bijt mijn tong dan maar af. Anders zegt ze: "Hé mama, zeur nou niet."'

Hier, in Turnhout, schrok op maandag 19 mei 2003 Jos Geysels wakker.* Hij had een droom.

* Zijn partij Agalev leed bij de verkiezingen van 18 mei 2003 een zware nederlaag. In het najaar doopte de partij zich om tot Groen!

ALARM

Turnhout, ochtend. De superette van de Parkwijk is pas open, maar de eerste klant is al gepasseerd. Ze zit aan het fietsenrek voor de winkel op haar hurken. Zoekt evenwicht met één hand op de grond, zet met de andere een fles witte wijn aan haar mond. Nek achterover, en gieten maar. Voddenlijf met hond. Zoals het baasje niet meer gewassen sinds de laatste plensbui, wat op het ogenblik van onze passage toch al zo'n drie weken geleden is. Iedereen loopt in een boogje om haar heen. Leven en laten leven, of net niet. Zoals in een grootstad.

Parkwijk vormt samen met Blijkhoef één administratief gehucht. De wijk begint achter het Stadspark op de Steenweg naar Tielen. Die steenweg is een grens. Rechts ervan ligt Blijkhoef, links Parkwijk. Wie er niet moet zijn, steekt de straat niet over. Het zijn twee aparte werelden. In Blijkhoef hebben de residentiële huizen een alarm aan de buitenkant. Om have en goed te beschermen. In Parkwijk zit het alarm aan de binnen-

kant. Hier staat de maatschappij in het rood. Veel haveloze bewoners balanceren vervaarlijk op de drempel van de bestaans-
zekerheid.

Parkwijk telt ruim vierhonderd huizen en tweehonderd appartementen, samen goed voor zo'n drieduizend inwoners.
Ontworpen in de nieuwste tijd, de eerste steen gelegd in het
wonderjaar 1968. De wijk heeft een bizarre architectuur. Op de
kaart ziet ze er uit als een klavertjevier, eigenlijk -vijf. Elk kla-
vertje is een 'plantsoen'. Albrecht Rodenbach, Elanders, Haag-
beemden, Peeters en Xaverianen. Een doolhof, want de plant-
soenen zien er eender uit. Rijen identieke gevels vooraan, dito
garages achteraan. Om van het ene plantsoen naar het andere
te geraken, moet je over voetpaden.

Het hart van de wijk is een gigantisch grasplein. Enkel een
bescheiden speeltoren voor de kleintjes doorbreekt de eento-
nigheid. Vooraan in de wijk liggen enkele winkels en een kerk,
van het 'moderne' bakstenen soort, zoals de kerk er overal in de
jaren zestig-zeventig in de sociale wijken van Vlaanderen neer-
pootte. Om daar te zijn waar de meeste dolende zieltjes zijn. En
nochtans, Parkwijk wou – lang voor er sprake was van 'sociale
mix' – een gemengde woonbuurt zijn.

'Toen ik er kwam wonen in 1973,' zegt Caroline Belieen,
pastoraal werkster in de wijk, 'kon je er nog huizen kopen. Er
woont dus ook veel "gewoon" volk. Wat er later bij werd gebouwd, was om te huren. Nog later kwamen de appartementen. Dat is treurnis, meneer. Veel mensen verblijven er maar tijdelijk. Wat we ook proberen om de mensen eens samen te
brengen, het mislukt. We zijn de deuren eens een voor een af-
gegaan. Je belt of klopt, maar de deur blijft dicht. Die mensen
zoeken geen contact. Hier in het Rodenbachplantsoen, het eerste van de wijk, hield het buurtleven vrij lang stand. Maar ondertussen zijn de bewoners er oud geworden en hun kinderen
vertrokken.'

Elke maand blijft Caroline vol goede moed meehelpen aan
een bus-aan-busblaadje met informatie over de wijk. 'Maar het
helpt weinig. De mensen leven op zichzelf. Vorig weekend was
er een volkspicknick. Ook die is eigenlijk een beetje mislukt.
Het werd pas gezellig op het eind, naar verluidt. Toen zijn de
'zwarten' – enfin, ik noem ze nog altijd zo, maar ik bedoel ge-

woon de vreemdelingen – een barbecue begonnen. En ook de pétanque had veel succes.'

Zo wonen dus drieduizend Turnhoutenaren. Een groot contrast met het Begijnhof in het centrum van de stad dat tegenwoordig dienst doet als OCMW-wijk. Of met de wijk achter de Steenweg op Gierle, die gedomineerd wordt door de vroegere Blairon-kazerne, complex dat na het vertrek van de militairen tien jaren geleden wacht op nieuw leven. Van bedrijven vooral en een scholencampus.

Woningnood laat zich in een stad slechts schoksgewijs voelen. Het kan jaren duren vooraleer zichtbaar wordt dat er een legertje havelozen in de wijken huist, vooraleer het alarm afgaat.

In Turnhout is het nu zover. Tussen nu en 2007 zullen de cementmolens weer op volle toeren draaien. Want de stad ontvangt de komende vijf jaar in totaal bijna vijf miljoen euro uit het nieuw opgerichte Stedenfonds. Daar voegt de stad uit eigen kas nog eens 1,7 miljoen aan toe. Dat alles wordt nu in een woonbeleid gepompt. Aha-erlebnis? Welja, op de laatste gemeenteraad voor de zomervakantie werd zowaar een mea culpa geslagen: *'Tot op heden werden inzake woonbeleid door de stad slechts beperkte en recente engagementen genomen.'* Turnhout wil de stadsvlucht ontraden en nieuw volk aantrekken, liefst gezinnen met kinderen. Er komen meer betaalbare en kwaliteitsvolle woningen. Ook nu weer heet een van de objectieven: een *'betere sociale mix op stads- en wijkniveau'*.

'Dit is niet Antwerpen of Brussel natuurlijk,' zegt Caroline, 'maar er is echt wel nood aan een woonbeleid in deze stad. Hier, in Parkwijk, hebben de meesten op zijn minst nog een fatsoenlijk huis. Hoewel. De huisjes zijn klein en het kroost soms te groot voor die luttele kamertjes.'

Rijkevorsel

VAKANTIE

Kom binnen lezer, jonge lezer vooral. Ga hier maar even staan, niet in de rij. Vlucht hier maar even binnen. Kijk naar deze pagina en de vorige of de volgende. Je kunt er niet naast kijken. Het was gisteren één september, de eerste schooldag, nieuwe boekentassen, nieuwe leerkrachten, schoolgangen die zich vullen met de geur van regenjassen, ramen die aanslaan van wat er allemaal op de eerste dag na de vakantie uit tientallen kindermonden tegelijkertijd moet.

Blijf hier maar even hangen, *Buurtpatrouille* doet niet mee vandaag. Stop de tijd, spoel terug. Naar de laatste week van de vakantie, dinsdag 26 augustus, Rijkevorsel, Kempen.

Alles is stil op de speelkoer van de gemeentelijke lagere school De Wegwijzer. Op twee gevelschilders na. Ongemerkt glippen we de gang in. Eindeloos moet die gang lijken voor kleuters. Zwart-en-wit geblokte tegels, rijen en nog eens rijen lege haakjes voor de kleren straks. De deuren van de klasjes staan allemaal open, maar nog niemand loopt binnen, niemand buiten. Banken staan nog op elkaar gestapeld, ongekafte boeken en kreukloze schriftjes liggen in mooie stapeltjes op de lessenaar. Het bord is egaal zwart.

Bizar, om de plek waar we een derde van ons leven doorbrengen zo levenloos aan te treffen. Of nee, niet helemaal. In één klasje is er beweging. Juf Elke, eerste leerjaar. Het meest dankbare jaar, vindt ze zelf. 'De kindjes komen maandag ongeletterd de klas binnen, en tien maanden later kunnen ze "aap mies noot" lezen en schrijven.'

Voor alle tweeëntwintig kindjes die juf Elke verwacht, heeft ze twee boekjes. *Ik schrijf juist* en *Veilig leren lezen*. Veilig leren lezen?

'Dat is een nieuwe methode', zegt juf Elke. Of er voordien dan zoiets als onveilig leren lezen bestond? Niet echt. Veilig leren lezen begint met zes woordjes: ik – maan – roos – vis – sok – pen.

'Aan de hand van deze woorden leert uw kind de letters: i – m – r – v – s – p', lezen we op de website. 'Deze letters spreekt uw kind uit met hun klank, dus niet met de naam van de letters. Uw kind zegt dus "mmmmm" en

"rrrrr" in plaats van "em" en "er". Aan de hand van de oefeningen in de klas ontdekt uw kind langzaam maar zeker het systeem van ons schrift: woorden bestaan uit losse letters en met die losse letters kun je oneindig veel nieuwe woorden maken.'

'Saai.' Het is een woord dat heel vroeg komt en lang meegaat. 'Saai op den duur, die vakantie', zegt Kevin. 'Te lang.' Hij fietst rondjes rond de kapel van Achtel, gehucht van Rijkevorsel. Bedenkt zich, en komt weer naast ons gefietst. 'Nee, sorry, dat mag je niet schrijven in de krant', zegt hij. 'Schrijf maar dat de school nog even dicht mag blijven.'

Oneindig veel nieuwe woorden. Op je zeventiende al vele harde schijven vol. Björn, Ronald, Jeroen, Bert, Thomas, Jasper en Michiel willen tot het laatste moment van de vakantie hun skatetechnieken perfectioneren. 'Moet ook wel', zeggen ze op het geïmproviseerde skateplein. 'Maandag zijn de toestellen weg. De gemeente heeft ze gehuurd voor de vakantie. We hebben er weken lang om moeten zagen. Augustus was al een week bezig toen ze er eindelijk stonden. We hadden eerst zelf toestellen in elkaar geknutseld. Maar dat mocht dan niet, vanwege de verzekeringen.'

Voor een kind van zes is de vakantie te lang. Voor een zeventienjarige mag ze nog altijd dubbel zo lang duren. Rock Werchter? Het is alsof het gisteren was.

Wat na de humaniora, jongens? Ik probeer zo opgeruimd mogelijk te klinken. Ogen rollen in hun kassen. 'Zeur toch niet over school man!' zeggen ze.

En weg zijn ze, met een sprong op de plank. Gelijk hebben ze. Pukkelpop moest nog beginnen vorige week. En Rijkevorsel kermis. En de regen hield zich nog even in, ergens boven het Kanaal. Dat stond woensdag toch in de krant. *'De regen die donderdagavond of in de daaropvolgende nacht verwacht wordt, hangt samen met een naar het oosten opdringende depressie.'*

Toen kwam het inderdaad. Met emmers tegelijk. Mmmmm, rrrrr, sssss.

BRUIN

Rijkevorsel, Dorp, hoofdletter D. Zo heet de markt daar gewoon. Dorp. Waarom er meer woorden aan vuilmaken? En op het Dorp staat een café, al sinds 1896. Café Den Egalitée. De muren verzamelen er rot, het hout begint vervaarlijk te kraken. Maar als het café goed gevuld is, zoals afgelopen weekend tijdens Rijkevorsel kermis, wordt het de warmste, meest leefbare plek van het hele dorp. 'Als dit café verdwijnt,' zegt Tim, lokale kunstenaar, 'ben ik mijn huiskamer kwijt.' Zijn werk hangt er tegen de muur. Den Egalitée is een bruine kroeg, een beetje Antwerpse Muze in de provincie. Een beetje wereld in het dorp. Hij hangt er trouwens ook tegen de muur, die wereld. 'MENS EN ONTWIKKELING', zo staat erboven. De landen van de derde wereld kregen een extra fris kleurtje, het pessimisme geretoucheerd.

Den Egalitée moet verdwijnen. De eigenaar, gemeenteraadslid in Rijkevorsel, steekt er geen hand meer naar uit. Weg die rommel. In de plaats komen negen appartementen. Op het gelijkvloers: een propere taverne. De eigenaar wordt niet geplaagd door nostalgie. En al helemaal niet door groene sentimenten, want zelf is hij blauw en Den Egalitée is in de loop van de jaren uitgegroeid tot het trefpunt van de lokale groenen. Tevens het redactielokaal van *De Brug*, een kritisch *'Veussels Volksblad'* – *Veussel*, zo noemen de inwoners van Rijkevorsel hun dorp. 614 handtekeningen verzamelde het inderhaast opgerichte actiecomité 'Red Ons Dorpscafé'. Ook van mensen die niet of niet meer in het café komen. Josephine Cox bijvoorbeeld, die in Lourdes, zo leert het jongste nummer van *De Brug*, een kaars ging branden voor het behoud van Den Egalitée. Voor wat hoort wat. 'We zijn ook twee keer gaan tappen op een benefiet voor de redding van *De Morgen*', zegt cafébazin Lut.

In het begin van de jaren tachtig was het café al eens enkele jaren dicht. Toen al was er sprake van afbraak. 'Daarvoor was het een écht volkscafé', vertelt Lut. 'Geen volkshuis in de eigenlijke zin, maar de naam was wel een stelling. Het werd dan gered door de generatie die te oud werd voor het jeugdhuis.'

'En nu zijn we al toe aan de zonen en de dochters van die generatie', zegt Ludo, leraar Nederlands en gewezen lokaal correspondent van de *Frut**. 'Dat was geen gemakkelijke job. Of ik nu over politiek of sport schreef, iedereen spelde altijd wat ik schreef. Het gemeentebestuur vond dat ik te lief was voor de oppositie. Hier in het café vonden ze het omgekeerde.

En als Zwarte Leeuw Rijkevorsel tegen Hoogstraten speelde, en ik schreef een regeltje meer over Hoogstraten, dan moest ik daar voor de vierschaar verschijnen.'

Dit is een dorp. Ook voor Sarah, vijfentwintig jaar. Gedwongen terug naar Rijkevorsel, nu ze afgestudeerd is in Gent, richting Afrikanistiek. Haar hart balanceert tussen Tanzania en Gent. Van beide werelden vindt ze hier in de Kempen alleen in Den Egalitée iets terug. Sarah was twaalf jaar toen iemand in Den Egalitée de optimistische wereldkaart aan de muur hing. Vandaag heeft ook Rijkevorsel een schepen van ontwikkelingssamenwerking. Sarah peuterde duizend euro los voor een project rond geletterdheid in Tanzania.

Sarah zat nog tussen de poppen toen Ludo in Den Egalitée zijn eerste compact disc zag. 'Dit café liep voor in alles. Er kwamen veel kunstenaars. Er waren optredens toen dat nog lang niet overal de gewoonte was. Tien jaar hadden we hier Kiezelpop. Op het koertje achter het café. Enkele vierkante meters maar.'

Rijkevorsel wil, zoals elk dorp in Vlaanderen, zijn dorpskern vernieuwen. Voor Lut en trawanten is het de reden om 'het oudste gebouw van het dorp' te redden van de sloophamer. Voor de gemeente is het juist hét motief om het omgekeerde te doen. Smaak is keuze natuurlijk.

Marcel heeft zo zijn redenen om voor het behoud van Den Egalitée te zijn. 'Als er hier appartementen komen, ben ik mijn zon kwijt.' Hij wijst naar de overkant van de straat. Daar woont hij zelf in een appartementsgebouw, waar hij iemand anders' zon afpakt.

Paradox. Zij die Den Egalitée willen redden, schermen met het volkse argument. *Laat ons een boom en een dorpscafé op het plein.* Maar wat wil dat mythische volk zelf? Voor velen is een propere taverne vooruitgang.

'Volkscafé? Laat mij niet lachen.' De achterbuur van Den Egalitée spuwt het eruit. 'Een krot, ja!' En hij sluit zijn garagepoort. Bruin is niet langer de kroeg, maar het volksgemoed. In het café vermengt de jingeljangel van de kermis zich even met de grafstem van de zanger van Tindersticks.

* Roepnaam voor de krant *Gazet van Antwerpen.*

GPS

Een tuin in Rijkevorsel. Bij Leo en Leen aan de tafel onder de boom. Zon en lommer. Zet de klank af, en het is een vredig tafereel. De stille Kempen. Maar Leo heeft altijd pijn aan zijn oren. Het tuit daar de hele dag. Van grasmaaiers achter en tientonners voor. Leo is dit jaar al twee keer verhuisd in zijn huis. Eerst had hij zijn werkkamer aan de straatkant. Daar liet hij een geluidswerend raam voor zetten. En nog tuitte het. Toen zocht hij een achterkamer op. En sinds enige maanden heeft hij zich verschanst in het tuinhuisje.

Daar ligt zijn papier nu. Het wacht er geduldig op stemmen. Daar is Leo schrijver voor. Stemmen moeten zo nauwgezet mogelijk op papier. En als er dan een grasmaaier of een tientonner komt tussengebromd, schiet zijn pen soms uit. Vlekken, vloeken. Niets zo ergerlijk voor een seismograaf als ruis. Je kunt beter hardhorig zijn als je stemmen wilt horen. Een beetje Beethoven zijn.

Leo Pleysier is een van Vlaanderens meest fijnzinnige klankentappers. Zoals Ivo Michiels of Pol Hoste. Maar het zakdoekgrote dorp Le Barroux in Zuid-Frankrijk of het verkeersluwe hart van Gent, waar respectievelijk Michiels en Hoste hun schrijfkamer hebben, is Rijkevorsel niet. Rijkevorsel is een knooppunt van wegen. Dagelijks ettelijke tientonners moeten erdoor, ladingen vol naar Antwerpen of Breda, naar Turnhout over Malle. Soms moeten ze ook in Rijkevorsel zelf zijn, want warenhuisketen Aldi heeft er zijn Grote Magazijnen.

Dat was er allemaal niet toen Leo en Leen hier dertig jaar geleden hun huis bouwden, op de steenweg naar Sint-Lenaarts. 'In het begin passeerde hier 's morgens een bus en in de namiddag nog een vrachtwagen. En dan 's avonds nog één', zegt Leo. 'Ik overdrijf een beetje. Maar toch. Soms denken we: Komaan, we pakken ons huis op en we verplaatsen het. Maar dan zeggen we: "Let er niet op. Je hoort die vrachtwagens alleen maar als je erop begint te letten." Dat is zoals in Brussel wellicht, met die vliegtuigen.'

'Je woont tegenwoordig stiller in de stad dan op het platteland', weet Leen. Ze heeft gelijk. De stad verstilt, het dorp verruist. Wij, in de stad, krijgen verkeersvrije straten. Zij, in het

dorp, krijgen het gros van de 66.450 kilometer wegen die
Vlaanderen rijk is, langs en over zich heen. 'En overal in de
dorpen verrijzen appartementen', zegt Leo. 'Vaak worden daar
kleine, mooie huisjes voor afgebroken. Voor die blokken.'

Maar achter de ene stem komt alweer een andere. Ook daar
is Leo schrijver voor. 'Hoe meer mensen in appartementen
rond de kerktoren, hoe minder verkavelingen rond het dorp.
Die appartementen verbrodden dan misschien het dorpsland-
schap, ze ontlasten wel het platteland.'

Over stad en platteland heeft Leo onlangs een brief geschreven aan zijn goede vriend Walter Van den Broeck. Schrijver en Kempisch streekgenoot. Zoals Leo is Walter nogal
behept met wat een mens bindt aan familie, streek en gemeenschap. Ze doen aan plaatsbepaling. Uiterst trage gps-systemen
zijn het, Walter en Leo, een oeuvre lang in de weer met hun
coördinaten. Waar was ik weer?

O ja, Walter schreef dit jaar een pamflet. Een open brief aan
'cultureel Vlaanderen', getiteld *Op gelijke voet*. Hij geselt daarin de
toonaangevende kunst. Hoe luider ze haar eigen maatschappelijke waarde van de daken schreeuwt, hoe minder ze soms voor-
stelt. Viel iets voor te zeggen, ware het niet dat Walters gps op
tilt sloeg. Het lag aan de locatie, suggereerde hij. Dat de kunst
die in en rond de stedelijke cultuurtempels gestalte krijgt te ver
van de samenleving staat. Dat de stad vervreemdt en kunst zonder wortels baart. Op het platteland, zo stelde Walter, weet
men van waarden, natuur, menselijkheid en traditie. En van
stilte en onthaasting.

'"Kom hier maar eens een paar weken logeren, Walter!"',
zegt Leo. '"Bij ons in Rijkevorsel." Dat heb ik hem geschreven.
Over de Kempen bestaan er twee fabeltjes. Eén, ze zijn níét stil.
En twee, ze zijn al lang niet meer arm. Met al die Nederlanders
die hier de prijzen van huizen en gronden de hoogte in komen
jagen.'

Toch blijven Leo's stemmen in het Veussels voorttateren.
Zoals zijn overleden moeder in *Wit is altijd schoon*, over het graf
heen. En hoe Leo dan door al die talige dorpsheid heen moet
om de vrouw te vinden die zijn moeder was. En daar dan een
van de mooiste bladzijden uit de Vlaamse literatuur over
schrijft.

'Wit, denk ik. Geef haar van het zuiverste, meest smetteloze wit dat er te vinden is. Besprenkel haar met het helderste water, de fijnste reukwerken, de kostbaarste wierook opdat zij geuren mag als amandelbloesem in de witste boomgaarden van Portugal. Tooi haar met hagewinde, vogelmelk, boerenkers en zevenster. Geef haar al het wit dat opstuift tussen Nova Zembla en Alaska, dat schuimt op de golven die aanrollen op de kusten van Yokohama tot de baai van Lourenço Marques, van Nomé tot Rio Grande; al het wit van de witste woestijnsteden van Arabië en Afrika, het wit dat pijn doet aan de ogen van Damascus tot Dakar. En dan nog is er geen wit genoeg, denk ik.'

Daar geschreven op de steenweg naar Sint-Lenaarts, ondanks grasmaaiers en tientonners. Alleen al daarom moest Rijkevorsel op de kaart in *Buurtpatrouille*. Het dorp als alibi.

Kalmthout

HEIDE

Hoe de mens de heide innam, ten noorden van Antwerpen. Met veel aplomb. Men bouwde er huizen, en men noemde het aldus verrezen gehucht Heide. Op een steenworp van het dorp Kalmthout. Waarom het verder zoeken? Wie in Heide komt, heeft genoeg aan het landschap. Zoals het ook ten noorden van Antwerpen op een bordje staat, als je Stabroek binnenrijdt: 'DIT LANDSCHAP WORDT U AANGEBODEN DOOR DE POLDER-BEWONERS.'

Kijk, daar aan de einder, boven de velden, op de koeienruggen, glijdt een schip voorbij. En daar, voorbij de dorpskommen van Berendrecht en Zandvliet, staat een kathedraal van containers.

Heide moet zowat het enige gehucht in Vlaanderen zijn waar éérst een joodse synagoge stond, gebouwd in 1928, en pas zeven jaar later een katholieke kerk. Enkel de ouderen van het dorp hebben er nog herinneringen aan. 'Als kind zagen we ze tijdens de weekends en de zomervakantie met hun koffers toekomen', zegt Jef. 'De joden. Het zal de jaren vijftig geweest zijn. Ze kwamen uit Antwerpen. Diamantairs vooral. Hier op Heide hadden ze hun vakantieverblijf.'

De synagoge staat er nog. In de Leopoldstraat, enkele meters verder van de straatkant dan de omliggende villa's. Verscholen achter hoog opschietend onkruid. Verkommerd. Zoals het joodse verleden zelf van Heide, bijna uit het plaatselijke collectieve geheugen gewist. Maar daar komt nu snel verandering in. Sinds vorig jaar organiseert de gemeente Kalmthout 'joodse' wandelingen door Heide.

In heel Europa worden de sporen van de joodse gemeenschap zo opgedolven. Sporen die in vier jaar tijd, 1940-1944, in onbruik raakten, ondersneeuwden. Om de samenhang te zien, moet je door de kaart van de latere gebaande wegen heen kunnen kijken. Van het leven dat na 1944 gewoon doorging.

Ook in Heide.

'Nu pas kan men erover spreken', zegt Marleen. Ook zij keek als kind haar ogen uit op het volk van keppeltjes en pijpenkrullen. 'Niet uitsluitend. De joden in Heide waren zeer verscheiden, van orthodox tot niet-religieus. Precies omdat velen niet-praktiserend waren, is de synagoge in onbruik geraakt.' Marleen begon veeleer toevallig te graven in de joodse geschiedenis van haar dorp. Vijftien jaar geleden begon ze daarmee. 'Toen wist meer dan de helft van de huidige Heidenaars niets af van dat verleden.' Vandaag is ze de motor achter een actiecomité dat de synagoge wil redden van de afbraak.

Tussen 1930 en 1942 kwamen er niet alleen joodse recreanten; zevenhonderd joden waren ook gedomicilieerd in Heide. En toen kwam de grote kaalslag. 'Van de zevenhonderd hebben we er met zekerheid 195 kunnen traceren die zijn afgevoerd naar de kampen. En van die 195 is er welgeteld één overlevende opgedoken.'

'Decennialang kon of wou men in Heide niet meer over de joden spreken. Het verdriet en de pijn waren te groot.' Ook de schaamte? Overal waar in die dagen joden waren, was er toch jodenhaat? 'Nee, er waren in Heide geen noemenswaardige problemen. Wel is het verhaal bekend van twee inwijkelingen die speciaal naar Heide gekomen zijn om amok te maken. De ene is na de oorlog geëxecuteerd. De andere kwam in het bijzonder af op de eigendommen van de joden. Toen het te heet werd onder zijn voeten, is hij nog dubbelspion geworden. Hij heeft toen nog een paar mensen gered, maar dat volstond niet om zijn onschuld terug te winnen. Hij verklikte zeker drie families die joden onderdak boden.'

Na de oorlog leek het joodse toerisme van Antwerpen naar Heide zich even te herstellen, wel in veel kleinere mate dan voordien. Mogelijk dat er toen vele gordijnen gesloten bleven. Dat er diep in de grond werd gekeken. Dat de heide zweeg.

SONATE

Dinsdagochtend, een muziekacademie in de Noorderkempen. De deur staat open, maar de school is uitgestorven. Ongehinderd kunnen we rondsnuffelen in de donkere kostschoolgang. Hier heerst geen weelde. Waar wel overigens in het kunstonderwijs in Vlaanderen? Zou de muziek, als ze er is, de muffe geur van de lokalen doen vergeten? Het zicht van de deuren die in jaren geen lik verf meer hebben gezien? De balatum op de vloer in auditoria die namen dragen van grote componisten? We luisteren minutenlang naar de stilte, muziekschool zonder muziek.

Tot plots een piano weerklinkt. In een lokaal op het einde van de gang slaat iemand enkele toetsen aan. Gedempt, toonladder op en af. Zo lijkt ons toch, we hebben geen muzikaal geschoold oor. Het is Amelia. Of een van haar twee leerlingen.

'Dinsdagochtend heb ik de academie voor mij alleen. Na de middag vult de school zich met leven, stemmen en klanken. Vaak hebben we zelfs lokalen tekort.'

'Zing jij wel eens onder de douche of tijdens het stofzuigen? Speel je wel eens toneel en kruip je in de huid van je lievelingsacteur of actrice? Zit je soms te wiebelen bij het horen van een aanstekelijk muziekje? Praat je graag en speel je graag met woorden? Kun je bijna alle liedjes van je favoriete zanger of zangeres meezingen? Voel jij soms ook een creatieve kriebel in je opborrelen? Is muziek je passie? En wil je dolgraag je lievelingsinstrument leren spelen?'

Aandoenlijk hoe de school met die open vragen mensen lekker wil maken voor muziek en woord. Moedig ook, deze poging om te appelleren aan de schoonheid die in elk van ons zoemt. Terwijl je toch eerst door die kale gang moet. En in het eerste jaar van de muziek enkel de monotone trein van do re mi fa sol la si do ziet passeren. Zoals je eerst eindeloos tong en huig moet oefenen op klinkers en medeklinkers voor je aan poëzie toekomt. Voel je de creatieve kriebel in je opborrelen? Ook al staat die vraag gedrukt op een eenvoudig A4'tje.

'Tja, we werken inderdaad niet in veel luxe', zegt Amelia. Twintig jaar al is ze pianolerares. Een burn-out krijg je niet zo snel in dit soort onderwijs. Eens de toonladder voorbij, gaat er een wereld van variaties open. Dit is iets anders dan twintig jaar dezelfde formules, integralen en afgeleiden in jonge hoofden krijgen. Waarmee geen slecht woord gezegd wil zijn over de dagelijkse inzet van de ruim achtduizend wiskundeleerkrachten in Vlaanderen.

Ze hoeft de piano niet eens te beroeren, Amelia. Praten over haar vak volstaat om op slag de povere omgeving te vergeten. 'Ik groei al twintig jaar mee met mijn leerlingen. Ieder komt met zijn of haar bijzondere relatie tot de muziek binnen. Elk karakter kleurt de les anders. Dat is het mooie aan dit vak, het aftasten. In mijn opleiding heb ik zelf pedagogie en andere basisvakken meegekregen, maar de muziekopvoeding komt pas later.

'Toen ik begon les te geven had je één leerling per lesuur in de hoge graad. Nu zijn het er soms twee of drie, uitzonderlijk zelfs vier, en dat is waanzinnig veel als je wilt doen wat je verondersteld wordt te doen. Want het niveau moet op het einde van het jaar nog altijd even hoog zijn als twintig jaar geleden. Het gevolg is dat we meer overuren doen.'

Soms is het een iets edeler vorm van bandwerk. Maar Amelia zegt het zonder zuchten. Ook haalt ze de neus niet op voor de manier waarop vele jongeren de weg naar de muziekschool vinden. Dat is maar zelden Brahms. Eerder Berdien Sternberg voor de dwarsfluit en K3 voor een leeftijd waarop muziek nog met deuntjes verward kan worden.

'Eerder het lichtere genre. Met de jazzgitaar en de piano is en blijft de dwarsfluit het populairste instrumentarium.'

Het muziekonderwijs is geëvolueerd. 'In de beginjaren was alles zeer klassiek gericht. Nu probeer je toch ook via het lichte genre de mensen in de muziek binnen te leiden', zegt Amelia. 'Een toegeving is dat niet. Natuurlijk heb je je persoonlijke voorkeuren. Maar als je die niet even opzij kunt zetten, moet je niet in het onderwijs stappen. Dat is een van de mooiste kanten van het vak: mensen stimuleren om hun nieuwsgierigheid stapje per stapje te verleggen.'

Uiteindelijk komen we allemaal bij Brahms terecht. En dan doet het er niet toe of de verf van de deuren bladdert.

P.S. De directie ontkent, na lezing van dit stuk, formeel dat uw dienaar die verf van de deuren heeft zien bladderen. Of dat dit stuk gelezen zou kunnen worden als een ode aan de muziek en de leerkrachten die die in Vlaanderen doorgeven. Het zal wel een creatieve kriebel geweest zijn.

ACTIE ONTBIJT OP BED BRENGT HONDERDEN MENSEN OP DE BEEN

Nieuws! *'Duizenden nieuwkomers kunnen niet inburgeren.'* Dat schreef ondergetekende in de krant. Op de voorpagina. Met vette kop,

grote letter. Dus was dat nieuws. Terecht. Als de Vlaamse regering wil dat elke nieuwkomer het recht – of de plicht – om in te
burgeren kan afdwingen, is daar vijf keer zoveel geld voor nodig als vandaag maar beschikbaar. In dat artikel vertelde een
nochtans bevoegd persoon ons voor waar dat er ten noorden
van Antwerpen zo goed als géén aanbod is voor nieuwkomers
om in te burgeren. Geen of nauwelijks lessen Nederlands voor
Afghanen, Irakezen en wat er verder nog allemaal aanspoelt.
Boze brieven uit Kapellen gekregen over dat ene zinnetje. Ook
terecht.

'Al 13 jaar lang geeft het Centrum Basiseducatie Noord-Antwerpen, Open
School voor Volwassenen, Nederlandse taallessen in de regio, met lesplaatsen
in Kapellen, Schoten en Brasschaat', schreef Patrick Gerlo. 'Er zijn
trouwens nog steeds plaatsen vrij in onze groepen.' 'En ook in Kapellen heeft
het Centrum voor Volwassenenonderwijs Ivoran wekelijks 81 lesuren Nederlands voor anderstaligen', schreef Jeske Boel.

In buurgemeente Kalmthout hebben ze géén bijzondere
lessen Nederlands voor anderstaligen. En toch blijven de asielzoekers die daar a ratio van vijf per maand neerstrijken, niet in
de kou staan. Want het OCMW van Kalmthout werkt samen met
Kapellen. Niet dat er geen nood is aan méér, zuchten maatschappelijk werksters Annemie en Ria.

'We kunnen voor een tijdelijk verblijf en de juiste papieren
zorgen, we hebben in de gemeente drie zogenaamde doorgang-
woningen. Maar verder? Je komt van de andere kant van de wereld en daar sta je. Waar en hoe neem je de bus naar Kapellen?
Hoe moet je naar de winkel, hoe gaat het daar aan toe in een
winkel, hier zo in Vlaanderen? Elke dag zijn dat voor die mensen hoge drempels waar u en ik, goed ingeburgerd, geen idee
van hebben. En u begrijpt dat wij niet van 's morgens tot
's avonds mensen individueel kunnen begeleiden.'

Neem een onthaalbeleid met de beste structuren en billijk-
ste procedures, het blijft noodgedwongen een skelet. Voor
vlees en bloed zorgen in Vlaanderen vele vrijwilligers. Bert en
Annemarie van Gastvrij Kalmthout bijvoorbeeld, de armen en
benen van het OCMW, zeggen Annemie en Ria zelf. Opgericht
in 1995, nog voor Kalmthout zijn eerste 'golf' asielzoekers zag
komen.

Bert en Annemarie, twee gepensioneerde leerkrachten, en

hun collega's pikken nieuwkomers op van de trein. Mensen met een 'oranje kaart', geregistreerde asielzoekers zijn dat, die 'in de procedure' zitten. Over de anderen, de 'illegalen', spreken Bert en Annemarie niet. Die mogen niet bestaan, die mogen niet geholpen worden.

'Wij stellen geen vragen aan nieuwkomers. Ze mogen hun verhaal vertellen, als ze dat willen. Wij vragen er niet naar. Daar zijn andere instanties voor. We maken ze wegwijs in de gemeente. We gaan voor de eerste keer mee naar de winkel of de apotheker. Maar we leggen ze niet in de watten. Trouwens, de mensen willen dat ook niet. Iedereen wil op eigen benen staan', zegt Annemarie.

'Zelfredzaamheid, daar draait het om', knikt Bert. 'En op de taal zijn we streng. We zetten ze op de bus naar Kapellen, voor de lessen Nederlands. Hun kinderen gaan we zelf inschrijven in de school.'

'Soms krijgen we te maken met mensen die zich in geen enkele min of meer universele taal verstaanbaar kunnen maken', zegt Annemarie. 'En daar hebben we dit boekje voor.' Ze toont ons een zelfgemaakt boekje met pictogrammen voor dagelijks gebruik, met een prentje van een telefoon bij het woordje 'telefoon' enzovoort.

Het is fijnmazig, nuttig werk. Zonder illusies, maar ook zonder defaitisme. Iemand moet het doen.

Kalmthout heeft ook al een kwarteeuw een vereniging van vrijwilligers die in de derde wereld kleinschalige projecten van ontwikkelingssamenwerking steunt. De Brug, zo heet het. In het voorjaar liet Vinckx, Dina, vanuit India weten aan Wieza van De Brug: *'Hier is alles goed. Er is geen oorlog.'* Hier in België drumden toen nog Afghanen voor de deur. Want ginder was niet alles goed. Ginder was het oorlog. En dat eindigde voor velen onder hen enkele maanden later hier, in een kerk in Elsene, met een hongerstaking.

In mei spekte De Brug de kas met een ontbijt-op-bed-actie. In hun blaadje schreven ze daarover: '"Ontbijt-op-bed-actie brengt honderden mensen op de been" had goed een krantenkop kunnen zijn in een of andere weekendkrant, maar het is nu eenmaal zo dat vrijwilligerswerk niet dikwijls de krant haalt, en misschien maar goed ook.'

Antwerpen

LUCHTBAL - *Moeras*

'WEES NIET TE SNEL MET HET OPENEN VAN DE BEL.' Het staat op een affiche met kinderlijk naïeve tekeningen van een parlofoon en een oud vrouwtje, met ziekenfondsbril en haarknotje. De stijl doet denken aan de huis-aan-huisblaadjes van de grootste partij van Antwerpen. Maar het is een goede raad van de stad Antwerpen en de politie. Er schuilt een heel prozaïsch verhaal achter. De parlofoons in de Langblokken, vier rijzige kolossen in de wijk Luchtbal, Merksem, deden het lange tijd niet meer. Vervelend als je zeven hoog woont. En als het dwaze euvel niet opgelost raakt, blijft dat doorzeuren.

Toen Louis Kokken, zestig jaar op Luchtbal, hier met zijn vrouw introk, waren de Langblokken een modern wonder. Propere appartementen, met stromend water en elektriciteit! We schrijven jaren vijftig. In de meeste Vlaamse huizen rook je nog de klei. En water ging je halen aan de pomp op de koer.

'We waren pas getrouwd en dit was een hele stap vooruit', zegt Louis. En hoe die droom dan geleidelijk aan ranzige kantjes kreeg. 'Er was te weinig geld voor het onderhoud. En ook de bewoners veranderden. De eerste bewoners vergrijsden, velen zijn weggevallen. En toen ze voor kandidaat-huurders de inkomens aftopten, kregen we buren uit lagere sociale klassen. En, laten we elkaar geen fabeltjes wijsmaken, dat zorgt voor problemen. Andere culturen, andere gewoontes.'

In het begin waren de huisregels te strak. 'Je moest braafjes en proper wonen. Je mocht geen was boven het terras hangen. De kinderen mochten niet ravotten op het gras.' Daarna namen de regelneven de wijk en lieten Luchtbal over aan de Luchtballianen. De slinger keert nu terug. Sinds kort stuurt huisvestingsmaatschappij Onze Woning 'sociale controleurs' op pad. Die kijken, zonder onderscheid van leeftijd of kleur, vriendelijk doch dwingend toe op orde en netheid.

Luchtbal is de Bijlmer van Antwerpen, het soort wijk dat geprangd ligt tussen doorgangswegen en sporen. Zo bereikbaar dat niemand er ooit komt.

Elke dag laten duizenden passanten er hun afwezige blik

over dwalen, maar de gevels zetten een hoge, koude rug op. 'Je hoopt gewoon dat alle lichten op groen staan zodat je er zo snel mogelijk door bent', zegt twintiger Erwin. 'Maar stap af en kijk, en dan ga je milder oordelen over de mensen die deze wijk hebben gebouwd. De oude huisjes in het hart van de wijk hadden hun eigen tuintje. En die gaven uit op een gemeenschappelijke tuin, er waren zelfs plonsbadjes voor de kinderen. Als het gelukt was, was Luchtbal een paradijs op aarde.'

Als, dan.

'Als de boel verloedert, kun je dat zitten aankijken', zegt Louis. 'En je kunt het de hele wereld verwijten, maar dat wou ik niet meer. Acht jaar geleden, toen ik met pensioen ging, ben ik begonnen met een bewonersgroep. Huurderskontakt Langblokken. Toen we de eerste keer zwerfvuil gingen opruimen, waren we met twintig. We waren de *zottekes*. Achter de ramen zat iedereen te kijken tot we op ons gezicht gingen. Nu zijn we al met tachtig, en op onze vergaderingen komen meer dan honderd bewoners af.'

Louis klopte aan bij Onze Woning. Acht jaar later zijn de liften eindelijk vernieuwd, kwamen er nieuwe brievenbussen en doen de parlofoons het weer. Daar was een duur woord voor nodig. Een likje verf werd een '*technisch-preventief project*'. Het woord was zo duur dat het geld halfweg op was. Blokken 1 en 2 zijn opgeknapt, 3 en 4 bleven achter.

'Daar zijn we nu in eigen beheer de brievenbussen aan het verven.'

Vandaag vormen Onze Woning en de huurders een samenwerkende vennootschap. Louis' *Huurderskontakt* telt 840 leden, op 689 appartementen. Nieuwe paaltjes met nummerplaten voor de parkeerplaatsen, om wildparkeerders weg te houden? Onze Woning levert het materiaal, Louis en zijn buren lassen, verven en heien. Idem dito met de informatieborden in de hal en de naambordjes naast de lift. De eeuwige plassen voor het wachthokje van Bus 23 – de Afrika-route, in de volksmond – zijn weg en de kelder naast de lift is vergrendeld. Een aluminiumpoort sluit nu de fietsenstalling af. 'Mooi, vind je niet?' zegt Louis fier. 'Onze Woning heeft het ijzer geleverd, en wij hebben ze gemaakt.'

Liefde voor beton, aluminium, balatum en pvc-raamkozijnen. 'Het is verdomme beter dan het hout waar je na dertig jaar een breinaald kon doorsteken.'

Beneden in de hal hangt nu een briefje van de politie. Een pluim voor de bewoners die hun steentje hebben bijgedragen ter verbetering van de leefbaarheid op Luchtbal. En van de veiligheid vooral.

* * *

'BOMAUTO OP LUCHTBAL'

Het stond vorig jaar in de krant. Het is het soort bericht dat passanten nog harder op het gaspedaal doet trappen. 'Een mevrouwtje zag vanuit haar appartement hoe iemand onder een wagen aan het rommelen was en belde de politie. En zo werd die aanslag verijdeld', zegt Erwin. 'Het bleek achteraf om een beruchte gangster te gaan.' Ook dat is Luchtbal, Chicago. 'Het ligt aan de ligging. Veel in- en uitvalswegen, gestolen auto's worden er makkelijk gedumpt. De paradox is dat het op Luchtbal zélf bijzonder vredig is. Je kunt 's nachts in je blootje door de wijk lopen. Het vreemde is dat de bewoners het imago dat anderen van hun wijk hebben, overnemen. Iedere Luchtballiaan vindt zichzelf een fatsoenlijk mens. *'Maar die van de blokken hierachter, meneer, dat is van soort.'* Behalve hun zuster dan die er ook woont.'

'Nu en dan is er een inbraakgolf', zegt Louis. Maar bij Maurice, zesentwintig jaar warme bakker op Luchtbal, werd nooit meer dan een autoradio gepikt. 'Dit is een dorp', zegt hij. 'Dit wás een dorp. De Luchtballianen sterven uit. Vroeger leverde ik tweehonderd koffiekoeken voor de gepensioneerden, tegenwoordig zijn ze met vijftig stuks al zoet.'

Ook Anne Neefs uit de Philadelphiastraat, achter de Chicagostraat, heeft andere zorgen dan de criminaliteit op Luchtbal. Ze heeft een objectief bevoegd veiligheidsgevoel, want ze is behalve bewoner ook flik. Haar dagelijkse terreur speelt zich sinds enkele jaren niet op straat af, maar in haar achterkeuken. Leg een knikker op de vloer en hij begint vanzelf te rollen. Millimeter na millimeter zakken keuken en garage af.

'Eerst hadden we waterellende. Toen verdween het water, maar begon alles te verzakken. Het komt door de werken aan

de spoorweg voor de hogesnelheidslijn Brussel-Amsterdam.
Van de regen in de drop. Sommige buren hebben van de NMBS
een vergoeding gekregen, mij hebben ze uitgelachen. "Het ligt
aan uw eigen huis, madame", zeggen ze.'

'Luchtbal is op moerasgrond gebouwd', weet Maurice. De
oude kerk tegenover zijn deur heeft dit jaar definitief haar deuren gesloten. Instortingsgevaar. Louis heeft in zijn kindertijd
op Luchtbal nog vissen en salamanders gevangen in beek en
kreek. En gevoetbald tot de voeten blauw zagen van het koude
grondwater.

'Ik heb al een paar keer gedacht aan verhuizen', zegt Anne.
'Elke morgen staan we bang op. Hoeveel millimeter is erbij gekomen? Sleept de deur nu meer of minder dan gisterenavond?'

Haar zoontje, die zijn voetbalspullen bij elkaar aan het zoeken is, spitst zijn oren, ongerust over de wending van het gesprek. 'Verhuizen? Waarnaartoe, mama?'

'Nergens naartoe, jongen', sust Anne. 'Wij zijn van Luchtbal. Wij blijven op Luchtbal. Ga jij maar flink shotten. Hij zit
bij de Duveltjes van KV Luchtbalboys. Het is hier heerlijk
wonen, echt waar.'

Cultuur

Ze is de verrukking nabij, Simone van de Simonislaan! Sinds
ze, in de herfst van haar leven, de jazz ontdekte. Het is alsof er
in een duister hokje in haar hoofd een gordijn is opengegaan.
Nu sakkert ze constructief op 't Stad. Want die jazzmuzikanten
blazen altijd zo laat op de avond haar oud leven nieuw leven in,
en dan moet ze zich reppen om de laatste bus te halen, om nog
aan de andere kant van Luchtbal te geraken.

Van buitenaf gezien zijn de blokken op Luchtbal een
kweekvijver voor hoekige mensen. Ze aanschouwen de wereld
door vierkante raampjes met eendere afmetingen. En als ze hun
blik inwaarts keren, is het voor dat andere hokje in de woonkamer. Daar staat het lichtgevende altaar. Daar kleurt VTM menige oude en werkloze dag. Dat is een feit, het is geënquêteerd.
Hier op Luchtbal woont veel VTM -volk. Al rukken de schotelantennes verder op, al blèren uit ramen en deuren op Luchtbal
ook almaar luider de Turkse en Marokkaanse versies van *Het*

rad van fortuin. Dat heb je met die horden zwarten. Tenminste, dat het om horden gaat, die indruk hebben de Luchtballianen zelf. En dat klopt niet helemaal: volgens de stadhuisstatistieken is 13,6 procent van de Luchtballianen van vreemde origine. Dat valt dus wel mee, als ze tenminste niet allemaal je beetje zon gaan afpakken met hun schotelantennes.

U weet wat Mark Elchardus en consorten vertellen over de correlatie tussen kijkgedrag en democratische ingesteldheid. We vatten het lapidair samen: hoe meer je je kleuren betrekt bij een commerciële zender, hoe zwarter je beeld van politiek en medemens wordt. En dan gaat het linea recta van het kijkkastje naar het stemhokje, alle stemmen het zwarte gat in. *Big bang* in Antwerpen, verkiezing na verkiezing.

Maar de Luchtballianen zijn niet voor één gat te vangen. Onlangs werd een onderzoek uitgevoerd naar de graad van cultuurparticipatie in de Scheldestad. Verrassing! Een op drie respondenten van Luchtbal zei het afgelopen jaar een klassiek concert te hebben bijgewoond. Dat maakte Luchtbal in de statistieken op slag tot een van de meest gecultiveerde wijken van Antwerpen. Bleek dat op één dag, 27 september 2002, een vloot bussen van De Lijn enige honderden Luchtballianen van hun wijk naar de Koningin Elisabethzaal in Antwerpen centrum had vervoerd om daar gratis een concert van de Filharmonie bij te wonen. Met een gratis drankje in de VIP-ruimte na afloop. Een initiatief van de minister van Cultuur en het Festival van Vlaanderen. Op de grootstedelijke atlas van achtergestelde buurten werd een aantal wijken 'geprikt'. En Luchtbal was daar bij.

* * *

Hoe breng je wat licht en lichtheid in een bestaan tussen beton, glas en gazon? Hoe laat je dat iets langer duren dan dat ene goed bedoelde en dito gesubsidieerde moment? En móét je dat sowieso wel doen? Mogen mensen niet gewoon genoeg hebben aan Birgit Van Mol, die nooit hun schoondochter zal worden, of Eddy De Mey, wiens mimiek het zelfs in volle zomer doet miezeren in de huiskamer?

'Niets moet, evident,' zeggen Erwin Eestermans en Maarten

Loos, 'maar het is evenmin verboden om mensen te prikkelen.' Het is vooreerst niet verboden om te geloven dat elke mens wel ergens hunkert naar iets wat ogen en oren verwarmt, naar schoonheid en contact. Zelfs al moet die hunker van onder dikke lagen stof worden gehaald. Daar hebben Erwin en Maarten trucjes voor. Ze werken voor het cultureel centrum Luchtbal, waar de gescheiden werelden van *high* en *low culture* als het ware geïnstitutionaliseerd zijn. CC Luchtbal groeide een kwarteeuw geleden uit het wijkcentrum, maar heeft al jarenlang een 'bovenlokale' en een 'lokale' programmering. Op het eerste komt veel goed en gegoed volk van buiten de wijk af. Voor jazzconcerten, internationale namen in Hof ter Lo en het allerbeste van de podiumkunsten. En binnen diezelfde perimeter is er die heel andere wereld, die van de Luchtballianen zelf, waar Erwin en Maarten zich over ontfermen. Ze organiseren samen met buurtverenigingen allerlei activiteiten die verankerd zijn in de wijk.

De grens tussen sociaal en cultureel werk is hier flinterdun. Biedt Hof ter Lo mensen met veel keuzemogelijkheden een *best buy* aan, een kwaliteitsvol avondje uit; Erwin en Maarten moeten van verder komen, dieper doordringen in de wereld van mensen voor wie de dagelijkse keuze niet veel verder reikt dan televisie, de hond uitlaten en eventueel – als ze lid zijn van een of andere vereniging – een busreisje naar het Verdronken Land van Saeftinge. En ze zijn daar goed in, Erwin en Maarten, in het aanspreken van mensen. 'In geen enkel milieu werken flyers zo goed als hier. We gaan dan ook hoogstpersoonlijk van deur tot deur. De mensen beginnen ons te kennen.'

Hetzelfde CC Luchtbal dat de grootste jazznamen naar Antwerpen haalt, gaat voor een wijkvereniging die de koffietafel wil opluisteren op zoek naar een accordeonist voor 250 euro. Of ze doen een bedeltocht langs bedrijven die wat gadgets te geef hebben voor het jaarlijkse sinterklaasfeest.

'We forceren niets', zeggen Erwin en Maarten. Al steken ze nu en dan een zacht, opvoedend handje toe. 'We hebben hier per kwartaal een taartjesconcert voor senioren. Een concert met koffie en gebak tijdens de pauze. De eerste keer vroegen we Koen Crucke en Willy Claes*. *Succès fou*. En de volgende keer zetten we een minder bekende, maar volgens ons uitstekende naam op de affiche. En dan komen die senioren toch weer.'

Soms gaat het positivisme de mist in. 'Zo wilden we de blokken eens opfleuren met kleurrijke spandoeken. En dan zag je ocharm voor vijftien van de honderden venstertjes iets wapperen in de wind. Het maakte de gevel nog troostelozer.'

Soms gebeurt het omgekeerde, tillen Erwin en Maarten Luchtbal boven zichzelf uit. Dat gebeurde vorige lente, toen ze kleurenfoto's op de kop tikten van de afbraak in de jaren zestig van polderdorpen Lilo Kruisweg, Wilmarsdonk en Oorderen. Veel senioren op Luchtbal komen van die contreien. 'We vroegen de oud-polderbewoners om die foto's in hun huis op te hangen. En ze begonnen er toen foto's uit hun eigen archief naast te hangen. Fotoalbums gingen van hand tot hand, het gonsde van de herinneringen op Luchtbal.'

Ook het gesakker was niet van de lucht. 'Want, meneer, u schrijft daar bij de foto van de Sint-Jan de Doperkerk in Oorderen dat het de Sint-Laurentiuskerk betreft, maar dat was in Wilmarsdonk. Mijn man en ik weten dat nog héél goed, want onze oudste is er gedoopt.'

Heerlijk gesakker. Zeeën van verhalen. Op Luchtbal.

* * *

En het volk van de schotelantennes? De 13,6 procent? 'Die krijg je niet mee', zegt Louis Kokken van het bewonerscomité Huurkontakt Langblokken.

'In de acht jaar dat ik vele honderden bewoners bij elkaar krijg, heb ik nog maar zelden een migrant gezien.'

Erwin en Maarten zuchten diep. 'Louis moet het misschien eens met thee proberen, in plaats van koffie. Wij organiseren ook het Wereldkinderfestival, en dan ziet het zwart van het volk. Op ons sinterklaasfeest komt er elk jaar een bonk van een zwarte vent langs, met zijn kinderen. Dan denken de "Vlaamse" kinderen altijd dat zwarte piet er is.'

* Koen Crucke is operazanger die furore maakte door zijn stem te lenen voor het lichtere genre. Willy Claes is socialistisch staatsman, maar ook een klassiek pianist.

KIEL - *Opgeknapt*

Tien minuten ben ik op het Alfons De Cockplein en op slag
verliefd. Het lijkt mij verrukkelijk wonen hier zo in de stad.
'Mooi plein hier, Nancy!' steek ik monter van wal bij kruidenier Nancy op de hoek.
'Mooi plein?' vraagt Nancy. 'Is het u ook opgevallen dat
het hier zo stil is?'
'Jazeker', zeg ik. 'Vredig! Rustig!'
'Vorige week wilde mijn dochtertje op de speeltuigen...'
'Prachtige, houten speeltuigen, Nancy!'
'... en ze moest een euro betalen van de migrantenkinderen.
En gisteren kwam hier een wat oudere migrantenjongen binnen, nam een blikje uit de frigo, nam een slok en goot de rest
op de vloer. Toen ik protesteerde, begon hij te brullen dat ik
mijn bakkes moest houden. En denk nu niet dat ik iets tegen
migranten heb. Toen ik kind was, speelden we tenminste nog
met elkaar. Nu is 't ieder apart.'
      Een kwartier later sta ik geheel verhakkeld te staren naar
het verder nog altijd even mooie en vredige plein. Waar te beginnen?
      In stadskrant *De(n) Antwerpenaar* – de béste stadskrant van
het hele land – zuchten mensen die van het Kiel hun beroep
maken, dat *'de wijk alleen maar in de media komt als het gaat over
sluikstort, criminaliteit en onveiligheid'.*
      Van de bijna veertienduizend dagen dat ik op deze aard-
kloot ben, heb ik er welgeteld twee doorgebracht op het Kiel.
Wat wist ik dus van deze wijk voor ik er deze week een voet zette? De naam riep pittige associaties op, in de loop van de jaren
uit krantenknipsels gezeefd. Het Kiel, dat heeft iets met migranten, lofts en Patrick Janssens te maken. En iets met tippe-
len aan de verkeerde, want goede kant van de straat. Verder
hoorde ik de naam op Luchtbal uitspuwen door een kameraad
van het Luchtbal-geslacht Detiège, vader, dochter en nu ook
achterkleindochter. En níét van Patrick Janssens, die, zo zei de
militant, niet alleen Leona schandelijk gekoeioneerd had, maar
de voltallige SP.A-afdeling Luchtbal eens had uitgekafferd.
'"Boeren!" riep hij. Tot drie keer toe.' De Luchtbal-sos zei te
vrezen dat er een Kiel-socialisme, een socialisme van *loft people*
in de maak is.

Maar onze Leona-kameraad vergist zich. Ten eerste, omdat Patrick Janssens niet écht van het Kiel is. Ten tweede, omdat het Kiel inzake ellende niet moet onderdoen voor Luchtbal (niet dat dit een wedstrijd in miserabilisme is). En ten derde, omdat er niet meteen een aanwijzing is dat Janssens 'zijn' Kiel voortrekt. Integendeel. Het Kiel heeft een petieterig buurthuisje, de Tiret genaamd. Het is het trefpunt van een handvol jonge knullen en meisjes die de wijk wat zuurstof proberen te geven. Ze komen alles tekort, mensen en middelen, maar vooral een fatsoenlijk onderkomen.

De nieuwe burgemeester woont drie steenwegen verder. Dat is geen onbeduidend detail. Het Kiel is een drietrapsraket. Er is het Kiel tegen het Bouwcentrum aan, ook de Tentoonstellingswijk genoemd. De straatnamen zeggen wat ze zijn. De Beschavingsstraat gaat er over in de Ryckmansstraat, maar niet zonder de Camille Huysmanslaan te kruisen.

Er is het Kiel tussen de Boomsesteenweg en de Sint-Bernardsesteenweg, met als ader de winkelstraat Abdijstraat. Ooit florerend, daarna verkommerd en nu moedig weer aanklampend bij het peloton van de winkelstraten, de Meir op kop. En er is het Kiel tussen de Sint-Bernardsesteenweg en het niemandsland dat zich uitstrekt tot aan de Schelde. Op de meeste stadsplattegronden staat dit derde Kiel overigens maar half op de kaart. Alsof het Stad deze blindedarm het liefst aan het aanpalende Hoboken weggeeft.

Zoek dus het ware Kiel.

'Ach, het Kiel', zegt Polette. 'Als kind vond ik de braderie van de Abdijstraat het jaarlijkse topevenement. Wie van Wilrijk en Hoboken was, ging in de Abdijstraat winkelen. En vond je het daar niet, dan ging je naar de stad.'

'Wat achter de Jan De Voslei ligt, is het Kiel niet meer. Patrick Janssens zegt wel graag dat hij van het Kiel is, maar hij is van de Tentoonstellingswijk. Op de kaart is dat het Kiel, en de postcode is er ook 2020, maar voor Kielenaars is dat iets anders. Al is het waar dat de meer en minder gefortuneerden zich beginnen te vermengen. Niet in het dagdagelijkse samenwonen, maar wel als er eens een wijkfeest wordt georganiseerd.'

* * *

Even de kop leegschudden, de krantenkoppen wissen, en de
gevels laten spreken. Drie huisvestingsmaatschappijen hebben
het gezicht van het Kiel bepaald. Anno 2003 heeft het Kiel ur-
banistisch gezien alles om een modelwijk te zijn. Het is de gedroomde mix van architecturaal zeer waardevolle hoogbouw
en eengezinswoningen, steen en groen. Scherp tekenen zich de
prachtige Braem-blokken af tegen de staalblauwe herfsthemel
boven het oude Kiel. De 'potenblokken', zo worden ze door de
bewoners genoemd, omdat ze op hoge poten staan. Zoals hun
inwoners vaak. Ze hebben prachtige rondingen, deze blokken
en gaanderijen. Architect Renaat Braem, die ook tekende voor
de Antwerpse politietoren, wist blijkbaar zelf niet goed wat hij
van zijn stad en land moest denken. In 1968 schreef hij een no-
velle getiteld *Het lelijkste land ter wereld*. Twintig jaar later een vervolg: *Het schoonste land ter wereld*. Zoals het Kiel er vandaag bij
ligt, is dit een van de schoonste wijken van het lelijkste land ter
wereld. Overal zijn er renovatiewerken aan de gang, overal
worden zwartgrijze gevels weer wit. Op de hoek van de
Hendriklei en de Jan Davidlei waan je je in Montréal of Boston.
Of in het Wenen en Berlijn van voor de oorlog.

'Nu wordt het allemaal opgeknapt', zegt Polette. 'Nu wel.
Eind de jaren tachtig waren het net geen krotten. Je kon er zelfs
geen wasmachine installeren omdat de stroom er niet sterk genoeg was.'

Ja, maar nú is het wel mooi.

'Ja, nu is het wel mooi. Maar er is een keerzijde. Niet iedereen die er woonde, kon er na de renovatie terug in omdat de
huurprijzen omhoog gingen.'

Nog even die kop leeghouden toch, even doorstappen. Terug naar het Alfons De Cockplein. Met open mond. In 1996
werd de verfraaiing gepland, maar uiteindelijk werd het eind
2000, zo ongeveer omstreeks de gemeenteraadsverkiezingen.
Maar goed, het is nu opgeknapt.

Op de hoek, een andere dan die waar Nancy woont, hangen
foto's voor het raam van het wijkfeest Muziek in de Wijk. In
het kader van de Zomer van Antwerpen. Dat zag er best wel gezellig uit.

* * *

'Mooi plein!' zo val ik binnen bij de ombudsdienst van sociale-
woningmaatschappij Huisvesting Antwerpen, op het Alfons
De Cockplein. Ik tref er Erna aan. Tien jaar al luistert ze elke
ochtend naar klachten van bewoners. Erna kijkt me aan alsof ik
van Mars kom. 'Hier', zegt ze. In haar lade ligt een paar zwarte
oogkleppen. Ze stuurt er mij opnieuw de straat mee op. Ik slen-
ter terug naar de hoek van het Alfons De Cockplein en bekijk
de foto's nog eens heel aandachtig. Het was me die ochtend
niet meteen opgevallen, maar ik zie op die foto's amper migranten. Ik herken geen enkel gezicht van de vaak wat bange-
lijk kijkende oudjes die ik in die twee dagen over straat heb zien
lopen. Ik zie nu ook dat er bijzonder veel jong, mooi en goed-
geschoold volk op de foto staat, vermoedelijk woonachtig ver
voorbij de Jan De Voslei. En ik zie Patrick Janssens blij in gesprek met een even stralende stadswachter.

Opruiers

Achter de knappe gevels van het Alfons De Cockplein woedt
een dagelijkse zenuwoorlog. *Afval en bruin mannen,* dat is hier de
as van het kwaad.

Tien jaar al luistert Erna, ombudsvrouw van C.V. Huisvesting Antwerpen, standplaats Kiel, naar de verzuchtingen van
buurtbewoners. Ze mag zich ondertussen ervaringsdeskundige
verzuring noemen.

'Ik heb de onverdraagzaamheid alleen maar zien toene-
men', zegt ze. 'Daar zitten ze, de godganse dag op hun stoel te
wachten tot de buurman een koffielepeltje laat vallen. Zo hebben ze iets om over te klagen.'

Erna is er de vrouw niet naar om mensen naar de mond te
praten, maar makkelijk is het niet. Want de klagers zijn vaak de
beste huurders en moeten dus een beetje ontzien worden. Vorig jaar onderschreef de huisvestingsmaatschappij een door enkele huurders van de 'potenblokken' opgestelde brief met daarin volgende richtlijnen:

*'Speel niet met een bal, fiets niet, skate niet op de galerijen, in de trap-
zalen, de hal onder het gebouw.'*

Zit stil. Adem niet.

In de jaren tachtig werd er gezeurd over de verloedering

van het Kiel. Sinds kort is het zichtbare Kiel ruwweg voor een kwart opgeknapt. Er ligt een buurtontwikkelingsplan (BOP) op tafel dat de komende jaren een wervelstorm van vernieuwingen over het Kiel zal jagen. Her en der komt er ruimte bij voor sport, spel, wonen en verpozen. Wat valt er nog te klagen?

'Wat er nog te klagen valt?' ketst Erna de vraag terug. 'Het gezaag is hier eigenlijk pas echt begonnen tóén alles werd verfraaid. *Amaai, wat kost dit niet allemaal. En allemaal voor de bruin mannen.*'

* * *

'Ze moesten ze keihard aanpakken', zegt Tüncel, een Turk van de tweede generatie. 'Ze', dat zijn de rondhangende allochtone jongeren van de derde generatie. 'Ze laten zich in met drugs, ze stelen, schoppen keet. En ze noemen zich moslim. Dat zijn ze niet. Een moslim is eerlijk en correct.'

We drinken thee in de moskee in de Jef Lambeauxstraat. Van hier af gaat het Antwerpse Kiel over in Hoboken-Kiel. Op de supportersbussen die langs deze kant het Kiel binnenrijden, op naar het stadion van Germinal Beerschot – geflankeerd door opgeknapte arbeidershuisjes, voor de betere tweeverdieners –, is 'zoek de blanke' een favoriet spelletje. Op een blinde muur heeft iemand 'JIHAD', 'TALIBAN' en 'KILL BUSH' geklad.

Tüncel is een moraalridder, hij is op het Kiel sinds 1976. Kom bij Tüncel niet af met kansarmoede. 'Excuses!' zegt hij. 'Ik ben de school doorgeraakt, en ook op het werk heb ik geen enkel probleem gehad. Als scholen of bedrijven ons vandaag met minder respect behandelen, dan is dat ook omdat veel van onze jongeren het zelf gezocht hebben. Het loopt de spuigaten uit op de scholen. Er wordt gepest, leraars krijgen klappen, kinderen worden afgeperst. En dat straalt af op de hele gemeenschap. Toen ik een jonge twintiger was, kon je als Turk op café nog iets vragen en je werd geholpen. Nu kijken ze je buiten. Zelfs in de ziekenhuizen.'

Bekijk Tüncel door een Vlaamse bril, en je ziet een conservatief. Bekijk de door hem zo verfoeide derde generatie, of dan toch het deel ervan dat volgens hem van Allah verlaten is, en je ziet de no future-punkgeneratie van de jaren zeventig en tachtig. Zonder de politiek weliswaar, al vullen organisaties zoals AEL dat op hun manier in.

'Opruiers!' zegt Tüncel. 'Ach, misschien waren onze ouders te braaf. Maar de huidige generatie is, welja, te stout. En wij zijn onszelf gebleven, maar we hebben ons wel aangepast.'

Je kunt schitterend nostalgisch proza over het Kiel van de Sinjoren schrijven. En migranten van de eerste en de tweede generatie, zoals Tüncel, vertellen hún nostalgische verhalen. Maar je hoort de verhalen maar zelden samen, zeker niet in de resterende volkscafés, waar zelfs Tüncel en de zijnen hun gezicht niet moeten laten zien, en dus zijn het niet langer 'volkscafés'. In het blankste – lid van de Vrienden van de Politie, zo leert een sticker op de voordeur – voeren twee blondines van rond de zestig het hoge woord.

'We gaan het Kiel onveilig maken! Die bruin mannen eens tonen wie hier de baas is.' En dat 'ze' de legerdienst weer moesten invoeren, voor al die bruin mannen. Zegt de één. Dat die legerdienst net is afgeschaft omdát er te veel bruin mannen waren, de ander. Enfin, ze komen er niet uit.

Een zwartgerookt wit café. Je kunt je inbeelden dat *bruin mannen* er een steen in de ruit mikken. En daarmee het punt van de blanke tooghanger bewijzen. En dat er dan op de nieuwe ruit nog een extra sticker van de politie komt.

Hier tikt een bom van jaren. Ze is ingemetseld, omzwachteld met proper gemaaide parkjes en perkjes. Nooit eerder is er zoveel geld in deze wijk geïnvesteerd, nooit eerder was er zoveel opbouwwerk. En toch tikt ze gewoon verder, die bom.

'We doen wat we kunnen. Maar de sociale cohesie blijft minimaal. Wie kan, trekt hier weg', zegt een pleinwerker.

Tüncel zelf is verhuisd naar een 'betere' kant van het Kiel. 'Ik hoop dat Patrick Janssens iets kan forceren', zegt de conservatieve Turk.

Prachtig Kiel. Hopeloos Kiel.

SCHOTEN – *Vooruitgang*

Geen dorpsplein in Vlaanderen of de markt is er de afgelopen jaren opgebroken en heraangelegd. Ook in Schoten. Wat half december verschijnt, zal geïnspireerd zijn op 'pleinen in Duitsland en Italië'.

Schoten wil een werelddorp naast een wereldstad zijn, Antwerpen. *'Je kunt de wereld zien in Schoten'*, is al vele jaren de slogan van het Internationaal Volksdansfestival. Maar het referentiepunt voor de Schotenaar is niet de wereld, wel Antwerpen. Schoten is ouder dan Antwerpen. Vertellen ze er in Schoten altijd graag fijntjes bij. Van Schoten was naar verluidt al sprake in het jaar 420, van Antwerpen pas in 650. Dagelijks worden er in deze groene randgemeente kleine gevechtjes geleverd tegen de verstedelijking. Schoten staat op en gaat slapen met visioenen van een oprukkende stad, van iets wat sinds de Tweede Wereldoorlog, sinds Stan Ockers in 1946 de hier gereden Scheldeprijs won, voortschrijdt en nog altijd vooruitgang heet.

Stap eender waar het bos in. Je waant je in Durbuy, niet op een kwartier van de Grote Markt in Antwerpen. Maar volg de geluiden van pneumatische hamers, drilboren en graafmachines en op een gegeven moment komt tussen de bomen over de hele dwarslengte van Schoten altijd weer een blinde grijze muur op je af. Daarachter moet straks de hogesnelheidstrein van Brussel naar Amsterdam razen, parallel aan de E19. *'Het specifieke karakter van deze gemeente ligt in haar brugfunctie tussen Antwerpen en Kempen, tussen stad en platteland'*, schrijft ene prof. dr. R. Baetens op de eerste pagina van de Schotense gemeentegids. *'Vandaag dreigen grondverkavelingen, het trekken van nieuwe infrastructuur (goederenspoor, hogesnelheidslijn, verbreding Albertkanaal), naast de reeds bestaande wegen en kanalen, het broze weefsel van deze gemeente verder aan te tasten. Het is niet te hopen dat het specifieke karakter van Schoten, zovele eeuwen gekoesterd, dan definitief geofferd zal worden op het altaar van de "vooruitgang".'*

Antwerpen dringt Schoten fysiek op twee fronten binnen. Ten westen schurkt de meest volkse Schotense wijk, de Deuzeld, zich via Merksem tegen de stad aan. Straten lopen ongemerkt over de gemeentelijke grens. Een van die straten, langs het Albertkanaal, heet wat treiterig Metropoolstraat. Als wou Antwerpen in Schoten zelf zijn signatuur nalaten.

De tweede passage tussen dorp en stad is een scherpere lijntrekker. Het is de Hoogmolenbrug over het Albertkanaal. Kom je van Antwerpen over de drukke Bisschoppenhoflaan langs Deurne en Wijnegem, dan passeer je lintbebouwing, megakoop-nu-en-hiertempels, kantoren en bedrijven. Maar kom je

aan de Hoogmolenbrug en steek je het water over, dan stopt al
dat grootstedelijke geruis abrupt in Schoten.

De Hoogmolenbrug is smal. En dat houdt de stroom enigszins tegen. Goed voor de rust van de Schotenaar, maar slecht
voor de economie van Antwerpen en ommeland. Gebiologeerd
kijken ze nu in Schoten naar de plannen die de Vlaamse regering heeft voor hun dorp. Een van de elf projecten waarmee de
regering Antwerpen op lange termijn 'mobiel en leefbaar' wil
houden, is de verbreding van het Albertkanaal. En daarvoor
moeten ook de bruggen worden herbouwd. De Hoogmolenbrug gaat in 2005 tegen de vlakte en wordt vervangen door een
hogere brug. 'Dat wordt een regionale autoweg erbij tussen de
Bredabaan en de Bisschoppenhoflaan', weten ze in Schoten.

'Dan is er nog de IJzeren Rijn die langs het park zou komen. En Schoten is al zo verbrokkeld', zegt twintiger Marco.
'Je hebt de villawijken in het noorden, de meer burgerlijke kant
tegen Merksem aan. Je hebt de Schotenaren van de ene kant
van de E19 en die van de andere kant. Al blijft voor de oudere
mensen het water, het Kempisch kanaal, nog altijd de belangrijkste grens.' Dat water was ooit een échte grens. Er stond een
slagboom en alleen edellieden mochten erdoor. "Het is er een
van de villa's", is hier nog altijd een geijkte uitdrukking.'

Over het water woonde wellicht ook de burgemeester van
Schoten, die, met buishoed en heuplint, een vrijheidsboom
plantte in het dorp. In zwart-wit, op de foto die de cover siert
van de jongste editie van het gemeentelijk infoblad. Foto uit
1930. Binnenin nog meer nostalgie, ter gelegenheid van het
nieuwe documentatiecentrum van de heemkundige kring Scot.

Schoten zet alles in het werk om zichzelf, als dorp, te affir-
meren en te consacreren. Wat Schoten was en zo graag wil blijven, moet in het collectieve geheugen worden geprent. 'We zijn
wél Antwerpenaren,' zegt Marco, 'maar ik zou er niet kunnen
wonen. Ik heb er gestudeerd, bijna de helft van de Schotenaren
gaat er werken, maar we keren altijd weer naar huis.'

Soms wordt er met de stad een sympathiek robbertje gevochten. Zo knokt Schoten om zijn stempel te blijven drukken
op de Scheldeprijs die hier sinds 1906 gereden wordt. 'Ruim
tachtig jaar vertrok de koers in Schoten en kwam daar ook aan',
zegt Marco. 'Maar sinds een tiental jaar vertrekken de renners

op de Grote Markt van Antwerpen. Dat geeft de koers meer uitstraling en daardoor kunnen de organisatoren ook grotere renners aantrekken. Een win-winsituatie dus voor Antwerpen en Schoten, maar het blijft wel onze Scheldeprijs.'

Elk jaar wordt zorgvuldig nagemeten of het logo van de stad Antwerpen op het officiële drukwerk van de Scheldeprijs geen millimeter groter is dan dat van het dorp Schoten.

Maar niet elk gevecht voor het behoud van de dorpse eigenheid is even sympathiek. Niet zo fraai, vinden ze in Antwerpen, dat het OCMW van Schoten zijn asielzoekers stilletjes versast naar de stad. Schoten kan de wereld blijkbaar wel verdragen in afgemeten volksdanspasjes, maar niet in de choreografie van de migratiestromen.

Het OCMW ontkent, maar in Antwerpen weten ze wel beter. In Antwerpen weten ze het áltijd wel beter, weten ze in Schoten best.

En verder levert iedere Schotenaar op zijn manier een dagelijkse strijd om het dorp het dorp te houden.

'Dubbel glas', zegt de bejaarde mevrouw De Pauw uit de Guido Gezellestraat. 'Schrijf maar op dat het dubbel glas de uitvinding van ons leven is. Zo zien we de vele vrachtwagens en bussen nog wel voorbijrijden, maar we horen ze amper nog.'

Schoten heeft negen wijken en evenzoveel wijkcomités. En hoe meer de stad zich opdringt, hoe meer de dorpelingen zich inspanningen getroosten om weer dorp te worden. 'We willen een bloemengemeente worden', zegt Nicole, 'straatverantwoordelijke' in de Kuiperstraat namens het wijkcomité Cordula. 'We gaan terug naar hoe het vroeger een beetje was. Mensen doen weer boodschappen voor elkaar, ze houden de netheid van de straat samen in het oog. Alles gaat prima. En in het gemeentehuis zijn we zeer welkom.'

* * *

Alles gaat prima in Schoten. *Baseline*. De gemeente gaat prat op haar cultuur van inspraak. Ze heeft een 'inspraakambtenaar' en een 'inspraakorganigram'. En in haar logo draagt ze zelfs fier de naam van 'meedenkende gemeente'. Gemoedelijk gaat het er ook in de politiek toe. Bij zijn afscheid na twintig jaar burgemeesterschap kreeg Tony Sebrechts veel lof van Lutgard Mertens de Bois, fractieleidster van het Vlaams Blok. Omdat hij 'nooit een handdruk of een groet' weigerde.

De partij van mevrouw Mertens de Bois is hier de grootste. Geen mens die je kan vertellen waarom. In een dorp waar de inspraak groot is en het gemiddelde inkomen 19 procent hoger ligt dan dat van de gemiddelde Belg.

Blok

Klusjesmannen van de gemeente planten viooltjes op een pleintje in het centrum van Schoten. Alles is goed geregeld in dit dorp. Straten en dreven – véél dreven, in de villawijken van Schoten – liggen er mooi bij. Proper. Voer voor een ouderwetse revolutie valt hier niet te rapen. Want ook de minder gegoeden hebben het in Schoten nog altijd veel beter dan pakweg tachtig procent van de bewoners in de helft van de grootstedelijke wijken. Beter zelfs dan hun lotgenoten in het doorsnee Vlaams dorp.

Parochies van miserie zijn er niet in Schoten. De politici zijn er vriendelijk en luisterbereid. De gemiddelde Schotenaar verdient negentien procent meer dan de gemiddelde Belg, maar blijkt ook negentien procent zuurder over de politiek. Omdat ik dat mathematisch niet kan bewijzen, kruipen straks wellicht enkele Schotenaars boos in de pen, zoals Hugo Camps een recht van antwoord op zijn dak kreeg toen hij Schoten eens vervloekte omdat in dit dorp, ondanks zijn rijkdom, ondanks zijn gezapigheid, één op drie inwoners voor het Vlaams Blok stemt. Toch heeft Camps gelijk. Behalve met dat ene woordje 'ondanks'. Het is eerder 'dankzij dat', of 'mede omdat' het dorp rijker is dan het Vlaamse doorsneedorp. Om dat te achterhalen, hoefde ik niet eens bij de duivel te rade te gaan.

'Politici! Zwijg mij ervan! Allemaal dezelfde!' Verder zei hij niet veel, de bejaarde pastoor met wie ik over de gemeente praatte en die verder schitterend pastoraal welzijnswerk doet voor wie er toch uit de rijkelijk gevulde boot van Schoten valt. Ook zijn hulpje, een bejaarde leraar, een godvruchtig man, zei dat het eigenlijk ook wel waar was, 'dat het allemaal zakkenvullers zijn'. Het bizarre is dat die brave man dat zei nadat hij een

positief en volgens mij ook zeer correct beeld had geschetst van
zijn wijk. 'Het is hier goed wonen. Het leven is hier nog gemoedelijk, dorps. En vooral, het contact met de buren is er nog.'

Zelfs over de migranten, de weinige die je in Schoten ziet,
hoorde je de man niet klagen. Wel integendeel. 'Dat het hier zo
veilig is op straat, is dankzij de vreemdelingen. Ze leven meer
op straat dan wij, wij zijn dat verleerd, er is meer sociale controle sinds de vreemdelingen hier zijn.'

Gaat het níét goed met de migranten, het is de schuld van
de politiek. Gaat het wél goed met de migranten, het is 'ondanks' de politiek.

Laten we onze brave, positieve man nog even aan het
woord: 'Schoten heeft de trauma's van Antwerpen. We hebben
mee de problemen. De "smeerlapperij" van de Antwerpse politiek wordt hier doorgetrokken.'

Ja zeg, dank u, ik heb geen zin meer in deze reportage. Ik
heb ze al honderd keer geschreven.

* * *

Waar zit 'het' dan? Waar zit 'het' níét in Vlaanderen anno
2003? In Doel smeert het Blok stroop bij de wanhopigen die
voor het behoud van hun dorp vechten. Maar aan rijke Antwerpse tafels smeert datzelfde Blok stroop aan de baard van
rijke havenbaronnen. En dat is nog zichtbaar. Laat mij u het
grotere beeld borstelen aan de hand van enkele details.

In Schoten, zoals tegenwoordig overal in Vlaanderen, staan
er in de herfst rond de bomen bladkorven. De mensen wordt
verzocht om daar de vallende herfstbladeren in te verzamelen.
Gemeentediensten komen die dan leegmaken. Mooi, proper.
Nog niet zo lang geleden vonden we die bladeren met zijn allen
nog een lust voor het oog.

Vandaag vinden we ze storend. Maar goed, tot daaraan toe.
Met die korven is dat dus mooi opgelost. Zou je zo denken.

Wat gebeurt echter? Mensen dumpen, zelfs in de beste villawijken, allerlei rommel in die bladkorven, zelfs al staat naast
elke korf een bordje met: 'ENKEL VOOR BLADEREN'. De korven raken vol, en de bladeren waaien weer vrij over straat.

Wat zegt dan zo'n mevrouw van het Vlaams Blok, ene Lutgard Mertens de Bois (!), over 'de miserie met de bladkorven', in de gemeenteraad?

'Waar in het verleden deze service zeker op de sympathie van de bevolking kon rekenen, bleek deze herfst er een en ander mis te zijn gelopen, met vragen en klachten tot gevolg. (...) Mensen blijven met hun bladeren zitten en de te volle korven stonden er maar triestig bij. Dat daardoor soms gevaarlijke toestanden ontstonden voor fietsers en voetgangers, zeker in bosrijke wijken, willen we niet onvermeld laten!'

'Zeker in bosrijke wijken', let daar op. In Schoten mikt het Vlaams Blok in zijn interpellaties in de gemeenteraad specifiek op de belangen van de villabewoners. In gemeenten waar de meerderheid van de bevolking negentien procent armer is, zal het Vlaams Blok het opnemen voor de grootste groep van de minder gegoeden. Ook niet voor de allerarmsten, want dat is toch nooit goed voor meer dan zeven procent van de kiezers, maar evenmin voor de allerrijkste minderheid. Voor geen enkele minderheid nemen ze het op, nergens eigenlijk.

Men zegt wel eens dat het Blok het moet hebben van ongenuanceerde boodschappen. Maar dat is niet waar. Het Vlaams Blok is juist zéér genuanceerd. Ze hebben zoveel nuances in huis als Lech Walesa, die ooit eens zei: *'Ik ben er voor, meer zelfs, ik ben er tégen.'*

Nog een voorbeeldje. In Schoten kwam er, na klachten over overlast, een verplicht sluitingsuur voor enkele cafés. Mooi, proper opgelost. Zou je denken. Maar wat zegt dan zo'n jong raadslid van het Vlaams Blok als ene Tim Willekens? *'Wie anders dan het Vlaams Blok is voorstander van de harde aanpak van criminaliteit? (...) Maar men moet zich de vraag durven te stellen of men door een verplicht sluitingsuur voor de Schotense horecazaken nu net niet die overlast aanwakkert? Zo zullen de amokmakers snel de weg naar de nachtwinkels vinden, waarna ze hun feestje op straat voortzetten.'*

Ik kan me zo voorstellen hoe de bocht (een van die duizenden bochtjes die deze partij overal in Vlaanderen, elke dag, maakt om zoveel mogelijk mensen tegelijkertijd ter wille te zijn) gemaakt is. Meneer Willekens krijgt 'signalen uit de samenleving', zijnde enkele Schotense zelfstandigen die komen klagen over de oneerlijke concurrentie van nachtwinkels, en hop!

Nog een vraagje van meneer Willekens. Eerst zag de brug

over de Wezelsebaan er een beetje te troosteloos grijs uit.
Waarom geen likje verf? Na de schilderwerken stelt meneer
Willekens een nieuwe vraag: *'Waarom al die verschillende kleuren?'*
Het doet pijn aan de ogen, meneer! Het regent! Het waait! En
straks gaat het nog vriezen ook!

Een laatste voorbeeldje. Schoten besteedt jaarlijks ruim
86.000 euro aan ontwikkelingssamenwerking. De helft van dat
bedrag gaat naar het NCOS, de koepel van niet-gouvernemente-
le organisaties. Wat zegt dan zo'n mevrouw Lutgard Mertens
de Bois? *'Dat geld moet rechtstreeks naar onze plaatselijke missionarissen en
lekenhelpers gaan! Dan zijn we zeker dat die gelden voor 100 procent goed be-
steed worden. Onze Schotense missionarissen en lekenhelpers weten nu welke
partij voor hen opkomt en hun belangen verdedigt!'*

En dus zegt zo'n pastoor van een parochie zonder miserie
dat politici allemaal 'dezelfde zijn', zakkenvullers.

* * *

Ziedaar de aorta van het organisme dat Vlaams Blok heet. Dat
gaat niet om migranten. Dat gaat niet om criminaliteit. Dat
gaat al helemaal niet om een zelfstandig Vlaanderen. Dat gaat
niet om een programma. En toch blijven we ons daar allemaal
blind op staren. Precies omdat het niet daarom gaat, doet het er
ook niet toe of Filip Dewinter zegt dat die partij het 70-punten-
plan al dan niet 'afzwakt' of 'schrapt'. Precies omdat het niet
om een programma gaat, doet het er niet toe of ze al dan niet
naar 'het centrum' zeggen te zullen opschuiven. Je vraagt je af
hoe toch niet onintelligente mensen zoals Johan Leman of
Matthias Storme dat, na ruim twintig jaar Vlaams Blok, nog altijd niet doorzien.

Sommigen onder ons zijn zo intelligent dat we de essentie
niet meer zien. En die is dat als in dorp A de meerderheid van
de bevolking tegen iets is, het Vlaams Blok daar ook tegen is.
En als in dorp B de meerderheid voor datzelfde is, het Vlaams
er daar ook voor is. Als ze in Schoten morgen vragen om de
herfstbladeren voortaan mooi weer aan de bomen te hangen,
zal het Vlaams Blok dat op de agenda van de gemeenteraad
zetten.

We moeten de burgemeester van Schoten niet culpabili-

seren omdat hij Blokkers de hand zou schudden, we moeten de
brave man vooral betreuren. Hij zit ermee. Hij, en die twee op
drie Schotenaren die het soms, vaak, nog altijd beter weten dan
het kruim van de intelligentsia dat gebiologeerd en verweekt
naar het Blok zit te staren.

Verdomme wél ja.

MEIR – *Verkopen*

Een krant moet verkopen! En alleen journalisten willen nog
wel eens geloven dat zij daar met hun vlijt impact op hebben.
Als een vlinder zijn vleugels uitslaat in Brazilië kan dat leiden
tot een orkaan boven Texas. Dat kán, volgens de chaostheorie.
Kleine oorzaken kunnen grote gevolgen hebben. Maar zelfs
bij benadering te meten valt dat niet. Als de krant daarom direct van de pers vlotjes van de hand wil gaan, zijn daar extra-
journalistieke *incentives* voor nodig. De ene strooit, op Dash-
wijze, kwistig met proefabonnementen. De andere zet boeken,
cd's of video's in de etalage. *Sell and buy*, geven en nemen. Het is
een zeer vlak verhaal. Personages zijn koper of verkoper, actie
beperkt zich tot transactie, een plot is er niet. De kranten zelf
staan vol complexe verhalen, maar het verhaal van de verkoop
van die kranten zelf kan in een one-liner: *It's the economy stupid!*

Daarbuiten, op straat, is het net zo. In de drukste straten
van stad of dorp, de winkelstraten, gebeurt feitelijk het minst.
Er zijn wel veel attributen te koop die ooit geschiedenis verga-
ren. De spiegel op de huwelijkslijst die jaren later met stille
trom en barst naar de zolder wordt verbannen. Het boek dat
iemands leven verandert. Maar het kopen en verkopen ervan, is
een vlak verhaal. Strikt genomen vind je in geen enkele straat
of wijk meer 'leven' dan in een winkelstraat. In geen enkele
straat vind je ook meer taal – elk winkelraam lokt ermee – en
toch zo weinig verhaal.

Op de Meir ontmoet je alle personages uit de verhalen van
alle Antwerpse wijken. Je ziet er joden en moslims, vrouwen
met aktetas en vrouwen met Aldi-zakken, mannen die hun
aftershave duurder betalen dan de clochard in dezelfde straat
zijn drank. Maar op de Meir zijn al die personages met 'verlof'.
Hun verhalen zijn achtergebleven in Zurenborg of op het Kiel.

Wat ze van die verhalen op de Meir laten zien, is beperkt. Het gaat om wat ze willen en/of kunnen kopen, aan de ene kant van de kassa. En aan de andere kant: om wat mensen dagelijks moeten verkopen om de geldkoffer te vullen die 's avonds door Securitas naar een kluis wordt gebracht. Na sluitingstijd hebben mensen aan deze kant van de kassa daar geen zaken meer mee. Het gekochte is versleten als het wordt verrekend in de beursnotering van de fabrikant.

De vlinder slaat zijn vleugels uit. Ook op de Meir, de enige plek in Antwerpen waar niet gelachen wordt met een Visakaart*. Geen verhaal dus, dan maar een typologie van de/een winkelstraat.

* Zie voetnoot pagina 99.

* * *

Hij staat met zijn rug naar de Meir. Hoog op een sokkel. David Teniers, kunstschilder (1610-1690). Dagelijks lopen duizenden – zo'n vijfendertigduizend om precies te zijn – de man links en rechts voorbij zonder hem op te merken. En het dozijn Antwerpenaren dat daadwerkelijk op de Meir 'woont'. Teniers waakt over het plaatsje dat naar hem is genoemd en dat fungeert als voorgeborchte van de Meir.

Teniers' vader was in de leer bij P.P. Rubens, die halfweg de Meir in een zijstraat begraven ligt, tussen tonnen merkkledij. David Teniers de Jonge vereeuwigde in 1643 de Antwerpse Stadsraad op doek. Misschien uit dank stelde de stad hem een jaar later aan als voorzitter van de schildersgilde. Hij werd ook onder de arm genomen door allerlei goed en hoog volk om kunstcollecties te beheren. Hij begon, met andere woorden, te kopen en te verkopen. Andermans en eigen werk. In de laatste jaren van zijn leven schijnt zijn naam als kunsthandelaar groter te zijn geweest dan die als schilder. De legende wil dat hij zichzelf dood liet verklaren om de waarde van zijn eigen doeken de hoogte in te jagen. Een mens doet véél om zichzelf te verkopen.

Links achter Teniers staat een ander standbeeld. Een icoon van kunststof. Fel geelrood staat het te glimlachen zonder verhaal. Het is de clown van McDonald's.

* * *

Verkopen ging vroeger zo. Je had een product, er was een vraag, en je verkocht. Clemens en August Brenninkmeijer stichtten in 1842 de C&A. Het idee was eenvoudig. Uiteindelijk moet de hele familie gekleed worden. Neem dus de meest courante maatjes van man, vrouw en kind, laat het weefgetouw op volle toeren draaien en kieper daarna alles in grote winkelrekken. Zonder poespas.

Maar toen werd individuele smaak gemeengoed. En kwamen er andere ketens die in bulk verkochten wat u en ik allemaal 'helemaal mij' moeten vinden. Vergelijk het met de 'gepersonaliseerde' of 'gelokaliseerde' fastfoodtenten. Op de plaats waar zo'n tent wordt ingeplant, neemt het interieur de kleuren aan van de locatie. Neprustiek in het historisch centrum, even nephip langs een steenweg met danstempels. Tegen de muur van die toch eendere tenten hangen foto's van wat die welbepaalde plek zo karakteristiek maakt. De Eiffeltoren in de McDonald's van de Lichtstad. De Schelde in die van de Scheldestad. Eigenheid, maar dan met een serienummer.

Personaliseren of lokaliseren is één manier om te verkopen wat in den beginne zichzelf verkocht. De jongste jaren moet er rond elke winkel ook een 'evenement' worden gecreëerd. Er moet íéts te doen zijn dat mensen lokt. In de branche noemen ze dat *retailment*, een samentrekking van de woorden 'verkoop' (retail) en 'amusement' (entertainment). Vergelijk met infotainment.

Daarom word je ook zo vaak aangeklampt in een winkelwandelstraat. Door 'buitendeurse' verkopers.

'Om eerlijk te zijn,' zegt Tina, 'hier op de Meir is het vaak een klotejob. Iedereen is hier gehaast. De mensen zijn ook norser dan in Gent of Brugge. Dat bevestigt dus een beetje het cliché van de Antwerpse mentaliteit. Maar ook niet. Het ligt niet aan de mensen, maar aan de straat. De Meir is de breedste winkelstraat van Vlaanderen. En zeker in de herfst en de winter kan het behoorlijk koud worden. Met een stevige wind in je gezicht is het iets moeilijker om vriendelijk te blijven.'

'Klanten!' verzucht een verkoopster van een kledingzaak uit een lagere prijsklasse. De gemiddelde som per aankoop bedraagt er vijftig euro. 'Je blijft glimlachen, natuurlijk. Maar soms... Ze weten dat je veel concurrentie hebt en spelen dat ook uit, ze hebben weinig respect voor de koopwaar. En als je ze vriendelijk terechtwijst, worden ze nog wat ruwer.'

De markt heeft de klant gemaakt. Hij werd zo in de watten gelegd en gestrikt met koopjes dat hij het zelf ook begon te geloven dat hij koning was. En dat alles te krijg is. En als dat niet zo blijkt te zijn, wil die klant de kassa wel eens omzeilen ook.

* * *

'De economische schade veroorzaakt door winkeldiefstallen schommelt al jaren rond de één procent van de omzet', stond in *Gazet van Antwerpen*. Daarom gaan supermarkten overschakelen op een systeem van 'verklikkertjes' in het product zelf. Hoe zit het met kosten en baten? Want ook beveiliging kost geld. Een voorbeeldje. Ik kocht, bij wijze van participatieve journalistiek, op de Meir twee paar kindersokken. 2,90 euro per paar. Afgerekend aan de kassa, maar de sensoren aan de uitgang dachten daar anders over.

Bwièèpbwièèp! Verkoopster op mij af en terug naar de kassa. *'Meneer heeft betaald!'* verzekerde de eerste verkoopster de tweede, en de elektronica achter de kassa leverde het bewijs. Terug naar de uitgang, opnieuw alarm. Een derde verkoopster kwam erbij enzovoort.

De verkoop van twee paar kindersokken kostte deze winkel, dankzij overgevoelige 'verklikkertjes', tien minuten loon voor drie verkopers die ondertussen niets verkochten. En u weet hoe hoog de loonkosten al zijn! 'Het systeem werkt niet zo goed', verontschuldigde de winkeljuf zich. 'Enfin, het werkt te goed.' Of hoe ik die dag wellicht een gat in de kassa heb geslagen. Voor sokken die bij thuiskomst niet eens bleken te passen.

Genieten

Typologie van een winkelstraat, deel II. Casus: de Meir te Antwerpen. Winkelstraten zijn inwisselbaar. Alsook de activiteit waar mensen zich op zo'n locatie aan overgeven, en waar zo'n winkelstraat haar bestaansreden want omzet aan ontleent. Er

wordt verkocht, er wordt gekocht. Hoe verscheiden de winkel-
passanten ook zijn, wat telt is de streepjescode van het product
dat in de boodschappentas gaat. Daarop word je afgerekend.

Ook de panden zijn ondanks hun verscheidenheid, hun
veelkleurigheid, zeer eenduidig in hun functionaliteit. Het zijn
indoorvarianten van de aloude marktplaats. Agora's, zoals een
winkelgalerij op de Brusselse Grasmarkt heet. Maar de meeste
namen hebben geen diepere bodem. Elk pand zoekt voor zichzelf naar de meest onderscheidende naam. Maar achter dezelfde originele naam stap je in Gent Veldstraat of Brussel
Nieuwstraat een eender interieur binnen. Soms zijn de naam-
zoekers origineel door het net niet te zijn. Voor een koffie langs
de Meir spreek je nergens duidelijker af dan in Brasserie The
Bistro, op het aanpalende plein de Wapper. Het is wat het zegt.
Zoals je in Eethuis Le Steak, waar Raymond over zingt in
'Brussels by Night', ook weet wat je op je bord krijgt nog voor
je er een voet hebt binnengezet.

Dat is de evenwichtsoefening die elke goede neringdoende
moet maken. Hij moet lokken, maar niet te veel. Verrassen,
zonder af te schrikken. Het is op de commerciële markt niet anders dan op de politieke: de impuls maakt het verschil tussen
winst en verlies. Vooral in ketenwinkels bestaat de kunst erin
om klanten te binden, mensen te ketenen zonder ze het gevoel
te geven dat ze tot consumptie verplicht worden. Vier boeken
of cd's per jaar, zonder aankoopverplichting!

Winkelstraten hebben geen geheugen, de gevels geen geschiedenis. Op een zeldzaam pand na, dat als een Fremdkörper
tussen de winkels staat, een verdwaalde gast op een feestje vol
glad volk. Zo houdt op de Meir het Filmmuseum zich staande.
Het bewaart in zijn archieven alle verbeelding die de winkelstraat moet missen. En tussen een Mega Compact Store en een
Hair Fashion Shop delen de consulaten van Ivoorkust en Thai-
land een pand.

Maar verder dus geen verhalen, geen geschiedenis. De gevels, de vitrines en de uithangborden moeten de passant een
zeer heftig hier-en-nu-gevoel geven, een gevoel dat hij niet van
gisteren is, dat hij 'mee' is. Niet 'uit' maar 'in'. Het ras van de
kopende mens heft alle andere verschillen op.

Twee taferelen op de Meir. Eén. Twee Marokkaanse tienerjongens voeren een behoorlijk opgewonden gesprek. Verdiept in een reclameblaadje van een gsm-producent.

Twee. Een groep bakvissen, meisjes, geven hun versie van hetzelfde verhaal.

'Heb je die Nokia 3510i al gezien? Keitof jong! Betere kleuren dan op mijn pa zijn homecinema.' Biepbiep. 'Pff, een sms. Geef mij maar mms. Daar kun je prentjes en muziek mee doorsturen.'

Na de vergelijkende studie van deuntjes en hoesjes, volgt de klederdracht. Het heeft niets om het lijf. En het kost altijd te veel.

Het is taal die zelfs XXL-schrijver A.F.Th.van der Heijden niet in een boek zou kunnen passen.

Dialoog op de Meir. Meisje klampt passant aan en probeert die warm te maken voor een combiformule boek en cd.

'Dag meneer! Mag ik u wat vragen? Leest u graag?'
'Ja.'
'Leuk! En wie is uw favoriete schrijver?'
'Boon'
'Ooooo...' Vakkundig verpakte aarzeling. 'Zozo. Ook Brusselmans bijvoorbeeld?'
'Ja, ook wel.'
Opluchting.
'Koopt u ook soms cd's? En hoeveel dan per jaar?'
'Zo'n vijftal.'
'Da's, euh, niet veel.'

Wie kandidaat-kopers wil inpakken moet zich bij elke blijk van twijfel razendsnel kunnen herpakken.

'En hoeveel boeken per jaar?'
'Zo'n twintigtal.'
'Ooooo... Da's véél.'

Paf staat ze ervan. De zakjapanner in haar hoofd berekent het voordeel indien die twintig boeken uit háár rekken zouden komen.

Achter de rug van het meisje, op kortverhaal-afstand, ligt de uitgebluste Antwerpse Stadsfeestzaal. Zoals het Filmmuseum een cultureel Fremdkörper op de Meir. Een brand verdreef er enkele jaren geleden de 'alternatieve' boekenbeurs Het Andere Boek.

* * *

Winkelstraten zijn kleur- en geurloos. Het zijn de meest publieke van alle ruimtes, maar het zijn geen politieke ruimtes. Politiek zaait meningsverschil, conflict, en dat leidt af van de hoofdzaak: verkopen. Wil de transactie gesmeerd lopen, dan mag de persoonlijkheid van koper en verkoper er zo weinig mogelijk toe doen.

Gesprek in een tweedehandsboekhandel. Vruchteloos gezocht tussen de rekken naar de sectie Politiek. Opgepast, nu volgt: satire. Onderstaand tafereel en gesprek vonden wel degelijk plaats, maar werden – naar het woord van Jeroen Brouwers: *'Kunst is de leugen die de werkelijkheid openbaart'* – op enkele punten aangedikt.

'Politiek?' zegt de winkeljuf. Ze kijkt me aan alsof ik net gevraagd heb naar de sectie met standaardwerken over de anatomie van de Aziatische olifant.

'Politieke boeken krijgen we niet zo vaak binnen. Wat niet wil zeggen dat het elders goed verkoopt. Ik vermoed dat veel van die boeken gewoon worden weggegeven.'

'Ach zo.'

'Ja. Maar als u iets zoekt over de anatomie van de Aziatische olifant: tweede verdieping, rechtse schap, naast de boeken over het porselein. We hebben wél Bert Anciaux.'

Inderdaad, daar ligt Bert in stapeltjes aan de ingang van de winkel. Hij ligt er zijn onschuld te bewaren naast het boek van zakenman Raymond Stuyck met verhalen uit het rijke Antwerpse verleden. Sectie: creatief met facturen, maak van uw hobby uw werk en omgekeerd.

* * *

Tot zover deze kunstig verpakte ouwelijk marxistische kritiek op de vervlakking van de vrije markt. Is er dan werkelijk geen leven tussen de winkelrekken? Is de mens in een winkelstraat niets meer dan een iets beter afgewerkte versie van de 'homo etalagicus', de vitrinepop? Toch wel. Nu en dan breekt door de reclame en de verpakking het leven door. In gefluisterd koopverdriet. Ik heb opvallend veel straatgesprekken gehoord over kilo's, *body mass*-index, taille en de ontoereikendheid van het budget.

Er was het meisje dat bedremmeld de ogen neersloeg en stamelde dat ze *'een klein beetje was aangekomen'*. En er was de verkoopster, geselecteerd op haar ideale maten, die dacht maar niet zei: *'Tssss.'*

En er was het volgende, volstrekt niet gefingeerd gesprek in een krantenwinkel. Een volslanke vrouw van dertig snuffelt in de rekken. Ze ziet er herfstig bleek uit in een onmodieuze jas.

'De *Genieten* of de *Feeling*, waar staan die?' vraagt ze.

'Dé?' vraagt de man achter de kassa.

Iets stiller: *'Genieten* of *Feeling.'*

'Daar staat de *Feeling*, achter uw rug. De *Genieten* is nog niet binnen.'

Laat dat de moraal van het verhaal zijn. Voor de doorsneewinkelpassant is het genot niet voor vandaag en wellicht ook nog niet voor morgen.

Maar overmorgen misschien, ja, dan misschien herkent hij of zij zich plots in een van de blij positieve profielen van Censydiam, marktonderzoeksbureau opgericht door Jan Callebaut. Tevens auteur van *The Naked Consumer Today*. Te bekomen in het rek naast de gebroken dromen.

TEL A. - *Angst*

A. Van alle (33) gemeenten in Vlaanderen waarvan de eerste letter ook die van het alfabet is, is Antwerpen de grootste. En die eerste letter zal ook groot als een huis boven de stad blijven torenen, boven op de Boerentoren. Die toren werd gebouwd in 1930, het was een van de eerste wolkenkrabbers in Europa. Zevenennegentig meter hoog, met de A de honderd voorbij.

De stad telt zo'n twintigduizend Sinjoren voor wie de A nog een ander beeld oproept. Ze waren nog met vijftigduizend toen de Boerentoren werd opgetrokken. In de straten achter de van diamant fonkelende Pelikaanstraat, beter bekend als de jodenwijk, staat de A niet alleen voor Antwerpen, ook voor de grootste stad van Israël. Tel Aviv, wat wil zeggen: lenteheuvel. Hoewel Jeruzalem sinds 1949 de officiële hoofdstad van het land is, is Tel Aviv het politieke en diplomatieke centrum.

Israël is en blijft in de Antwerpse wijk achter de spoorweg altijd dichtbij. Reisbureaus maken er, in het Engels, reclame voor. Voor alle grote gelegenheden in het leven van een Antwerpse jood is het beloofde land het ijkpunt. *'Wedding in Israel?'* vraagt zo'n bureau in de Lange Herentalsstraat, vlak bij de mini-Wallstreet van de diamant, de Hoveniersstraat. *'Ask for our special grouprates.'* De krantenwinkels hebben er, behalve het in Antwerpen gevestigde *Belgisch Israëlitisch Weekblad*, alle belangrijke joodse media in de rekken staan.

De joodse gemeenschap in Antwerpen is min of meer even groot als die van Brussel, maar duidelijker herkenbaar, want traditioneler en confessioneler. Zwarte jassen, zwarte baarden, zwarte pijpenkrullen, zwarte hoeden met brede rand, en de iets discretere keppeltjes die door hun donkere kleur soms niet van het haar te onderscheiden zijn. De jongste jaren voelen de joden zich in de stad waar 'zij' al sinds de zestiende eeuw wortels hebben, opnieuw als bevolkingsgroep geviseerd. Door jonge allochtonen vooral, die in het wereldnieuws – al dan niet in de opzwepende vertaling van Dyab Abou Jahjah en zijn Arabisch-Europese Liga – een 'ernstig' doel hebben gevonden voor de vertolking van hun binnenlandse frustraties of gewoon hun balorigheid: het Midden-Oosten.

Het leidde eerder dit jaar in de Engelstalige krant *The Jeruzalem Post* tot een alarmerend hoofdartikel onder de titel: *'Fear and loathing in Antwerp'*. Met als inleiding:

'Na een jaar van toenemende anti-joodse retoriek en geweld lonken de Antwerpse joden naar die ene partij die hun veiligheid belooft: het uiterst rechtse Vlaams Blok.'

In Jeruzalem kunnen ze wel begrip opbrengen voor de vrees van hun Antwerpse volksgenoten, maar ze waarschuwen er toch ook voor de 'nieuwe joodse realpolitik'. Als de vijand van de vijand 'neofascistische wortels' heeft, dixit *The Jeruzalem Post*, moet elke jood toch wel méér dan twee keer nadenken. In Nederland is er al een uiterst rechtse paramilitaire joodse groep op de been gebracht, de joodse gemeenschap in België houdt zich ver van dit soort escalerende waanzin. Het neemt niet weg dat ook in Antwerpen de defensieve reflex groeit. Waar mensen belaagd worden, of zich belaagd voelen, schurken ze iets dichter tegen elkaar aan, zetten ze op hun beurt de stekels op.

'Het sectarisme groeit ook in de gemeenschap waar ik toe
behoor', zegt de Franstalige Joseph. Een niet-orthodoxe jood,
vooraan in de vijftig. Hij zit aan een tafeltje te bladeren in het
weekblad van de joodse gemeenschap van Frankrijk. 'Dit is
hier klein-Jeruzalem. En niet bepaald hetgeen ik mij van die
prachtige stad wil herinneren. De ene synagoge is al moderner
en opener dan de andere. In de meeste ben ik niet welkom. Ik
ben homoseksueel, vandaar.'

Joseph, een gewezen advocaat, is al jaren werkonbekwaam.
Een geschiedenis van depressies. 'Ik zal wel niet de enige jood
zijn met een joekel van een depressie', zegt hij met een wrang
lachje rond de mond. 'Ik heb in Jeruzalem gewoond, zag er een
bus de lucht in vliegen. De hele regio daar biedt nog voor decennia werkgelegenheid voor psychiaters. Nog los van de fysieke schade is Israël een land met duizenden en duizenden gehandicapten, tijdbommen. En aan de Arabische kant hetzelfde
verhaal.'

'Weet je wat het probleem is met de extremisten van mijn
volk? Ze kennen het Boek niet waar ze hun inspiratie zeggen
uit te halen.' Het Boek, met hoofdletter. Het Oude Testament
of de thora, het Hebreeuws voor 'woord', of specifieker: het
woord dat mensen de richting wijst. Joseph zegt krek hetzelfde
als vele gematigde Arabieren over hun soortgenoten die in de
koran legitimatie voor hun geweld zoeken; al is dat woordje
'gematigd' ongepast om er mensen mee aan te duiden die ondanks de gekte rondom hen toch radicaal hun gezond verstand
blijven bewaren.

'Quitter la voie du mal. Dat heb ik toch in de thora gelezen. En
het kwaad, dat is wanneer je mensen onderdrukt die jou op den
duur in zee willen drijven. Wij creëren terroristen. En zij, de
Arabieren, met hun terrorisme ook. Ook zij moeten het pad
van het kwaad verlaten.'

Toch blijft Joseph dromen van Israël, van Jeruzalem en Tel
Aviv. Om de andere zin verzucht hij: *Je dois partir pour le climat
bleu.*' 'Ik wil overwinteren in het Israëlische klimaat. Vier à zes
maanden per jaar. Hier', zegt hij, wijzend naar de regen die het
raam geselt, 'besterf ik het. Maar het kan niet. Want als ik dat
doe, verlies ik in België mijn uitkering.'

* * *

Een schoolgroep schuift aan voor de deur van de synagoge in de Terliststraat. Elf september, de oorlogen in Afghanistan en Irak en het aanslepende conflict in het Midden-Oosten hebben de jongste jaren alleen maar meer extremisme gekweekt, maar – lichtpuntje – het heeft blijkbaar ook de nieuwsgierigheid van mensen voor het andere in eigen land aangescherpt.

'Sinds tien jaar zetten we de synagoge open voor bezoeken', zegt Simone. 'Maar er is nu veel meer vraag naar dan vroeger. Soms krijgen we moslimklasjes over de vloer.'

In de groep tieners die vandaag staat aan te schuiven, ontstaat er plots wat deining. Er worden keppeltjes uitgedeeld voor wie geen baseballpet draagt, en dat is de helft van de klas. Eén leerling wil het keppeltje beleefd weigeren.

'Ik ben moslim', zegt hij bedeesd. En toch moet het.

'Je moet niet bang zijn', sust Simone. 'Het is niet omdat je dat keppeltje opzet dat je plots een van ons zou worden. Het is gewoon een kwestie van respect. Als iemand van ons in een moskee komt, trekt hij ook de schoenen uit.'

'Oké, geen probleem, geen probleem', zegt de jongen, hij duwt het keppeltje op zijn hoofd en schuift mee met de groep naar binnen. Na de uiteenzetting van Simone, waarin ze op tien minuten haar godsdienst uitlegt, stelt hij ook een vraag. 'Wie is jullie God?'

Simone: 'U kent zijn naam, maar ik mag hem niet noemen.'

'Waarom niet?'

'Wij mogen onze... euh... Vader of Koning niet afbeelden of bij naam noemen, alleen maar omschrijven.'

Fijne strikvraag natuurlijk, want het is dezelfde God. Ook die van de christenen.

Hokjes

'Het kan anders', zegt de directrice van de streng-orthodoxe joodse meisjesschool in de Antwerpse Stoomstraat. Ze heeft haar naam of die van de school liever niet in de krant. De school maakt deel uit van een chassidische gemeenschap, lid van de Israëlitische Hoofdgemeente Machsike-Hadas.

Hier komen normaal gezien geen journalisten. En al zeker geen journalist van een medium dat – dixit de directrice – *'wel eens tendentieus'* schrijft over het Midden-Oosten. Dat in elk conflict het zoeken naar objectiviteit voor beide partijen 'tendentieus' lijkt, is onvermijdelijk. Maar ik was niet gekomen voor een discussie over journalistiek. Het zou over Antwerpen gaan, had ik gezegd. Over 'klein Jeruzalem', Tel Aviv aan de Schelde.

'Het kan anders', zei dus de directrice. 'Vorige week zag ik een mooi tafereeltje op straat. Een auto had pech. Een joodse man met pijpenkrullen, een Marokkaanse vrouw met hoofddoek en een jonge Belg gaven de auto een duwtje. Had ik toen een fototoestel bij de hand gehad, ik had geld kunnen verdienen!'

Ook haar collega komt over zijn aanvankelijke argwaan heen. Hij heeft zijn zwarte hoed afgezet, daaronder komt een keppel tevoorschijn, die blijft de hele tijd op. 'De huisbewaarder van onze lagere meisjesschool om de hoek is van Marokkaanse origine. Ze woont aan de overkant van de straat en houdt een oogje in het zeil. In haar gemeenschap krijgt ze wel eens te horen dat ze een verraadster is. Maar het kan dus wel. Samenleven.' *The Jeruzalem Post* schreef eerder dit jaar over de 'angst en afschuw' onder de Antwerpse joden. Dat was enkele maanden na de rellen vorig jaar in Borgerhout, toen Abou Jahjah met veel machtsvertoon werd opgepakt. De krant had het over het toenemende antisemitisme, en hoe menig jood van de weeromstuit naar het Vlaams Blok lonkt.

'We zitten niet te beven van angst', zegt de joodse schooldirecteur. En de directrice: 'Wat in Israël over Antwerpen geschreven wordt, is vaak overdreven. Zoals wat hier over Israël geschreven wordt. Er is niet meer antisemitisme in België dan vroeger. En zeker niet van de Vlaamse bevolking. Ook niet van het Vlaams Blok, nee. Als het antisemitisme is toegenomen, komt dat omdat er ook meer moslimmigranten zijn dan in de jaren zestig.'

'Begrijpt u ons niet verkeerd', haast haar collega zich. 'We hebben geen problemen met de moslimgemeenschap op zich. Integendeel, we hebben hier op school al gesprekken gevoerd met de oudere generatie Marokkaanse migranten. Ze willen niets anders dan wij: in vrede naast elkaar leven. Maar ze moeten tot hun spijt erkennen dat ze hun jongeren vaak niet onder controle hebben. En de politiek van Israël kan dat niet rechtvaardigen, nooit. We zijn hier in Antwerpen, niet in Tel Aviv. De jongeren die het hier op onze gemeenschap gemunt hebben, zijn van Marokko. En dat ligt ver van Israël. Excuses zijn er om je ervan te bedienen.'

In de joodse gemeenschap in Antwerpen worden kinderen en jongeren zo dicht mogelijk bij het ouderlijk en religieus gezag gehouden. Zo dicht mogelijk bij de synagoge. Dit is een school die de wereld anno 2003 zoveel mogelijk buiten de deuren houdt. Er is geen televisie, niet op school en niet bij de kinderen thuis. 'Antwerpen is een kleine stad. Niet zo groot en open als Brussel of Amerika', zegt de directrice. Sommige joden zijn om die reden van het 'open' Brussel naar het 'gesloten' Antwerpen verhuisd. 'Onze meisjes gaan niet naar de bioscoop, ze zien geen reclame. We hebben onze eigen bibliotheek, onze boeken worden nagekeken. Onze meisjes komen niet op plaatsen waar ze – hoe moet ik het zeggen – met allerlei zaken in contact kunnen komen die ons niet genegen zijn. Als we het al eens over drugs of alcohol hebben, weten de meisjes niet eens wat we bedoelen. Onze meisjes voelen zich ook niet zo goed in een ander gezelschap, ze zijn ook niet zo bedreven in de omgangstaal van de straat. Al leren ze wel Nederlands op school.'

'Tot vlak voor de oorlog was er in Antwerpen geen aparte school voor joodse meisjes. Er was alleen een jongensschool. De meisjes gingen naar de stadsscholen. Maar die werden gesloten. Leraars brachten de meisjes naar huis, uit vrees voor razzia's. Tot de Duitsers kwamen, is er dan nog heel even een aparte meisjesschool geweest.'

'Na de oorlog is er opnieuw een school geopend, met enkele leerlingen. We zaten op de overloop en gebruikten een groen vel papier op de muur als bord. De klaslokalen stonden vol meubels van joden die nooit meer weergekeerd zijn. Van diegenen die wel weerkeerden naar Antwerpen, reisden velen door naar Israël of Amerika. Onder diegenen die hier bleven, wilden sommigen een strenger, orthodoxer onderwijs.'

* * *

'Mijn dochtertje is zeven. "Papa," vroeg ze onlangs, "waarom staat er voor de deur van onze school altijd politie?"' vertelt Chaïm, een lid van de minder strenge Israëlitische Gemeente Shomre-Hadas. 'Ik wil niet extra kritisch zijn voor de moslimjongeren, ik wil niet veralgemenen. Maar u hebt het zelf gezien: voor al onze scholen en synagoges staan betonblokken. Die staan niet voor de kerken of moskeeën in Vlaanderen. Als er iemand in Antwerpen bedreigd wordt, zijn het de joden. We hebben geprobeerd om contact te leggen met de moslimgemeenschap. We hebben hier rond deze tafel gezeten. Het waren schatten van mensen. Maar ze zeiden: "We hebben geen vat op onze jongeren. Die van jullie gaan naar de synagoge, die van ons niet naar de moskee."'

'Het is en blijft een minderheid die tot geweld overgaat. Verbaal, maar ook fysiek. Ze hébben joden met ijzeren staven het ziekenhuis in geslagen. Twee jaar geleden was er bijna wekelijks een zware fysieke molestatie. Dat is nu verminderd, maar het aantal kleinere incidenten is wel toegenomen.'

'Onze kinderen dagen ook soms Marokkaanse jongeren uit. Op mijn vraag is een politiecommissaris al eens in een joodse school de kinderen de les gaan spellen. Dat maakt indruk op onze jongeren. Maar echt leuk leven is het niet. Wie al te zeer beschermd moet worden, is tegelijkertijd gevangen. Als er een joodse feestdag is, worden de straten voor ons afgesloten. Daar zijn we niet gelukkig mee, maar we hebben geen keuze. Een jaar geleden werd er tot twee keer toe met stenen naar onze synagoge in de Bouwmeesterstraat gegooid. We hebben er lelijke plastic platen voor gezet. Kort daarna is er een molotovcocktail tegen gegooid. Als die door het raam was geraakt, was de synagoge er niet meer. Het is een geklasseerd monument, vol houtwerk. We willen ons niet opsluiten, maar tegelijkertijd zijn we er ook toe veroordeeld.'

* * *

'"Jullie zijn niet geassimileerd", krijgen we vaak te horen', zegt de directrice van de meisjesschool. 'Ons antwoord: nergens anders waren joden meer geassimileerd dan in Duitsland in de jaren dertig. Het is hun slecht bekomen.' Dus verkiest het gros van de Antwerpse joden hun goed beschermde eilandje. Met een directe lijn naar Israël. Daar ontfermt zich een opperrabbijn hoogstpersoonlijk over elke geestelijke of zelfs maar familiale vraag die er achter de Antwerpse gevels leeft. Ze kunnen en mogen ook hun eigenheid maximaal behouden: enkel voor de 'profane' vakken staan hun scholen onder toezicht van de Vlaamse overheid. Mede dankzij zware politiebeveiliging kunnen ze de boze wereld buitenhouden. Het is niet te verwonderen dat het Vlaams Blok 'geen problemen' heeft met de joodse gemeenschap in Antwerpen. Die partij houdt van *safe compounds*, hokjes. Het is niet verwonderlijk dat er van die partij een appèl uitgaat op de joodse gemeenschap. Er zijn ook Marokkaanse ouders die uit ellende beginnen te lonken naar het Blok als bondgenoot om hún jongeren onder de knoet te houden. Die verwarring is begrijpelijk, maar tragisch. Want het Blok houdt niet van gematigde moslims die erin zouden slagen bruggen te slaan naar de gematigde joden en de gematigde Vlamingen in Antwerpen. Want als dat gebeurt, haalt contact het van conflict. Als de betonblokken niet meer nodig zouden zijn, de egelstellingen verdwenen, pakt de bruine mayonaise niet meer. Dat is een tendentieuze zin, toegegeven. Het is dan ook een objectieve zij het een beetje naïeve vaststelling.

Brussel

SINT-JOOST - *Vergeten*

Om u maar meteen de conclusie mee te geven: in het Brusselse Sint-Joost-ten-Node tikt de grootstedelijke bom luider dan ze ooit in de Antwerpse Seefhoek heeft gedaan. En er is veel minder schoon volk dat er wakker van ligt. Sint-Joost knaagt, het is de horzel in het grootstedelijke gewest. Zoals heel Brussel dat is in de Belgische politiek. *Stoemp saucisse*, hete brij. Voor de Franstalige partijen is Johan Demol van het Vlaams Blok een probleem van de Vlamingen, houden ze halsstarrig vol. En de Vlaamse partijen vinden de slag om de ruim 300.000 Antwerpse kiezers belangrijker dan het politieke lot van ongeveer 20.000 'verbrusselste' Vlamingen. In elke partij is de Brusselse afdeling sowieso een buitenbeentje. Europarlementsleden krijgen hun werk en de context ondanks het euroscepticisme nog altijd beter uitgelegd op hun nationale partijbesturen en congressen dan hun Brusselse collega's.

Sint-Joost-ten-Node, met één vierkante kilometer de kleinste gemeente van België, heeft de hoogste concentratie van grootstedelijke kenmerken. De charmes van een grootstad dus – we willen ze heus wel zien –, maar toch vooral de problemen. De grootste bevolkingsdichtheid, om maar dat te noemen, met 23.070 inwoners, in de minst comfortabele huizen van het land. Al hoort bij dat cijfer een grootstedelijke kanttekening. Achter de gevels zit meer volk dan in de statistieken, en elke dag komen er nieuwkomers aangespoeld. Een veelvoud van het handvol vreemde vogels dat nu en dan uitzwermt over de Antwerpse randgemeenten. Sint-Joost heeft geen salon, maar het zit – naar het woord van Louis Tobback – overvol. Er wordt, gelukkig in zekere zin, minder om gekraaid dan in het blanke Vlaanderen.

Een willekeurige ochtend in het gemeentehuis van Sint-Joost, gelegen langs de Brusselse kleine ring ter hoogte van het knooppunt Madou. Een heksenketel. In elk ander gemeente- of stadhuis in dit land vind je aan de ingang een onthaaldesk. Die dient als ingangspoort voor de hele gemeente. Bouwvergunningen? Gang rechts, loket 3. Geboorte? Gang links, loket 6.

Niet zo in Sint-Joost-ten-Node. Aan de 'mooie', statige ingang hangt een A4'tje dat bezoekers in drie talen, Arabisch incluis, doorverwijst naar een zij-ingang. De ontvangstbalie daar lijkt wel een trechter voor één loket, dat van vreemdelingenzaken. Het is nog geen middag en het bord *complet* staat er al. Dat heet dan: 'BUREAU VOOR VREEMDELINGEN. GEEN NUMMERS MEER VOOR VANDAAG.'

Van alle Belgische gemeenten ligt Sint-Joost geografisch het dichtst bij de Wetstraat. Van alle Belgische gemeenten lijkt Sint-Joost de meest vergeten hoek van het land. O ja, er zijn ontelbare, door allerlei overheden gesubsidieerde stadsprojecten. Nergens in België zijn er eigenlijk meer 'wijkcontracten', nergens in België heeft het sociale veld een grotere dichtheid dan hier. Maar zou het kunnen dat vele politici daar ook een beetje hun gewetensrust mee afkopen? Wie in de Wetstraat moet zijn, schuift samen met tienduizenden pendelaars aan op de kleine ring en ziet ter hoogte van Sint-Joost wellicht alleen de muren van de tunnel. En wie bovengronds blijft, zal na vele jaren nog altijd niet weten dat er achter de kantoorgebouwen gewoond wordt. Of dat dit toch gepoogd wordt.

Nee, in Antwerpen hebben ze niets te klagen. In de Scheldestad hebben velen dan ook een welomlijnd politiek belang. In Sint-Joost-ten-Node valt voor niemand iets te winnen. Sint-Joost is Europa, het is Vlaanderen, het is Franse Gemeenschap, het is van *tout le monde* een beetje, maar nooit helemaal van iemand. Iedereen heeft er een vinger in de pap, maar het gros van de inwoners heeft niet eens stemrecht. Officieel telt Sint-Joost ongeveer 8000 inwoners van vreemde origine.

Omdat Sint-Joost niemands kind is, wordt het als gemeente in zijn geheel ondergeschoffeld. Iedere belanghebbende, de Franse Gemeenschap vooral, pikt er wel de grootstedelijke kersen uit. Zo is er het magnifieke culturele centrum annex park, de Botanique. Een lichtbaken voor heel Brussel. Maar achter de zijgevel loopt de Kruidtuinstraat, weg van de Koningsstraat, letterlijk en figuurlijk naar beneden. Naar de rosse buurt achter het Noordstation. 'Als kind groei je op met de hoeren', zegt een oudere Sint-Joostenaar. 'Maar nieuwkomers schrikken er wel van, als ze plots met hun kinderen in een kamertje tussen de rode lichtjes terechtkomen. Opvoedkundig is dat allemaal niet gezond.'

Waar veel volk op een kluit zit, vergroot de kans op conflict. En zuurte. Het Nationaal Instituut voor de Statistiek
(NIS) houdt statistieken bij over de (on)tevredenheid van de
Belgen. In elke categorie scoort Sint-Joost, samen met de twee
andere Brusselse gemeenten Sint-Gillis en Schaarbeek, het
hoogst op de schaal van ontevredenheid. *Sainjosseneirs* klagen
het hardst over luchtvervuiling, de onnetheid van de buurt,
sluipverkeer, geluidshinder en het uitzicht van de gebouwen.
De politie noteerde in 2001 in de politiezone Sint-Joost-Ten-
Node, Schaarbeek en Evere 1373 *'misdrijven tegen de lichamelijke inte-*
griteit' en 1544 *'gewelddadige misdrijven tegen eigendom'*. In Antwerpen, met een drie keer zo grote bevolking en een veel grotere
inzetbaarheid van de politie, was dat respectievelijk 4680 en
8152.

Nog een cijfer. In de rijkste gemeente van het land, Sint-
Martens-Latem, bedraagt het gemiddelde jaarinkomen 15.905
euro. In de armste, Sint-Joost-ten-Node, is dat 5240 euro. Daarmee kan een mens zes keer gaan uitslapen in de Suite Royal van
het luxehotel Royal Crown in de Koningsstraat, op het grondgebied van diezelfde gemeente. Zo'n suite kost 800 euro per
nacht.

Sint-Joost heeft een overdosis aan vreemde lichamen, zoals
de hotels op de Koningsstraat of het Rogierplein. Veel instellingen schurken graag zo dicht mogelijk tegen het centrum van
de macht aan, en houden daarom kantoor op het grondgebied
van Sint-Joost. Met de 23.070 inwoners hebben ze geen uitstaans. Zo heeft de Franse Gemeenschap in de Braemtstraat
een van haar grootste toneelhuizen in België. *Théâtre Le Public*,
goed voor 14.000 abonnees, veertien stukken per seizoen en
drie zalen. Anders dan de Vlaamse tegenhanger in Molenbeek,
KVS/de bottelarij, wordt Théâtre Le Public niet geplaagd door
cultuurpolitieke gedachten over publieksparticipatie, ze bieden zich niet spontaan aan als motor voor stadsvernieuwende
projecten of wijkcontracten. De woningmarkt in Sint-Joost is
oververzadigd, elke beschikbare ruimte is er veelvoudig verkaveld, maar te midden van die stedelijke benauwdheid vind je in
Théâtre Le Public, ondergebracht in een oude brouwerij, een
oase van rust. De grote zaal telt driehonderd stoelen.

'Eén keer per jaar nodigen we de buurtbewoners uit voor

een toneelvoorstelling', zegt een medewerkster van Le Public. 'We hebben ook één keer iets op poten gezet met jongeren uit de wijk. En onder het technisch personeel zitten nogal wat mensen van Sint-Joost zelf. Maar het is inderdaad niet onze eerste bekommernis. Het was gewoon een ideale locatie.'

In de lege grote zaal staan de rekwisieten van een stuk naar de roman *De jongeling* van Fjodor Dostojevski. Over een adolescent die ontdekt dat zijn vader zijn vader niet is. Als de echte vader, een aristocraat, plots zijn pad kruist, moet er veel woede uit. Want de in armoede en tehuizen doorgebrachte kindertijd valt niet meer ongedaan te maken.

Speelt elke dag in vele huizen in dezelfde straat, het hele jaar door. Met dien verstande dat er in het echte leven maar zelden schatrijke vaders opduiken.

Vlucht

Sint-Joost-ten-Node swingt soms als de beesten. Op Saint-Jazz, het jaarlijkse gratis jazzfestival. Ze mogen dan arm zijn, en met veel te veel op die vierkante meter die Sint-Joost klein is. Ze mogen dan de pest in hebben over straatvuil, sluipverkeer en de gewoontes van hun buren ('Multiculturele samenleving? *Mon oeuil!*'). Als de burgemeester van Sint-Joost, Jean Demannez, de aftrap geeft voor Saint-Jazz valt het allemaal van de mensen af, voor enige dagen. De burgemeester is, zo zeggen kenners, een begenadigd drummer. Hij mag er graag op slaan. En hij vindt muziek een fijnere bezigheid voor 'probleemjongeren' dan het zoveelste speelpleintje of voetbalveld. Zes jaar geleden vroeg hij aan enkele muzikale vrienden of ze in zijn gemeente geen vzw wilden oprichten. In een bouwvallig huis bezetten ze de muren met geluidswerende isolatie en installeerden er een repetitie- en studioruimte. De vzw Diapason. Elke avond repeteren er nu twee groepjes, overdag worden er lessen gegeven.

'In de meeste straatprojecten worden jongeren gewoon beziggehouden', zegt Cathy in het benepen lokaltje naast de repetitieruimte. 'En dat dient nergens toe. Het is bezigheidstherapie. Je houdt er de jongeren hooguit voor de duur van de activiteit mee van de straat. Muziek gaat langer mee. Los daarvan, verwacht van mij geen verkoopspraatje over Sint-Joost-ten-Node. Ik woon er twintig jaar en ik wil er zo snel mogelijk weg.'

Als er nu en dan in de stadswoestenij die Sint-Joost is een lichtje opflakkert; als er in het niet-aflatende lawaai van de stad die Sint-Joost in een wurggreep houdt eens muziek weerklinkt, is dat meegenomen. Nu en dan een losse steek in het verder totaal verrafelde sociale weefsel. *Ça marche comme ça marche.* Dat is zo'n beetje de ingesteldheid van Cathy. En van Marc, de drumleraar naast haar die zelf Sint-Joost ontvluchtte en het inruilde voor het groene Overijse. Iedereen die in deze gemeente van ver of van dichtbij bij samenlevingsopbouw betrokken is, trekt zo'n harnas van nuchterheid aan. Kwestie van het langer dan enkele weken vol te houden.

'Want to buy some illusions?', zingt Marianne Faithfull, lied geplukt uit de *Driestuiversopera* van Bertolt Brecht. Je kunt veel kopen in Sint-Joost, van wapens tot mensen, van exotische groente tot vlees, maar illusies, neen, die zul je er niet vinden.

Toch mag deze gemeente best trots zijn op zichzelf. De jongste jaren spant Sint-Joost de kroon wat bewonersparticipatie betreft. Op de website van Bral, de Brusselse raad voor het leefmilieu, wordt Sint-Joost omschreven als 'een soort laboratorium voor stadsvernieuwing'. De gemeente vraagt haar inwoners niet gewoon een mening voor of tegen als er een straat of een park wordt heraangelegd.

De inwoners krijgen niet alleen inspraak, ze hebben een daadwerkelijke impact op wat de gemeente beslist.

'Op dit moment wordt het mobiliteitsplan uitgetest', zegt Cathy. 'Om het sluipverkeer buiten te houden. Zes maanden wordt het uitgetest om na te gaan of het levensvatbaar is of niet. En ook voor de inrichting van straten, pleinen en parken doet Sint-Joost meer dan het obligate openbaar onderzoek. De mensen krijgen de plannen te zien, ze mogen voorstellen formuleren, die worden bestudeerd, bijgestuurd én heel vaak gerealiseerd. Dat is vrij uniek in België. Natuurlijk, Sint-Joost kan dat alleen maar doen omdat het veel geld krijgt voor het grootstedenbeleid, ook Europese steun. Alleen zou de gemeente het niet kunnen rooien.'

'Hier loopt veel volk dat geen geld in het laatje brengt', zegt

Marc. 'Je hebt de pendelaars die hier werken, maar geen gemeentebelasting betalen. En je hebt de eigen bevolking die tot de armste van het land behoort. Ik kan er eigenlijk geen één die geen steun trekt. En ik ken er ook geen één die niet in het zwart werkt. Ja, er gaat wel degelijk veel geld om in Sint-Joost, en de zelfstandigen doen goede zaken, maar de gemeente brengt het geen *sous* op.'

'Er komen almaar meer Nederlandstalige stelletjes wonen', zegt Cathy. 'Ze knappen de huizen op en ze werken bijna allemaal in de culturele sector. Dat zal het imago van de gemeente op den duur wel opkrikken. Desalniettemin, *je m'en vais.*'

Waarom dan toch?

Diepe zucht. 'Om het heel eenvoudig uit te leggen en samen te vatten: *j'en ai marre*, ik ben de dagelijkse cultuur van vandalisme die hier heerst beu.'

Marc: 'Het ontbreekt hier aan een minimum aan respect voor de elementaire regels van het samenleven. En als dat dag na dag het geval is, dan is dat uiterst vermoeiend. Daarom ben ik naar Overijse verhuisd. Gevlucht? Misschien wel. Aan de andere kant, ik zit hier toch maar. En als ik er wat muziek uit krijg, ben ik al dik tevreden.'

* * *

'Sint-Joost is Sint-Joost niet', zegt Abobakre Bouhjar. 'Je hebt Sint-Joost overdag. En Sint-Joost na het vallen van de avond. Dat zijn twee totaal verschillende gemeenten. Het ene Sint-Joost is residentieel, het tweede is een broeierig nest met de prostitutie als motor. In het ene Sint-Joost is het relatief rustig, in het tweede gonst het van activiteiten en verkeer.'

Abobakre heeft zijn uitkijkpost op de kruising van de Poststraat en de Bergopstraat. Zelf woont hij, zoals veel buurtwerkers van Sint-Joost, net over de gemeentegrens in Schaarbeek. Sinds één jaar is hij aan de slag in een wijkcontract van het Brussels Hoofdstedelijk Gewest, in de Quartier Vert. Genoemd naar de Groenstraat. Schaarbeek heeft geen straat die zo heet; Schaarbeek heeft wel brede lanen en straten waar plaats is voor bomen, mensen, auto's en trams. Het gedrongen Sint-Joost heeft dat niet. Er is het park rond de Botanique en verder drie

minuscule groenplekjes, maar in de straten zelf vormen gevel-
schilderingen vaak het enige groen.

Sint-Joost zit gevangen in zichzelf. 'Het grootste probleem
is de overbevolking. De meeste huizen zijn van de gemeente.
En de gemeente heeft het geld niet om te renoveren. Sint-Joost
is niet zelfbedruipend. Het is afhankelijk van een hele resem
andere overheden. En toch gebeuren er wonderbaarlijke dingen. Inzake sociale politiek ligt Sint-Joost voor op veel andere
gemeenten. En toch worden de problemen almaar groter. De
Quartier Vert is uniek. Op een uiterst kleine perimeter zitten
hier tientallen sociale vzw's samen. En de bewoners hebben
zich verenigd. Alleen bots je hier vaker dan elders altijd weer
op dezelfde muur: geen geld. Wil is er genoeg. Sint-Joost was
en blijft de eerste gemeente waar migranten konden gaan werken in de gemeentelijke administratie.'

Dag in dag uit 'doet' Abobakre de straat. Officieel verza-
melt hij zoveel mogelijk informatie over wat de inwoners zelf
willen in hun buurt, voor de 'herinrichting van de openbare
ruimte'. Maar er wordt over alles gepraat. En dan is het voor iemand als Abobakre altijd schipperen. Want je bouwt een ver-
trouwensrelatie op met de inwoners, je schept verwachtingen
die verder gaan dan de aanleg van deze straat of dat parkje, en
een jaar later ben je weg. Op naar weer een ander project. 'Het
wijkcontract Quartier Vert loopt tot september 2004', zegt
Abobakre. 'En daarna? Dan kun je alleen maar hopen dat andere diensten of organisaties het gedane werk oppikken.'

JETTE - *Groen*

Zo'n kwarteeuw geleden verdween de laatste boer uit Jette. Op
zijn akkers verrees het Algemeen Ziekenhuis van de Vrije Universiteit Brussel. Vluchtlijn en *refuge* voor zieke Brusselse Ne-
derlandstaligen die het liefst in eigen taal verzorgd worden.
Het gros van de Vlaamse Brusselse kinderen ziet er ook het le-
venslicht. Of ze nu van Schaarbeek of Anderlecht zijn, op hun
identiteitskaart staat als geboorteplaats Jette. Gemeente waar
zij en hun ouders voor de rest van hun leven niets meer te zoeken hebben. Alleen als de kinderziekten doorbreken, loopt de
weg nog eens terug naar de wieg. Binnenkort zelfs per snel-

tram. Het zal de groenste van de negentien Brusselse gemeenten dichter bij de stad halen.

Op de meeste plekken van Jette lijkt die stad nochtans vrij ver weg. Een spoorweg en een groene gordel van oost naar west vormen de buffer tussen noord- en zuid-Jette. In het zuiden likt de grootstad aan het dorp. Zo grijs het stratenplan van het zuiden, zo groen gevlekt het noordelijke deel. En al zette in de jaren zeventig, in het kielzog van het AZ-VUB en het Franstalige Brugmannziekenhuis, de verstedelijking ook hier in, het dorp blijft aan deze kant van de spoorweg een kroonjuweel voor het Brussels Instituut voor Milieubeheer (BIM).

Bijna was het groen in Jette verworden tot verspreide en almaar dieper door wegen en bebouwing aangevreten plekjes groen. Restanten van de Molenbeekvallei. Links het Laarbeekbos, rechts het Dielegembos, en overlangs de lengte van de spoorweg een dikke stippellijn van nog meer gemorste groene kavels. In 1980, naar aanleiding van de honderdvijftigste verjaardag van België, stelde de gemeente voor om al dat groen zo kwaad en zo goed mogelijk met elkaar te verbinden in 'een groot landschappelijk geheel'. Dat werd het Boudewijnpark, een koppeling tussen het Dielegem- en Heilig-Hartbos, het Poel- en Laarbeekbos en de moerassen van Jette en Ganshoren. Aanvankelijk werd er vooral aan park, recreatief groen, en minder aan natuur gedacht. Dat is de jongste jaren bijgestuurd. De oevers van de beek en de vijverranden worden niet meer permanent kort gehouden met een grasmaaier, die slokop die overal in dit land – voor er een elementair ecologisch bewustzijn de kop opstak – rijke groene biotopen in de knop smoorde, vermaalde tot 'proper' gazon. In Jette worden oevers en vijverranden nog slechts twee keer per jaar gekortwiekt. Tussendoor mag het gras vrij opschieten, het onkruid bloeien.

Op sommige uren van de dag waan je je heel alleen in het Boudewijnpark. De rust is er onversneden, de knobbelzwanen die bij hevige koude afzakken uit het noorden hoeven in Jette niet door het zwerfvuil te waden. *'De zwanenzang die het dier vlak voor zijn dood zou zingen, is een verzinsel',* leert het informatiebord van het BIM.

* * *

'Vorig jaar heeft de gemeente twee van haar kleinere parken 's avonds en 's nachts moeten afsluiten', zegt René Kempeneers. 'Na klachten over rondhangende jongeren. Dat is en blijft een zeldzaamheid hier in Jette.' Tot voor enkele jaren ging de gemeente er juist prat op dat zij als enige van de negentien Brusselse gemeenten geen verscherpt toezicht nodig had rond haar parken. Dat verliefde stelletjes er op een bankje de volle maan uit de hemel konden kijken. Naast de zwanen.

Jette wil een dorp blijven. Op alle indexen en schalen van de grootstedelijke problemen scoort Jette het best. Zo goed zelfs dat het de gemeente geld heeft gekost.

'Tot twee jaar geleden ontvingen wij zoals elke Brusselse gemeente een toelage in het kader van de veiligheids- en preventiecontracten van de federale regering', vertelt René. 'Daar betaalde Jette zijn stadswachten mee. Tot het dus zo veilig en rustig werd in Jette dat de overheid oordeelde dat we niet langer als een risicogemeente konden worden beschouwd. Dat is in zekere zin natuurlijk goed nieuws, maar het gevolg was wel dat onze stadswachten van de ene dag op de andere werkloos waren. En het is niet omdat er geen bijzondere of acute overlast is, dat de bevolking geen vragen meer heeft. In tegenstelling tot andere gemeenten heeft Jette geen ombudsdienst. De stadswachten waren vier jaar lang de antenne tussen gemeente en bevolking. Of ze nu een paars of een blauw-geel jak dragen, het doet er niet toe: als een gemeente zulke antennes heeft, voorkom je vandaag de overlast van morgen.'

Samen met het plaatselijk werkgelegenheidsagentschap (PWA) 'recycleerde' René de paars geüniformeerde stadswachten in een eigen buurtwacht. Met z'n zestienen vormen ze Jet Contact, in ploegjes van twee 'doen' ze de acht wijken van Jette. Nu in een blauw-gele jas. Ze houden toezicht in de omgeving van de scholen, ze helpen bejaarden de straat over en de bus in, ze dragen de boodschappentas. En vooral, ze verslijten hun schoenzolen, noteren klachten of gewone vragen.

Eigenlijk houden ze de stad op afstand. Dat blijkt uit de voorgedrukte formulieren die ze met zich meedragen. *'Beschrijving van uw opmerkingen, zo duidelijk mogelijk'*, staat er. Daaronder een keuze uit de meest klassieke en hardnekkigste stedelijke ongemakken:

'... beschadigde voetpaden, afloop verstopt, verkeersborden buiten dienst, beschadigde openbare aanplantingen, graffiti, straatnaambord beschadigd of afwezig, dierlijke ontlastingen, sluikstort, schotelantenne in gevel, wildplakken.'

* * *

Over de spoorweg is de stad niet te stoppen. Van het Kardinaal Mercierplein af loopt Jette *downtown* over in Sint-Jans-Molenbeek. Die nabijheid heeft gevolgen voor de dorpse rust van Jette. 'De laatste jaren is het in Jette een tikkeltje onveiliger geworden, al wil ik niet overdrijven', zegt René. 'Paradoxaal genoeg is het verslechterd door de politiehervorming. Jette zit samen met Sint-Jans-Molenbeek in een politiezone. Daardoor is er minder blauw op straat in Jette. De manschappen hebben meer om handen in Sint-Jans-Molenbeek. Maar onveiligheid is hier niet het grootste probleem. Zoals elders in de steden scoort sluikstorten het hoogst.'

Laat het BIM verdomd goed op zijn zaken letten, op zijn knobbelzwanen en moerasriet. Want de stad is vlakbij. Het uitzicht op de brug over de spoorweg die het noorden met het zuiden van Jette verbindt, bedriegt niet. Je ziet de laaghangende vliegtuigen boven het noorden van de stad hun bocht nemen. Je ziet dag en nacht de rookpluim van de verbrandingsoven van Neder-over-Heembeek. En wie goed luistert, hoort zelfs in het hart van het Boudewijnpark op elk moment van de dag het stedelijk gezoem.

Je hoort inderdaad geen zwanen zingen in Jette.

Pispaal

Kardinaal Mercierplein, Jette, woensdagavond, op het bordes van het gemeentehuis. Vijf Jettenaren wachten tot de deur openzwaait. Onder hen twee jonge allochtone meisjes, de één met, de ander zonder hoofddoek. Om acht uur begint de gemeenteraad. De meisjes komen niet voor een of ander eigenbelang, maar gewoon, uit interesse voor de lokale politiek. De agenda van die avond is lijvig en taai. Er moeten onder meer enkele gemeenterekeningen passeren, een taks of tweeëntwintig en een trein aan publieke werken, van de vervanging van ramen in school zus tot het plaatsen van blinden in administratief centrum zo.

Als de zitting in de raadszaal begint, zitten de (beperkte) publieksbanken vol. Vijfentwintig Jettenaren in totaal, onder wie zes allochtonen. Vijfentwintig procent van de in politiek geïnteresseerde Jettenaren is die avond dus van allochtone afkomst. Nog drie jaar en ze mogen ook stemmen.*

Op het Mercierplein is het rustig om acht uur 's avonds. Een station, een frituur, een kerk, een gemeentehuis, een bibliotheek, een parkje en dat alles netjes rond een pleintje. Een dorp, rechttoe rechtaan.

Het gros van de negentien gemeenten van Brussel heeft meerdere centra, of helemaal geen. Niet zo in Jette. 'Een dorp in de stad.' Zo staat het op ouderwets ogende, maar wel degelijk nieuwe stickertjes die de Jettenaren gratis kunnen afhalen in het gemeentehuis.

Hoe dichter Jette geografisch Brussel-stad nadert, hoe bozer de inwoners. Halfweg ligt de Spiegelwijk, rond het Astridplein. Het commerciële hart van de gemeente. De winkeliers willen wel de lusten van de grootstad – de klanten –, maar zo min mogelijk de lasten. Klachten daarover gaan evenwel niet naar 'Brussel', maar naar het gemeentehuis van Jette. Zoals in elk bestuur van de negentien Brusselse gemeenten zitten burgemeester, schepenen en gemeenteraadsleden er voortdurend tussenin. Zij zijn David, de stad – vooral dan de regering van het Brussels Gewest – is Goliath. In elke gemeente van dit land klagen dorpspolitici steen en been over de bedilzucht van de hogere overheden. Maar de afstand tussen het Martelaarsplein, zetel van de Vlaamse regering, en het dorpsplein van Zuregem of Zoetegem is nog altijd vele keren groter dan die tussen het Jetse Mercierplein en de Wetstraat. Elke maatregel van de Brusselse regering grijpt direct in op het grondgebied van de negentien gemeenten. En op elke lokale politieke vergadering in Brussel is die spanning voelbaar.

Zo ook woensdagavond, op de gemeenteraad van Jette waar twee onderwerpen de vergadering overheersen: de komst van een sneltram van metrostation Simonis naar het ziekenhuis AZ-VUB en de dag- en nachtvluchten.

De Brusselse regering wil dat er een sneltram komt tussen Brussel-stad en het Nederlandstalige AZ-VUB. Als een Nederlandstalige Brusselaar ziek valt, krijgt hij dat in de overwegend Franstalige ziekenhuizen in de stad zelf amper uitgelegd. En Jette is, zeker op piekuren, ver weg. Een sneltram zou dus een godsgeschenk zijn. Zo vernemen de Jetse politici uit de krant. De hele discussie in de gemeenteraad wordt dan ook één lange oefening in het zoeken naar een beetje rek op dat voldongen feit. Want de winkeliers van de Spiegelwijk, langs de Jetse Laan waar de tram straks door moet, blazen zich al warm voor een wijkcomité. En tussen de vijfentwintig Jettenaren op de publieksbanken zitten ook gewone burgers die zo hun eigen visie hebben op de ruimtelijke ordening in de gemeente. 'Ik was eerst tegen de sneltram,' vertelt een van hen, 'maar dat is niet realistisch. Als hij er toch komt, zou ik het zo doen.' Ze tekent het mij voor op een blad papier, bedding voor de bus hier, bedding voor de auto ginder, hierzo de tram, daarzo de groene berm. Hier een vrouwtje met een hondje, daar een jonge, goed verdienende, groene fietser.

De Jettenaar, burger of politicus, vertrekt van de lokale leefbaarheid en probeert de sneltram daar in te passen. Zal de tram in een rotvaart elke halte voorbijrijden? En er dus enkel zijn voor zieke Brusselaars uit de achttien andere gemeenten en niet voor meneer en madame Vermeir uit de *rue Longtin*? Vervangt de tram de twee bussen die er nu rijden? En moet dat schone pleintje dat nog maar pas heraangelegd is – en waar we eerst ook wel heel erg tegen waren, maar nu niet meer – opnieuw opengebroken worden?

Op dat alles hebben ze in de Wetstraat niet zo'n gedetailleerd zicht. Daar gaat het om een spoor, een tram erop, *et roulez!*

Schepen Pirotin vat het dilemma samen: 'De sneltram is voor Jette een kans, maar ook een gevaar. Men zal ons méér moeten verkopen dan twee tramsporen. We gaan geen tien, maar honderd voorwaarden stellen.' Extra parkeerplaatsen, extra haltes, extra inspanningen voor de ruimtelijke ordening op de plaats waar de tram door moet. En boven alles: inspraak voor de bewoners, de *riverains.*

Het woord viel op een half uur tijd zo'n vijftig keer. Eerste schepen Werner Daem (SP.A), tevens voorzitter van de open-

bare vervoersmaatschappij MIVB die de sneltram zal moeten
leggen, sluit de discussie af met een fors standpunt: als 'ze' in
Brussel niet luisteren naar onze voorwaarden, houdt Jette desnoods een referendum.

Goed gebruld.

* * *

Nog meer argwaan, ja zelfs paranoia, over de schaduw die de
stad over het dorp werpt, volgt er met een motie van de partij
van de burgemeester over de vliegtuigen van Zaventem. Daar
hebben ze in Jette en de rest van de westrand niet echt last van,
maar Jettenaren lezen ook wel de krant en Jette is ook Brussel
en ja, nu je het zegt, *madame* Vermeir slaapt de laatste maanden
behoorlijk onrustig. En in het Jetse bestuur ligt ook Ecolo op
vinkenslag, dus ligt er nu een motie klaar om te protesteren tegen de overlast. Op alle banken, behalve bij Ecolo, heerst de re-
delijkheid. Niemand wil verontruste *riverains* tegen het hoofd
stoten, maar de overlast moet vooral niet overdreven worden.
'Dit is de oostrand niet', zegt oppositielid Sven Gatz (VLD).
'Sinds mei ondervind ik er ook iets meer hinder van, maar ik
kan ermee leven als het zo blijft.' De motie wordt aangenomen,
maar fel afgezwakt. Je moet ze daar in de Wetstraat ook niet
om de haverklap in een deuk doen liggen van het lachen. Zeker
niet als je straks nog over de sneltram wil komen 'onder-
handelen'.

Tien uur, een handvol Jettenaren maakt zich op de overloop druk over de sneltram. Eén schepen, Jean-Louis Pirotin,
biedt moedig weerwerk. Raadt zijn *concitoyens* aan om petities te
organiseren, hun stem te laten horen. Niet alleen op het Mercierplein, liefst niet eigenlijk, maar ginderachter. Dáár, achter
Simonis, richting Wetstraat.

Van alle lokale politici in dit land zijn de Brusselaars wellicht het minst te benijden. Ze zijn de pispaal van de boze Brusselaar, en in hun eigen partij zijn ze *quantité négligeable*, last-
posten.

Pirotin wordt gered door een raadslid van zijn fractie. Hij
wordt in de raadszaal gevraagd. Er moet nog over taksen, ramen en blinden worden gestemd.

* Het Belgische parlement stemde in 2003 een wet waardoor niet-Europese vreemdelingen stemrecht op gemeentelijk vlak krijgen. De eerstvolgende gemeenteraadsverkiezingen vinden plaats in 2006.

SINT-GILLIS – *Positivo*

Op de koffie bij een van Belgiës fijnste kunstfotografen, Peter, en zijn vriendin Shaheda. Hij fotografeert, zij schrijft. Een stel dat de stad ademt, uitstraalt. Ze genieten, ze gaan na vele jaren nog altijd als Alice in Wonderland op stap in hun eigen stad. Ze reizen veel, leven zonder gsm. Hij is net terug uit Lissabon, van een fotoshooting. Er komen Portugese lekkernijen op tafel. Ze hadden net zo goed om de hoek gekocht kunnen worden, want in Sint-Gillis is Lissabon nooit veraf. Spanjaarden, Portugezen, Grieken en ander licht getaand en zuidelijk getaald volk maken van deze Brusselse hoek een plek apart. Een plek waar, zo anders dan in de doorsnee stedelijke context, het woord 'buur' maar zelden in één zin met 'overlast' wordt genoemd. Buur betekent hier: naaste, medemens, gelijkgestemde. De buurt is wat Van Dale zegt: *'stadsdeel met een zekere mate van sociale integratie van de bewoners'*.

'Enkele jaren geleden is een aantal mensen van deze straat, de Jef Lambeauxstraat, spontaan bij elkaar gekomen', vertelt Peter. 'Geen wijkcomité dat werd opgericht omdat er ergens een probleem is, omdat er klachten zijn. Nee, gewoon: *get together*, amuseer je. Tijdens de zomer werd de straat afgezet en werd er feest gevierd. Binnenkort gaan de buren met z'n allen het *Paviljoen der Menselijke Driften/Passions Humaines* van Lambeaux bezoeken.'

Jef Lambeaux, hij is ook de schepper van het Brabo-beeld op de Grote Markt in Antwerpen. Maar hier, in Sint-Gillis, waar hij zijn atelier had, is de stad iets waar mensen van houden eerder dan erover klagen.

Opgelet dus: dit wordt een schaamteloos positieve ode aan de grootstad. Een lofzang op wat de stad kan zijn en soms, heel soms, ook is. De stad door de ogen van positivo's. Het is niet cynisch bedoeld. Wel integendeel, dit verhaal gaat over stedelingen die er wonderwel in slagen om van hun samenleven in de stad daadwerkelijk iets positiefs te maken. Een kunst, zeg maar.

'*La vraie question n'est pas: comment vivre dans, avec ou contre la ville?*
Mais bien: comment faire vivre la ville pour y vivre mieux.' Raoul Vanei-
gem. Het staat op de gevel van een huis recht tegenover de gevangenis van Sint-Gillis. Het verwoordt precies het levensge-
voel van velen die hier aan deze kant van Sint-Gillis wonen.
Deze kant, dat is *uptown*, voorbij de rotonde de Barrière, waar
de Waterloose en Alsembergse Steenweg elkaar treffen. Hier
woont veel mooi, goed opgeleid, creatief volk. *Young intellectual
urbans*. Een culturele bovenklasse, een mengeling van Neder-
lands-, Frans- en Engelstaligen, van doeners en denkers. Twee
gebouwen domineren de wijk: de gevangenis en het stadhuis.
Ten zuiden van de Barrière, richting Zuidstation, begint de
'brousse', zoals burgemeester Charles Picqué (PS) het zelf eens
oneerbiedig uitdrukte.

Maar hier, boven de Barrière, heeft de stad alles wat een
ideale stad moet of kan hebben. Heeft een gemeente als Sint-
Joost-ten-Node alle kommer en kwel van de grootstad; in dit
deel van Sint-Gillis zijn alle lusten en deugden van het grootstedelijk leven in hypergeconcentreerde vorm aanwezig. Urba-
nistisch en architecturaal is het een droom. Fraaie herenhuizen,
zelfs de flatgebouwen dragen geschiedenis, en de straten hebben bomen. Voor nog meer groen kunnen de Sint-Gillisnaren
leentjebuur spelen in het aangrenzende park van Vorst.

Ook van de multiculturele samenleving lijkt noordelijk
Sint-Gillis de beste thee te hebben getrokken. Geen apart samenleven hier, maar een doelbewuste mix, gemeenschappen
die uitbreken, elkaar opzoeken, bruggen slaan.

'Zeven jaar geleden ben ik hier neergestreken', vertelt
Joseph, de Schotse buur van Peter en Shaheda. 'Altijd gereisd,
altijd op weg geweest, vooral door Duitsland en Scandinavië.
In Stockholm gewoond, en in Zuid-Frankrijk. Maar op slag
verknocht aan deze plek hier, Sint-Gillis.'

Joseph en zijn vrouw zijn theater- en muziekmakers, ze organiseren workshops in een atelier achter het huis. Ze behoren
tot wat Joseph zelf met een monkellachje de '*bohemian intelligence*'
noemt. Hij hapte direct toe toen hij op een dag een brief in de
bus vond van enkele buren: '"*We passeren elkaar elke dag op straat,*"
stond erin, "*waarom zouden we elkaar niet eens ontmoeten?*" Het was zo
ontwapenend dat je niet kon weigeren. Nee, het is geen comité.

Zo willen we onszelf uitdrukkelijk níét noemen. We noemen ons *les voisins*. De één is journalist, de ander psycholoog, nog een ander filmmaker of fotograaf, en er zit zelfs een rechter bij. We komen bij elkaar over de vloer, maar we dringen ons ook niet op. Als er iemand op reis gaat, vragen we aan een ander om de katten of honden te verzorgen, planten water te geven. Het is een beetje een dorpsweefsel in een stad, maar het is evenmin een reservaat. We houden van de stad, we willen er het beste uithalen.' En dat lukt wonderwel hier in de Lambeauxstraat. Volgens buur Christian, die filmmaker is en dus een scherp oog heeft voor context, komt dat omdat de straat duidelijke grenzen heeft. Aan de ene kant staat het stadhuis, aan de andere kant de imposante gevangenis. 'Een vriendin van mij kwam eens op bezoek en belde daar aan: ze wou dat "prachtige Schotse kasteel" bezichtigen. Zei ze tegen een verdwaasd kijkende rijkswachter die versterking moest inroepen.'

Iets verderop, in de Polenstraat, vertelt buurtbewoner, kunsthistoricus en schrijver Guy Gilsoul een soortgelijk verhaal. 'Deze kant van Sint-Gillis is niet alleen cultureel gemengd, ook economisch. Topindustriëlen wonen hier naast garagehouders. Het is een dorp, maar toch geen geïsoleerde biotoop. En burgemeester Picqué drukt de creativiteit niet dood. Hij gedoogt een zekere vorm van anarchie. Dat zie je aan de vele, soms knettergekke affiches die mensen op publieke plaatsen aanbrengen.'

In de Lambeauxstraat en elders lezen we volgende doordenker op een muurkrant: van het logo van 'Club Med' maakte een bohémien *'Club Médical, ou comment soigner une vie vide de sens'*.

'Als theatermaker pik je atmosferen op', zegt Joseph. 'Dat is altijd subjectief natuurlijk, en ik weet ook wel dat je even voorbij de Barrière in een heel andere, meer donkere wereld terechtkomt. Maar toch, het gevoel dat overheerst is: *Sint-Gillis is not sad*. En als er problemen zijn, zoals met die ellendige *dogshit*, wordt het met een knipoog opgelost. Peter heeft magnifieke stickertjes ontworpen. Een hondje *doing you know what* met een rode streep erover en de slogan: *your shit is your responsability*. En als we iemand zien met een hondje, geven we een plastic zakje en zo'n stickertje. We doen het heel beleefd, heel voorkomend. En dan wordt er ook fijn op gereageerd. *Great place* gewoon, Sint-Gillis.'

Downtown

Brussel heeft niet enkel een Vlaamse en een groene rand, ook een zwarte rand. Zeg maar, het rouwrandje van de actieve welvaartsstaat, van modelstaat België. Vertoont de werkgelegenheid in Vlaanderen een lichte remonte, in het Brussels Gewest is sinds 2000 de curve alleen maar sneller de dieperik in gedoken. Al zal dat niet meteen zichtbaar geweest zijn op de '*Rencontres de l'Elégance et du Prestige*' in Brussel. Dat is een beurs voor de Brusselse jetset. U kunt er geilen op folietjes als peperdure cruisereizen en gepersonaliseerde automodellen. Niet de Clio en de Mondeo of zo. Naar verluidt was de crisis goed merkbaar op die beurs. Dat zal wel. Als de arbeidsmarkt sputtert, zie je dat in de stad het best in de zelfs in betere economische tijden toch al zwaar gehavende 'probleemwijken'.

Waar een stad veel investeert om goed geschoold en niet onbemiddeld jong volk aan te trekken, wordt er altijd minder rijk volk van tussen geperst. Dat verdwijnt in 'slechtere' buurten, die daardoor nog 'slechter' worden.

Een stad, het geheel van menselijke bewegingen in en uit zo'n stad, gehoorzaamt niet aan wetten. Het ademt, het siddert, het is iets organisch. Zonder ingrepen – zoals het zeer gespierde optreden in Rotterdam om de wijken te 'ontbruinen' – zoekt het volk wel zijn eigen chaotische weg.

Bovendien *schijt* de duivel altijd op de grootste hoop. Hoe machtelozer en hoe stemlozer het volk dat ergens woont, hoe weerlozer het is voor vele machtige belangen – economie en kapitaal, projectontwikkelaars en megalomane urbanisten – die op zo'n plek hun wilde gang gaan. Dat was zo in de Brusselse noordwijk, waar in de jaren zestig Paul Vanden Boeynants zijn waanzinnige droom van een Belgisch Manhattan wilde verwezenlijken. Dat was en is zo in de Europese wijk rond het Leopoldstation. En dat is ook zo in *downtown* Sint-Gillis, in het deel van de gemeente dat ten zuiden van de rotonde de Barrière ligt, naar het Zuidstation.

'Een deel van laag Sint-Gillis kreunt al tien jaar onder de gevolgen van de komst van de hogesnelheidstrein', zegt Willem, het eerste onversneden Nederlandstalige gemeenteraadslid in Sint-Gillis sinds de Tweede Wereldoorlog. 'Vooral de zone tussen de Fonsnylaan, achter het Zuidstation, en de Merodestraat is volledig ontwricht. De kleinhandel is er verdwenen en huurders en eigenaars worden langzaam maar zeker verdrukt door de komst van gigantische kantoorgebouwen. Alles wordt immers platgegooid. Het past in de strategie van de meeste Brusselse gemeenten om hun grens met de vijfhoek vol te stouwen met kantoren. Dat levert ze inkomsten op, zowel eenmalige stedenbouwkundige lasten bij de bouw als de jaarlijkse kantoorheffing.'

Zeer machteloos staat de politiek. Zelfs de best bedoelde wijkcontracten, en daar hebben ze er wel een aantal van in laag Sint-Gillis, kunnen niet optornen tegen de kaalslag van de grotere belangen. En doen ze het wel, Charles Picqué (PS) dóét het, dan treedt er verdringing op. De gemeente koopt massaal huizen op en renoveert ze. Die trekken dan vooral de middenklasse aan. 'De armste bevolking verdwijnt beetje bij beetje en een rijkere komt binnen', zegt Willem.

* * *

'Toch proberen we het hier zo leuk mogelijk te houden', zegt juf Goedele met dat glimlachje dat zo eigen is aan elke opbouwwerker die met beide voeten in de praktijk staat. Want ja, Goedele is wel juf, maar toch vooral opbouwwerker. Ze staat voor de klas in een van de kleinste schooltjes van het Nederlandstalige onderwijsnet in de hoofdstad. In *downtown* Sint-Gillis. 'In veel gezinnen hier is de juf zowat de enige standvastige factor. Soms zijn we eerst verpleegster of sociaal assistent, en dan pas juf. Elke morgen tellen we de koppen. Is iedereen weer heelhuids op school geraakt?'

Honderd tachtig leerlingen telt het schooltje. 'Uitbreiden kan niet, want we zitten ingesloten tussen andere huizen.' Eentje van die honderd tachtig leerlingen heeft één Nederlandstalige ouder. 'In Sint-Gillis hebben we altijd vreemde nationaliteiten gehad. Eerst veel Spanjaarden, Grieken en Italianen. Later werden de kleuterklasjes bijna exclusief Marokkaans. Tegenwoordig verwelkomen we ook veel Zuid-Amerikaanse kinderen.'

Heel even heeft het schooltje overwogen om de deuren te

sluiten, omdat er geen Nederlandstalige kinderen meer waren. Veel scholen van het Nederlandstalige net in Brussel kennen dat dilemma. Ze moeten kiezen tussen het voortzetten van een apartheidspolitiek (ja, steiger maar, Vlaamse politici, maar wat is het adagium *'Hou de school zo Nederlands mogelijk!'* anders dan een zachte vorm van apartheid?) of toch hun cruciale sociale rol spelen in buurten die sowieso al niet verwend zijn, en dus de deuren opengooien voor élk kind.

'Het is vechten tegen de bierkaai', zegt juf Goedele. 'Buiten de school zijn er enkel Frans- en anderstaligen. Het is niet prettig om een Nederlandstalige te zijn in deze buurt. Ze lachen je in je gezicht uit als je je taal spreekt. Zeker bij de kleuters moeten we heel vaak alles wat we zeggen in de klas nog eens herhalen in het Frans. Strikt genomen mag dat niet. Ach, er zijn lichtpuntjes. Veel van onze kinderen stromen uiteindelijk wel door naar het middelbaar onderwijs. Er zijn er zelfs die in de Latijnse terechtkomen.'

En toch werken ze er allemaal graag, de juffen. Want de school leeft, je voelt dat je het verschil maakt voor de kinderen. En elk kind telt. Als het woord 'wijkcontract' valt, is er weer dat mild trieste glimlachje op de gezichten. 'Het straatbeeld is erop vooruitgegaan, maar niet de samenleving. Dat is jammer. Mensen zijn bang van Brussel. Scholen vinden amper leerkrachten. In juni heb ik hoogstpersoonlijk 230 mensen gebeld met de vraag of ze een job wilden op onze school. Vier daarvan hebben gezegd dat ze eens zouden komen kijken. Eentje daarvan is uiteindelijk gebleven. En de rest? Het interesseert ze niet. Ze zijn bang voor vreemdelingen, voor de onveiligheid van de buurt. Bij sommigen geraakte ik aan de telefoon zelfs niet voorbij de ouder van de kandidaat-leerkracht: *'O la la mevrouw, Brussel?! Dat interesseert mijn dochter niet hoor.'* Maar we proberen het leuk te houden.'

Het is middag en we zitten met Goedele en haar collega's rond de tafel in de lerarenkamer. Nou ja, kamer, zeg maar hok. Een juf knutselt de schoolkrantjes in elkaar. Vrolijke gezichtjes, ontroerende hanenpoten van een kinderhand. En de Sint. De Sint!

'Ja, hij komt. Vrijdagmorgen wordt hij voor de deur van de school afgezet. Door de politie, in een patrouillewagen.' Weer dat glimlachje.

PARK - *Tindemans*

Het is een van de kleinste maar fijnste parkjes van België. Het is de kortste afstand tussen het federaal parlement en het koninklijk paleis. Het traject dat tot voor kort om de zoveel jaar in beeld kwam, als weer eens een nieuwe regering de eed ging afleggen in handen van de koning. In de jaren zeventig en tachtig gebeurde dat soms meerdere keren per jaar. In 1980 bijvoorbeeld trok Wilfried Martens tot drie keer toe door het park, met in zijn kielzog een circus van altijd weer andere ministers. Tussen 1981 en 1991 zou hij het nog vijf keer overdoen.

Het Warandepark, ook wel genoemd Park van Brussel, of nog korter: Park.

Dagelijks slikt het honderden gehaaste pendelaars. Ze worden elke ochtend uit de buik van het Centraal Station gespuwd, de Kunstberg op gestuwd, en zo het Park door naar parlement, ambassades, banken en kantoren. 's Avonds, vanaf vier uur, stromen ze via één van de negen ingangen het Park terug binnen en weer buiten in de omgekeerde richting.

En hij, Leo Tindemans, loopt daar dezer dagen ook weer tussen. Een oude man alleen, met een bruine aktetas onder de arm. Zijn tred iets stijver en bedaarder dan die van het gros van de pendelaars. Hij is niet gehaast, hij moet niet langer naar de koning, hij moet zoals alle andere passanten een trein halen. Elke morgen pendelt hij van Antwerpen naar Brussel. Daar zit hij overdag te snuisteren in het archief van Buitenlandse Zaken. Kartons en fardes met als trefwoord JERUZALEM. In zijn eerder dit jaar verschenen memoires stond te veel Tindemans en te weinig buitenland, zeiden enkele vrienden en oude *compagnons de route* hem. Dus pendelt hij weer elke dag naar Brussel.

Hij is al vier jaar uit de actieve Europese politiek, maar eigenlijk al veel langer van het Belgische voorplan verdwenen. Ook hij stapte in de jaren zeventig twee keer als eerste minister met een onwaarschijnlijk ratatouille van regeringspartijen naar de koning. Maar zijn meest memorabele wandeling door het Park legde hij alleen af. En dat kondigde hij ook aan in het parlement. *'Ik ga naar de koning.'* Dat was in 1978, Tindemans kon of wou de door de partijvoorzitters van zijn regeringspartijen uitgedokterde Egmont-staatshervorming niet goedkeuren.

'Jaja, dat eeuwige "Ik ga naar de koning"', wuift de echte Tindemans vijfentwintig jaar later de cliché geworden Tindemans van 1978 weg. 'Het was de slotzin van een van de beste speeches die ik ooit gehouden heb. Maar van die speech heeft geen mens iets onthouden. Over het verleden liggen dikke lagen stof. Dat verhardt tot iets onwezenlijks. Maar vandaag schijnt de zon toch weer?'

'Honderden keren ben ik door dit park gewandeld. Nou ja, gewandeld, gemarcheerd eerder. Er was nooit tijd om te wandelen. Of toch, één keer. In januari 1941. Toen moest ik hier voor de middenjury examen gaan afleggen in het Paleis der Academiën. Het was de eerste of de tweede keer in mijn leven dat ik in de hoofdstad kwam. Ik kom van Linkeroever. Ik heb hier in het park op een bankje mijn boterhammen opgegeten.'

Honderden keren liep hij, en met hem vele andere christendemocraten die veertig jaar de lakens uitdeelden, door een park waarvan het grondplan getekend is door de vrijmetselarij. O ironie. Het park werd aangelegd in 1774 onder de voogdij van Karel van Lotharingen. In het grondplan van het park herken je het kompas, de passer, de loodlijn en het truweel. 'Daar heb ik me nooit aan gestoord', zegt Tindemans. 'De geschiedenis leeft. Brussel is gebouwd door de loge. Je kon hier geen burgemeester worden zonder de vrijmetselarij. Ik heb me laten vertellen dat de vrijmetselarij veel gematigder geworden is. Dat er onder meer een zeer redelijke Vlaamse loge bestaat. Ik weet dat niet. Als er in mijn bijzijn over de loge werd gesproken, hield ik altijd mijn mond. Ik ben geen ingewijde.'

En nee, hij ziet geen logecomplot aan het werk in het nieuwe, paarse politieke bestel. 'Een nederlaag is natuurlijk pijnlijk, maar ik betreur geenszins dat België een paarse regering kreeg. Het heeft er bij mij altijd diep in gezeten dat er een moment zou komen waarop anderen de macht zouden overnemen. Ik was daar niet door ontredderd. Het bewijst dat onze democratie werkt. Ik ben een discipel van de Franse filosoof Raymond Aron. Enkele weken voor zijn dood schreef hij iets moois. *"We moeten de moed hebben om de wereld te bekijken zoals zij is. Het is geen mooi schouwspel. Maar we moeten ons best doen om ons geloof in de mens niet te verliezen."* Het spektakel in de wereld is in dit tijdsgewricht niet echt opmonterend, wel? Je kunt daar cynisch van worden, of je kunt blijven geloven.'

De oude man laat in de felle winterzon zijn blik dwalen over het Park. Of we er de humor van inzien, vraagt hij? Ze zeggen dat Tindemans niet kan lachen. Dat kan hij wél. 'Toch ongelofelijk grappig dat hier in 1830 een man op een houten been met een kanon een revolutie is begonnen? De "Belgische muiterij", zoals de Hollanders het noemden. En ze wisten nergens van, de opstandelingen. Ze moesten gaan vragen aan de grote mogendheden of ze een leger konden krijgen, en een kolonie. En toen zei François-Auguste Lambermont, ambtenaar op Buitenlandse Zaken: "Wat niet verboden is, is toegestaan." Geweldig!'

Kom daar maar om, Geert Hoste.

* * *

Tindemans gelooft in de mens. Maar geloofden de mensen ook in Tindemans?

Geloofde het miljoen Vlamingen dat ooit op hem stemde dat het met deze man écht anders zou worden? En voelde hij zich zelf geliefd?

'Dat is een moeilijke vraag', zegt de oude man in het park. 'Ik heb het nu drukker dan toen. Ik word elke week twee à drie keer gevraagd om ergens te gaan spreken. Ik wil niet bluffen, maar u vraagt ernaar. Vaak word ik hier in het Park aangeklampt door mensen die mij de hand willen schudden. Zelfs *negers*, enfin, Afrikanen. "Geliefd" is niet het juiste woord. Vertrouwen komt dichter in de buurt. Een miljoen mensen heeft op een gegeven ogenblik iets van mij verwacht. Heb ik dat ingelost? Ben ik daarmee in het reine? Ik weet dat niet. Ik ben van nature iemand die zijn geweten – mijn politieke geweten uiteraard – regelmatig bevraagt. Heb ik juist gehandeld? Ik stel mezelf veel vragen. Soms vind ik een antwoord, maar dat hou ik voor mezelf.'

Wat zegt een miljoen stemmen? Wat denkt Tindemans over het verlies aan ontzag voor politici? Over de toegenomen mondigheid van de Vlaming?

'De Amerikanisering wint veld. Burgers stappen naar de rechter, ze zoeken voer voor advocaten. Ook dokters durven straks bijna geen operaties meer uit te voeren uit vrees voor juridische vervolging. Het is goed dat de mensen kritischer zijn.

Ze zijn het tegelijkertijd te veel en te weinig. Al in 1993 zei Jacques Delors in het Europees Parlement dat de uitbreiding van de Unie wel eens het einde ervan kon betekenen. Tien jaar heeft daar geen haan naar gekraaid. Ik ben en blijf verbaasd over de totale afwezigheid van reflectie over staat en maatschappij in ons land. In Frankrijk of Duitsland hebben filosofen een vooraanstaande rol in het maatschappelijk debat, maar bij ons? Hebben de jongeren nog een *maître à penser?*'

Misschien ziet u het niet meer, meneer Tindemans?

'Dat kan.'

De oude man neemt afscheid. *Jeruzalem* wacht. 'Vraag aan honderd mensen hier in het Park wie Sylvain Van de Weyer was en ze weten het niet.' Ik schud mee het hoofd en zeg: '*Ts ts.*' Durf niet te zeggen dat ook ik niet wist dat Van de Weyer feitelijk de eerste minister van Buitenlandse Zaken was, de voorzitter van het *comité diplomatique* van de overgangsregering in 1830.

Ik heb een tegenvraag in gedachten, maar slik ze in. Zou Tindemans, die dit park honderden keren heeft doorkruist, ooit geweten hebben dat het Warandepark een oord van ontucht is? Dat onder het venster van het koninklijk paleis, aan de brede basis van de passer in het grondplan, de herenliefde welig tiert? Ik heb het hem niet durven te vragen. Hij zou er de ironie misschien niet van ingezien hebben.

We staren nog een poos samen naar een sokkel zonder standbeeld. We zitten in het boek van Louis Couperus, van oude mensen, de dingen die voorbijgaan. 'Deze zomer passeerde ik hier op de dag dat Verhofstadt II de eed aflegde. Zei een journalist tegen mij: "Ha, meneer Tindemans, bent u er ook weer bij?" Grappig, niet?'

Navel

O o o. Klik! Klik! Ze staan er altijd, weliswaar altijd weer andere, maar ze zijn er niet weg te slaan. De Japanners voor het koninklijk paleis. Ze kijken naar een klusjesman die in een kraanwagen in de top van de pas opgerichte kerstboom wordt gehesen. Genoeglijk gegrom en geknik als even later de honderden lichtjes aanfloepen. Klik! Klik!

Opnieuw, telkens met een andere Japanner op de voorgrond. En als dit ritueel achter de rug is, slenteren ze het Warandepark in, blijven ze staan voor een van de vele oude standbeelden of op de magnifieke kiosk in het midden en begint het ritueel opnieuw. Klik! Klik!

'*Sorry, me Ruski*', zegt een vrouw die haar kind gadeslaat in het speeltuintje in het Park. Iets verder een Portugese vrouw met kind. Het lijkt mij iets om een leven lang na te vertellen, dat je hier als kind hebt gespeeld. In de schaduw van het koninklijk paleis, tussen de gestelde lichamen van de Belgische staat. In een oase van symmetrie – het Park heeft een gespiegeld grondplan – tussen de chaos van de constante verkeersstroom in de Wetstraat, Koningsstraat en Hertogstraat, die het Park insluiten.

Blijf even stokstijf staan op de punt van de passer in het grondplan – dit Park draagt de signatuur van de vrijmetselarij –, gedraag je als een roterende camera en je krijgt een adembenemend zicht op België. Dit Park en directe omgeving lijken een hypergeconcentreerd tableau: je krijgt op een halve vierkante kilometer alles te zien wat er omgaat in België anno 2003. Van het hoogste volk, vervoerd in gepantserde zwarte Mercedessen, tot het laagste, de clochard. Van de hoogste secretaris-generaal uit de federale administratie tot de eenvoudigste klerk – ja, je ziet ze elke dag paraderen, de Jomme Dockxen en de Bonaventures Verastenovens.* Van jonge koppeltjes tot eenzame heren op zoek naar een staand verzetje. Van de kiekende Japanner tot de professionele fotograaf. Van de ambassadeur tot de asielzoeker. Op de dag dat Guy Verhofstadt formateur werd, was ik getuige van een toevallige ontmoeting tussen de eerste minister en de Amerikaanse ambassadeur. Ze begroetten elkaar als twee goede buren en wisselden, zoals elke dag in elke Dorpsstraat van het land gebeurt, enige platitudes over de zomerse temperaturen.

Bagdad was ver weg, die dag.

'Ja, we staan hier in de navel van België wellicht', zegt de Portugese vrouw. 'Ik kan me voorstellen dat het Park veel geschiedenis heeft, maar ik ken ze niet. Ik kom voor het groen, de

vogels, de speeltuin. En dat alles midden in de stad. Het heeft
ook zijn nadelen. Af en toe kunnen we het park niet in, als er
iets belangrijks in de buurt te doen is.'

In het park, aan de ingang recht tegenover het parlement,
goed verscholen tussen de bomen, is een klein politiekantoor-
tje. Commissaris Marc is sinds tweeëneenhalf jaar bevoegd
voor de veiligheid in het Park en de omliggende wijken. 'Heerlijk werken is het hier,' zegt hij, 'weinig of geen criminaliteit.
Vroeger zat ik in de wachtdienst en dan kom je in contact met
de slechtste kant van de samenleving. Diefstal, aanranding,
noem maar op. Dit hier is een administratieve wijk, met ambassades, ministeries, consulaten, banken, verzekeringsmaat-
schappijen, advocatenkantoren. Daar voel ik me beter bij. Het
is aangenaam werken zo. En ja, de plek is historisch. De baker-
mat van België, hé. De stomme van Portici. En wat een symbo-
liek hier, en de gebouwen die vooral onder Leopold II met veel
grandeur werden opgetrokken. Je leert er iets van. Namen als
Lambermont, Belliard, Montoyer. Tot voor enkele jaren waren
het alleen maar straatnamen voor mij. Nu weet ik ook wie er-
achter zit. Allemaal mensen die iets betekend hebben voor stad
of land.'

Achter elke boom staat een standbeeld en in de nok van de
kiosk staan vele namen gegraveerd. Het verwijst allemaal naar
de vroegste geschiedenis van België, naar bladzijden in het grote Belgische Geschiedenisboek van Henri Pirenne (1862-1935).
Maar tussen al die standbeelden staat sinds 1997 één vreemde
vogel. Een modern beeld, voorstellende een open hand waaruit
een vogel opvliegt. 'De Bode', zo heet het beeld van Jean-
Michel Folon. 'Aan de vermiste kinderen', staat erbij. En de
naam van de schenker: *La Libre Belgique*.

Nederlanders zijn hier verdreven, Duitsers ook, maar de
eigen Belgische demonen zijn gebleven.

Hoe Belgisch is het Warandepark? Zeer Belgisch!

* Personages uit de legendarische Vlaamse sitcom *De collega's*.

* * *

Giuseppe is een van de vaste parkgangers. Elke dag, 's morgens
en 's avonds, sinds veertig jaar, doet hij zijn rondgang door het

park. Wat hem het meest bevalt aan dit park, vraag ik hem. Het antwoord dat ik verwacht – namelijk dat hij fier is om hier in het hart van België, onder 's konings oog, te kunnen struinen–, blijft uit. Wat volgt, is door en door Belgisch.

'Que c'est sale monsieur! En na valavond durf ik er niet meer rond te wandelen. En de politie? Die heeft wel een kantoortje in het park zelf, maar blijft daar lekker languit met de voeten op het bureau liggen en koffie drinken. Ik ben al twintig keer gaan signaleren dat er daar aan de andere kant van het park een en ander niet pluis is. *"On sait, on sait"*, zeggen ze dan en ze blijven zitten. In Rome werkt elke fontein het hele jaar door. Maar hier, onder het oog van de koning? Nee hoor. Schande!'

Aan de zijde van Giuseppe wandelt elke ochtend en avond een oudere Marokkaan, met witte anorak en bruine muts. Giuseppe kletst honderduit, gesticuleert, zijn wandelvriend zwijgt en knikt altijd ja. Ook als Giuseppe zijn beklag begint te doen over de Marokkanen. Dat doen ze allemaal, de Grieken, Italianen en Spanjaarden in Brussel, zeg maar: de Europese migranten: klagen over de niet-Europese migranten.

'In de jaren zestig ben ik naar België gekomen', zegt Giuseppe. 'Ik kon gaan werken bij een joodse kleermaker. Terwijl de meeste Italianen in die jaren in de mijnen moesten, zat ik als enige man tussen vrouwen, snit en naad. Ik kom uit een klein dorpje in Italië. Ik heb tien jaar in Napels gewoond, twaalf jaar in Rome en veertig jaar in Brussel. Ik heb niets meer te zoeken in Italië, ik zou niet meer in een dorpje kunnen gaan leven. En toch moet ik nu en dan Brugge zien, klein Venetië. België is mijn land geworden.'

En dat de politie beter werkte, vroeger.

En dat de straten beter geplaveid waren, vroeger.

En dat de mensen vriendelijker waren, vroeger.

En dat de winters minder koud waren toen zijn vrouw er nog was, vroeger.

En dat het vreemd is en blijft om heimwee te hebben naar een land dat niet langer je land is. Jaja, knikt overtuigd Giuseppes Marokkaanse vriend.

Om heimwee te zien, moet je je plek niet eens verlaten. Blijf staan op de plek waar je staat. Blijf thuis, de wereld komt ook zo wel voorbij.

SCHAARBEEK - *Relokalisering*

Van de plek waar ik nu zit, thuis in Schaarbeek, kijk ik uit op de Gezelschapseilanden. Tien groene stipjes in de onmetelijke Grote Oceaan, boven de steenbokskeerkring. In mijn rechterooghoek zie ik Kaap de Goede Hoop liggen. Schele hoofdpijn krijg ik er soms van, van die wereldkaart achter mijn bureau thuis. Het is een Natuurkundige Wereldkaart, uitgerold tussen twee houten stokken. Ooit hing ze aan een schoolbord wellicht. Je vraagt je af wie er nog allemaal heeft zitten naar staren, terwijl hij of zij opstelletjes te schrijven had over eigen huis en tuin.

Op mijn wereldkaart staat geen Schaarbeek. Er staat zelfs geen België op. Enkel Brussel, een duim van Parijs en Londen verwijderd. Een jaar lang heb ik voor de krant van hot naar her gerend, een mier in een hokje van vijf vierkante millimeter op wereldschaal. Een jaar lang al gooi ik brokken leven van landgenoten te grabbel. Nu ik mezelf de vragen stel waarmee ik het land heb afgeschuimd, zwijgt de spiegel. Wat ik zocht bij anderen, pakweg 'gemeenschapszin', heb ik zelf niet in huis.

Ik ben niet actief in een buurtcomité. Als de buren rondom het Josaphatpark een rommelmarkt organiseren, vloek ik omdat ik de auto nergens kwijt kan. Ik teken geen petities tegen laaghangende vliegtuigen. Ik lig evenmin wakker van de trein die deze gemeente bijna onzichtbaar maar toch zo vlakbij doorkruist, onder het Verboeckhovenplein - roepnaam de Berenkuil - en langs het Josaphatpark.

'In die straat van jou blijven de rolluiken dag en nacht neer', zegt Inge, een verre kameraad die twee straten verder woont. 'Ook die van jou.' Om haar vrij te vertalen: 'Wat zit jij toch altijd met je hoofd op de Gezelschapseilanden? Waarom loop je in heel Vlaanderen deuren plat en zeur je over buurtleven, terwijl je jezelf thuis verschanst.' Volgens menig rapport en studie draag ik daardoor bij tot de onleefbaarheid van de stad. Toch kreeg ik van Inge een zakje vol courgettes, uit haar eigenste stadstuintje. Buurtleven in de grootstad: ik profiteer ervan, maar heb er geen deel aan.

Laat dit dan mijn bijdrage zijn. Voor de tientallen verhalen die ik in dorp en stad heb opgetekend, heb ik hier in Schaarbeek een onderbouw gevonden. In mijn boekenkast, bij antropoloog en filosoof Ton Lemaire. Wat ik zag in dit land anno 2003 heeft Lemaire in zijn boek *Met open zinnen* 'relokalisering' genoemd. Het is een tegenbeweging die de jongste jaren is ingezet tegen de processen van verstedelijking en globalisering. Die processen hebben de mens teruggedrongen op plekken zonder geheugen. Ze hebben hem een on-thuisgevoel gegeven. Hij woont achter rolluiken, werkt – áls hij werk heeft – voor onpersoonlijke vaak buitenlandse werkgevers, hij koopt zijn voedsel voorverpakt in serie. In de loop van de jaren negentig hebben politici en sociologen dat proces van vervreemding aangevuld met meer moralistische etiketten: ver-ikking en verzuring.

Dat heb ik op deze plek uitentreuren opgetekend. Maar ik heb ook de tegenbeweging gezien. Hoe in dorpen en steden alles op alles wordt gezet om mensen uit hun isolement te halen, om het landschap menselijker te maken, het leven gezelliger. Hoe mensen van plekken waar ze wonen opnieuw méér een thuis proberen te maken. En hoe het overaanbod van voorverpakt voedsel tot een heropleving leidt van het ambachtelijke. Dat is het verhaal van Inges courgettes. In één woord: relokalisering.

Op vele plekken is de kaap van de goede hoop inmiddels genomen. Als ik er een datum op moet plakken: 2000 was een scharnierjaar. Buren begonnen zich in straat of wijk te verenigen, en niet uitsluitend om te klagen over stoepen of bouwvergunningen. Het aantal straatfeesten dat in dit land georganiseerd wordt, is sinds de eeuwwisseling niet meer te tellen. Buren nemen zelf het initiatief om gevels te bebloemen of te bevlaggen. Ook in mijn achtertuin. Blijkt er in de wijk waar ik woon sinds enkele jaren een buurtcomité actief dat zichzelf kortweg Het Dorp noemt. *Faut le faire* in een gemeente die groter is dan Leuven.

Martine, een van de initiatiefnemers, vertelt het onderhand bekende verhaal. 'We vonden het plots met een paar mensen welletjes dat contacten op straat zich beperken tot *bonjour* en *bonsoir*. Nu organiseren we af en toe een straatfeestje en we fungeren als antenne voor het stadsbestuur. Als er hinder is in de buurt melden we dat. We hebben Het Dorp niet alleen opge-

richt voor de gezelligheid, ook omdat in het verleden klachten
te lang niet gehoord werden. Toch vindt burgemeester Bernard
Clerfayt ons geen klagers. *"Hoe meer buren de handen in elkaar slaan,
hoe beter voor ons"*, zegt hij. Want politici en politie hebben geen
duizend ogen en oren.'
     Wat geldt voor verzoeting geldt ook voor verzuring. Het is
altijd de optelsom van duizenden details. Remedies zijn daarom vaak even voor de hand liggend als geniaal. Zo wil Brussels
minister-president en Schaarbekenaar Daniël Ducarme (MR)
de belastingen op lichtreclames afschaffen. Want, zo zegt hij,
'verlichte etalages dragen bij tot de leefbaarheid van een wijk en de veiligheid'.
Daarom gaf de overheid jarenlang subsidies. Handelaars die
dat deden, kregen daags daarna een ambtenaar op bezoek om
de grootte van de lichtreclame te meten. Daar werd vervolgens
een heffing op berekend. Of hoe snel zoet zuur wordt.
     Deze week stapte ik van het Noordstation naar Schaarbeek.
Meestal neem ik mijn wagen, scheur ik mee met Turken en Marokkanen, want wie niet even assertief rijdt, riskeert blikschade.
In de Brabantstraat is elk huis een bazaar. Veel lichtjes en veel
drukte, en daarom inderdaad zeer leefbaar. Van het Liedtsplein
gaat het vervolgens tot de Berenkuil via de Gallaitstraat. Daar
vallen tussen de schaarse winkels almaar meer onverlichte gaten, grijze gevels. Vorige week werd hier in de Paviljoenwijk
tien jaar wijkvernieuwing 'gevierd'.
     Wie een huis in deze straat kocht, kreeg premies om te reno-
veren. Dat is fijn voor wie 's avonds de deur achter zich dicht-
trekt, maar de buurt heeft er niets aan als de rolluiken beneden
blijven.

* * *

Elk seizoen wordt ze inventiever, Joëlle van Café Hamlet op de
Helmetsesteenweg. Ooit begon ze uit pure verveling de etalage
te versieren. Tegenwoordig maakt ze er hele tafereeltjes van.
Haar etalage is een attractie geworden voor voorbijgangers.
     Café Hamlet is een buurtcafé. Mensen komen er *relokaliseren*.
Alle klanten hebben er een voor- en bijnaam. Al twintig jaar zit
Camille hier zijn zelfde verhaal te vertellen. Hij is van Albanese
origine, werd in 1957 verdreven uit Joegoslavië naar Turkije. En

van daaruit nam hij tien jaar later de wijk naar België. Hier werkte hij als clarkchauffeur in menig Brusselse brouwerij. Hij klaagt graag over de teloorgang van de Belgische bieren. Hij is gelukkig nu, want hij heeft zes kinderen en ze rijden alle zes met de auto. 'En dat is België', herhaalt hij dan. 'Nooit getwijfeld aan België', zegt hij, maar veertig jaar al balanceert zijn hart tussen zee en stad, Oostende en Brussel.

Dat hij niet hoeft te kiezen, zal ik hem de volgende keer vertellen. Dat thuis is waar het leefbaar is. En waar er iets schuimends op tafel komt.

Thuis

Stijf gestreken staat hij, in uniform. Het is lente of zomer. Dat zie je aan de vrouw naast hem. Ze draagt een lichte jurk. Ze zijn zeven jaar getrouwd. Op de voorgrond staat hun eersteling, het zusje is voor de foto uit de kinderwagen getild. Groeipijnen al, en er moeten er nog drie volgen. Alles zwart-wit, en toch voel je de kleur. Schaarbeek, Square Ambiorix, 1958.

Ze wentelen mee om met het land, het jonge gezin op de foto. België blinkt, zoals de bollen van het Atomium. Ze hebben de toekomst, Marcel en Denise. Tot 1956 was hun thuis het dorp. Zijn horizon was de toonbank van een bollenwinkel in Zwijnaarde, de hare een toog van een café in De Pinte. Daar op het platteland herkenden ze de toekomst niet eens als ze voor de deur stond. Op een dag stapte een handelsreiziger het café binnen, met een nieuw drankje. 'Mijn broer moest het proeven', zegt Denise. 'Het was zwart en het smaakte vies, naar medicijn. *"Buiten ermee"*, zei mijn moeder.' Het drankje zou de wereld veroveren onder de naam Coca-Cola.

Acht jaar woon ik nu in Schaarbeek, twee keer heb ik Marcel en Denise over de vloer gehad. Het is een hele expeditie om ze van Heist-aan-Zee, waar ze sinds 1993 wonen, naar de grootstad te halen.

Alles moet kalmpjes aan. Je krijgt ze slechts na veel aandringen in een auto. Lukt het toch, dan sta je al na een korte tocht stijf van de stress. 'Pas op, een tegenligger!', 'Pas op, een zebrapad!', 'Pas op, het leven!'

Groot was mijn verbazing toen ze bij hun eerste bezoek een

tochtje wilden maken met de auto. Daar zaten ze op de achter-
bank, ze gidsten mij door straten die ik na twee jaar Schaarbeek
zelfs niet bij naam kende. 'Stop!' beval Marcel mij met een
natuurlijk ouderlijk gezag voor een huis in de buurt van het
Vaderlandsplein, dat hij en Denise nooit anders dan als *Place de
la Patrie* hebben gekend.

'Hier hebben we gewoond.' Hij liep naar de voordeur en
spelde de namen op de bel. Veertig jaar na datum. Veel Pavlov-
ski en Sebbahi, maar geen Beulemans. Veel Mohammed en Ali,
maar geen Léonard (spreek uit: léonáár). Léonard was hun beste vriend toen ze in Schaarbeek woonden.

'Als ik van de legerkazerne op het Daillyplein naar huis probeerde te wandelen, riep Léonard, een oorlogsinvalide, mij altijd het café binnen', zegt Marcel. 'Ik moest hem naar huis
brengen. Dan durfde zijn vrouw niet te kijven, want ik was toch
een fatsoenlijke jongen?' En als Marcel thuiskwam, durfde ook
Denise niet te kijven want er zaten twee kaartjes voor de Expo
in zijn niet langer stijf gestreken uniform.

'De dag dat Marcel sergeant werd, ging hij zich gaan tonen
aan Léonard en zijn vrouw, als een plechtige communicant',
zegt Denise. 'Léonard en zijn vrouw stonden op het balkon en
toen Marcel de straat overstak, passeerde er een gewone soldaat. Die salueerde.'

'"Laat maar", zei ik', zegt Marcel. '"Ik blijf soldaat zoals
gij."'

'En toen hij thuiskwam, stond zijn kepie op halfzes.'

'Komkom', zegt hij. Dat ze niet moet overdrijven, Denise.

'Komkom', zegt zij. Dat hij niet zo'n betweter moet willen
zijn, Marcel.

Al een halve eeuw vindt hij dat zij overdrijft, en zij dat hij
het altijd beter weet. En ze weten het beiden het best.

Hoe ze opleefden in Brussel, weg van het dorp. 'We gingen
naar de Folies Bergères, zoiets als de Moulin Rouge maar dan
braver. En met Christiaan, onze oudste die nu in Canada
woont, naar de cinema, naar *La Belle Dormante*, want er waren
geen films in het Vlaams. Wij maakten daar geen punt van.
Ieder zijn zin.'

'Je had ze wel', zegt Marcel. 'Ook in het leger toen: Vlaams-
gezinden. Ik vond het al goed als ze tegen mij gebroken

Vlaams spraken. Al heb ook ik ooit eens geweigerd om een Franstalige brief te ondertekenen van een overste. Ik ben er nooit voor op de vingers getikt.'

Roger Nols, de man die in 1971 in het stadhuis van Schaarbeek een apart loket voor de 'Vlamingen' zou openen, was op dat moment een jonge, veelbelovende francofone politicus. Hij gruwde van het Vlaamse opschrift *'Gemaetigheid'* in het glas-in-loodraam dat het kantoor van de burgemeester verduistert, in het stadhuis dat werd opgetrokken door Vlaming Jules Jacques Van Ysendijck. Nols, de man die in zijn ergste nachtmerries het AVV-VVK in Brussel zag verschijnen. En nog later verzen uit de koran.

'Ver na onze tijd', zeggen Marcel en Denise. Hun 'Schaarbeekse jaren', 1956-1961, vielen samen met veel bewogen politieke geschiedenis. Er was niet alleen de Vlaamse kwestie, maar ook de schoolstrijd, de Kongo en de stakingen tegen de Eenheidswet van Gaston Eyskens. 'Weinig van gemerkt', zegt Marcel. 'Ook niet bij ons in de kazerne. De enige ambras was die tussen kaki's, lucht- en landmacht. Kongo, ja, dat heb ik gemerkt. Ik wilde naar Kongo. Waarom? Omdat een dienstjaar daar dubbel telde. De kolonel riep mij bij hem en zei: "Marcel, gij moogt naar Kongo vertrekken, maar voor uw vrouw is het te gevaarlijk." En dus zijn we nooit vertrokken.'

Ik heb ze het afgelopen jaar zo vaak gezien: de Vlamingen die denken dat ze niet aan politiek doen, maar politiek *zijn*. Ook Marcel en Denise, ze wisten of weten niet dat de Expo '58 een godsgeschenk was voor toenmalig premier Theo Lefèvre, want het leidde de aandacht af van het tumult over de taalgrens. Ze hielden zich afzijdig. Ze deden gewoon wat mensen doen. Zich amuseren, of dan toch proberen. Hij al meer dan zij.

'Toen ons oudste dochter geboren werd, ging Denise naar Gent, bij de familie. Ik was alleen in Brussel, zette met de zoon van Léonard, Marnix, de bloemetjes buiten in café Vrolijk België.'

'Hij trok zijn plan, dat wel', zegt Denise. 'Hij sloeg groenten in en at tien dagen hutsepot.'

En hij voetbalde, Marcel. Bezeten achter die bal aan, op het terrein van Union Sportive Schaarbeek. En op zondagnamiddag met Denise en Christiaan op de Reyerslaan, 'op de plek waar nu de televisie is'.

'Eén keer, de enigste keer in mijn leven, ben ik naar Anderlecht gaan kijken', zegt Marcel.

'Net op het moment dat Christiaan een lelijke val maakte en naar het ziekenhuis moest', zegt Denise.

'Ze hebben het toen omgeroepen in het stadion', zegt Marcel.

'Maar hij heeft het niet gehoord', zegt Denise.

'Ik ben daarna wel direct op de tram gesprongen', zegt Marcel.

'Komkom.'

Denise heeft in haar hele leven enkele weken 'op een ander dan thuis' gewerkt. 'In een pedalenfabriek, en daarna nog enkele weken in een naai-atelier. En toen stond Marcel mij op een dag op te wachten, met een huilende Christiaan. "Denise", zei Marcel. "Blijf alstublieft thuis. De kleine wil niet meer naar de kinderopvang."'

In 1961 stonden ze met hun koffers terug in Zwijnaarde. 'Ik kon in de kazerne van Gavere gaan werken, dicht bij Zwijnaarde. Ik moest er geen twee keer over nadenken.'

Denise wel, als ze had mogen nadenken. Marcel besliste. En hij had zijn redenen. 'Het was plezant in Brussel, maar ook ver van huis. Na elk bezoek aan mijn moeder zei ze: "God weet of ik u nog terug zie." En ze is inderdaad in Zwijnaarde gestorven toen ik in Brussel was.'

'Het verschil was groot', zegt Denise een halve eeuw later. 'Als je nooit in Brussel gewoond hebt, ben je overal tevreden. Maar als je die stad gezien hebt... Ik had er best nog tien jaar willen wonen. Ik wilde niet terug naar het dorp eigenlijk. Die eerste jaren terug in Zwijnaarde waren verschrikkelijk, met buren die van achter hun gordijnen álles zagen. Ik zou op mijn knieën teruggekeerd zijn naar Schaarbeek.'

'Komkom.'

Ze monkelen, een halve eeuw later. Want het fijnste aan Brussel was dat ze na twintig jaar dorpsheid af waren van dwingende ogen. Geen ouders of schoonouders om hen te bemoederen. En al liggen die ouders en schoonouders ondertussen allang onder de zoden, ze durven het nog altijd niet hardop te zeggen. Dat hun Schaarbeekse jaren de gelukkigste van hun leven waren.

'Ach, het leed is geleden. In 1993 zijn we naar zee verhuisd. Nooit zouden we nog terug willen naar Zwijnaarde. Hier zijn we goed, hier blijven we. Het is een beetje Brussel, zoals het toen was. Er is veel te doen, veel passage, en toch ben je op je gemak. We zijn thuis, enfin. En we hebben de zee, altijd een beetje vakantie. Voor de tijd die ons nog rest.'

Marcel en Denise waren jonger dan ik in 'hun Schaarbeekse jaren'. Ze waren twintigers. Hun verblijf in Schaarbeek was een zucht. Een vijftiende van hun hele leven tot nu toe.

Marcel is er nu zevenenzeventig. Volgend jaar mag hij geen Kuifje meer lezen. Als hij mij maar blijft lezen, denk ik, de reporter die hij op de wereld heeft geschopt. De enige Rogiers die geen fatsoenlijke stiel geleerd heeft, die nu en dan lacht met koning en voetbal, en die te weinig gematigdheid kent.

De straat op jij, buiten ermee! Verder op zoek naar iets om over naar huis te schrijven.

VERKLARENDE WOORDENLIJST

JAMBERS: populair human interestprogramma op de Vlaamse commerciële televisiezender VTM, 10

FREYA VAN DEN BOSSCHE, MAYA DETIÈGE, HILDE CLAES, BRUNO TOBBACK: Vlaamse socialisten die in de voetsporen van hun vader of moeder traden, 10

MARIJKE DILLEN: Vlaamse politica van het Vlaams Blok, dochter van Blok-stichter Karel Dillen, 10

DE ZEVENDE DAG: politiek praatprogramma op de Vlaamse openbare televisiezender VRT, 10

BRACKE & CRABBÉ: politiek infotainmentprogramma op de Vlaamse openbare televisiezender VRT. 'Koken met Bracke & Crabbé' is een verwijzing naar Steve Stevaert, de socialistische voorman die in 2003 uitpakte met een kookboek, *Koken met Steve*, 11

NMBS: Nationale Maatschappij van de Belgische Spoorwegen, 11

BOER CHAREL: mediafiguur uit populaire VTM-reeks *Het Hart van Vlaanderen*, 12

STEVE STEVAERT: voorzitter van de Vlaamse socialistische partij sp.a, 12

GUY VERHOFSTADT: Vlaamse liberaal van de VLD, eerste minister van België sinds 1999, 12

WETSTRAAT 16: hart van politiek België, te vergelijken met het Binnenhof en het Torentje in Nederland, 12

KIJK- EN LUISTERGELD: belasting op het bezit van radio- en televisietoestellen, afgeschaft onder impuls van sp.a-voorzitter Steve Stevaert, 13

OPGRIMBIE: op uitdrukkelijk verzoek van wijlen koning Boudewijn werd in die gemeente in natuurgebied een klooster gebouwd, één van de symbool-schandaaldossiers in de Vlaamse ruimtelijke ordening, 14

LERNOUT & HAUSPIE: hightechbedrijf dat in de jaren negentig door Vlaamse politici de hemel in werd geprezen als prototype van het Vlaamse ondernemerschap, maar failliet ging, op verdenking van fraude. Vele, vooral West-Vlaamse burgers die aandelen in het bedrijf hadden, verloren door dat faillissement veel geld, 16

BOM: bewust ongehuwde moeder, 17

VDAB: overheidsinstelling, Vlaamse Dienst voor Beroepsopleiding en Arbeidsbemiddeling, begeleidt werklozen in hun zoektocht naar een job, 19

HET VOLK: vroeger het persorgaan van de christelijke arbeidersbeweging (ACW), tegenwoordig een onafhankelijke krant, deel van het mediaconcern VUM, dat ook *De Standaard* en *Het Nieuwsblad* uitgeeft, 20

DE STANDAARD: krant die na de Eerste Wereldoorlog ontstond uit de katholieke Vlaamse beweging, na de Tweede Wereldoorlog vooral de stem was van de christen-democratische regeringspartij CVP, tegenwoordig een onafhankelijke krant, deel van het mediaconcern VUM, 20

DE MORGEN: krant die in 1978 werd opgericht, op het puin van twee ter ziele gegane partijbladen van de socialistische partij. Tegenwoordig een onafhankelijke krant, deel van het mediaconcern De Persgroep. Dat concern, met liberale wortels, is ook eigenaar van de commerciële televisiezender VTM en de populaire krant *Het Laatste Nieuws*, 20

TSJEEF: scheldwoord voor christen-democraat, 20

SP/sp.a: oude en nieuwe naam van de Vlaamse socialistische partij, 21

CVP/CD&V: oude en nieuwe naam van de Vlaamse christen-democratische partij, 21

PVV/VLD: oude en nieuwe naam van de Vlaamse liberale partij, 21

SLISSE EN CESAR: klassieker uit het Vlaamse volkstoneel, blijspel, zowel op de planken als op televisie een succes, 22

HET GEZIN VAN PAEMEL: drama, toneelstuk van Cyriel Buysse, vast werk op het repertorium van Vlaamse amateurtoneelgezelschappen , 22

KONINGSKWESTIE: na de Tweede Wereldoorlog kwam het in België tot een verscheurende discussie over de vraag of Leopold III, in ballingschap in Zwitserland, aan kon blijven als koning. Velen, vooral socialisten en/of Walen, verweten hem landverraad omdat hij tijdens de oorlog de Belgische regering niet was gevolgd naar Londen en op eigen houtje 'vredesonderhandelingen' had proberen aan te knopen met Adolf Hitler. Het kwam in 1950 tot een referendum dat het land nog verder verdeelde en tot gewelddadig oproer leidde. Vlaanderen stemde in meerderheid voor de terugkeer van Leopold III, Wallonië tegen. De troon werd sinds 1945 bezet door Leopolds broer, prins-regent Karel. Uiteindelijk deed Leopold troonsafstand ten gunste van zijn zoon Boudewijn. De Koningskwestie heeft de federalisering van België (het toekennen van meer autonomie aan de deelgebieden Vlaanderen en Wallonië) versneld, 28

RADIO DONNA: populaire Vlaamse radiozender, 28

AGALEV: Anders Gaan Leven, de ecologistische partij, die zich in 2003 omdoopte tot Groen!, 34

CHIRO: christelijk geïnspireerde jeugdbeweging, 35

KAV: Kristelijke Arbeiders Vrouwenbeweging, een van de vele organisaties die onder andere samen met de christelijke vakbond ACV de koepelorganisatie ACW vormen. Die koepel is in Vlaanderen traditioneel de grootste zuil, gevolgd door de socialistische, 42

ACV: Algemeen Christelijk Vakverbond, 54

PWA: plaatselijke werkgelegenheidsagentschappen, ook wel 'klusjesdiensten' genoemd, helpt langdurig werklozen en lagergeschoolden aan tijdelijke jobs, zoals poetsdiensten, 58

OCMW: overheidsinstelling, Openbaar Centrum voor Maatschappelijk Welzijn, lokale instantie die bevoegd is voor de uitkering van minimumlonen (in Vlaanderen leeflonen genoemd) en allerlei andere sociale diensten verstrekt. Het OCMW is in Vlaanderen ook verantwoordelijk voor de plaatselijke opvang van asielzoekers en vluchtelingen, 64

VTB-VAB: (Vlaamse Toeristenbond-Vlaamse Automobilistenbond), sociaal-culturele vereniging opgericht in 1922, maakte deel uit van de Vlaamse beweging, 68

GB: Grand Bazar, de winkelketen bestaat niet langer maar de naam wordt nog altijd gebruikt als pars pro toto ter aanduiding van een goedkope winkelketen annex restaurant, 70

SABENA: de Belgische luchtvaartmaatschappij die in 2001 failliet ging, 71

CORDON SANITAIRE: politieke schutskring rond de extreem-rechtse partij Vlaams Blok: in 1992 verbonden alle democratische partijen zich ertoe om geen bestuurscoalities of andere vormen van samenwerking met het Vlaams Blok aan te gaan, 74

DIOXINECRISIS: besmetting van kippenvlees door de aanwezigheid van giftige stoffen, afkomstig van niet-huishoudelijke vetten, in het kippenvoer. Leidde in 1999 tot een politieke crisis. De kiezer rekende de zetelende coalitie van socialisten en christen-democraten de crisis zwaar aan. Het leidde tot de paarse regering onder leiding van Guy Verhofstadt. Meteen de eerste regering zonder christen-democraten sinds 1954-1958, toen de socialist Achille Van Acker een paarse regering leidde, 101

TE DEUM: katholieke misviering met hoogwaardigheidsbekleders die wordt opgedragen ter ere van de feestdag van het Belgische koningshuis, 15 november, 114

EGMONTPACT, staatshervorming: in 1977 door de partijvoorzitters gesmede plannen voor verregaande autonomie voor Vlaanderen en Wallonië. Het Egmontpact stuitte op zoveel verzet van de Vlaamse beweging én van de eerste minister, Leo Tindemans, dat het de val van de regering inluidde. In de directe nasleep van de crisis scheurde zich uit de Vlaams-nationalistische Volksunie een groep radicale flaminganten af die de basis zou leggen van het Vlaams Blok. Die partij brak in Vlaanderen voor het eerst door bij de gemeenteraadsverkiezingen van 1988 en de nationale verkiezingen van 1991, 269

AVV-VVK: Alles voor Vlaanderen, Vlaanderen voor Kristus. Motto op de IJzertoren in Diksmuide, monument van de Vlaamse beweging, 281

THEMATISCH REGISTER

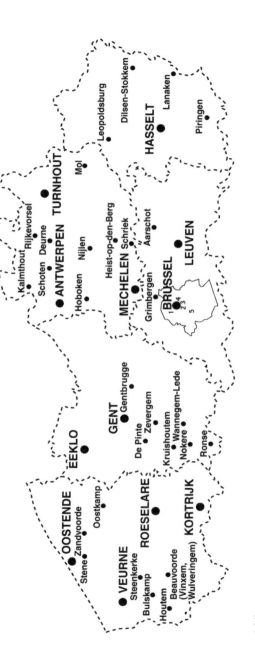

OOSTENDE
Zandvoorde
Stene
Oostkamp

VEURNE
Steenkerke
Bulskamp
Houtem
Beauvoorde
(Vinxem,
Wulveringem)

ROESELARE

KORTRIJK

Ronse

Nokere
Kruishoutem
Wannegem-Lede

De Pinte
Zevergem

EEKLO

GENT
Gentbrugge

ANTWERPEN
Kalmthout
Rijkevorsel
Schoten Deurne
Hoboken Nijlen

TURNHOUT

Mol

Leopoldsburg

Dilsen-Stokkem

HASSELT
Lanaken
Piringen

Heist-op-den-Berg
Schriek
Aarschot

MECHELEN
Grimbergen

LEUVEN

BRUSSEL
1
4
2 3
5

1. Jette
2. Brussel-Stad
3. Sint-Joost-ten-Node
4. Schaarbeek
5. Sint-Gillis